PRÉCIS

SUR LA

CRÉANCE DE LA FRANCE

CONTRE

L'ANGLETERRE.

PRÉCIS

SUR LA

CRÉANCE DE LA FRANCE

CONTRE

L'ANGLETERRE,

EN VERTU DES TRAITÉS DE 1815,

Par **H. RODRIGUES,**

AVOCAT A LA COUR IMPÉRIALE DE PARIS.

PARIS

É. DENTU,
Libraire-Éditeur,
PALAIS-ROYAL, GALERIE D'ORLÉANS, 17 ET 19.

PAUL DUPONT,
Libraire-Éditeur,
45, RUE DE GRENELLE-SAINT-HONORÉ, 45

1868

AVANT-PROPOS

La créance de la France contre l'Angleterre, à raison des sommes considérables que le Gouvernement anglais a détournées de leur destination, sur les rentes françaises qu'il s'était fait remettre pour indemniser ses nationaux, est parfaitement connue en Angleterre de tous les personnages politiques ; elle y a été, dans maintes circonstances, quoique incidemment, — et presque toujours à l'occasion de plaintes ou de pétitions de sujets anglais qui n'avaient pas été indemnisés par leur Gouvernement, malgré les payements opérés pour leur compte par la France, conformément aux traités de 1815, — l'objet de discussions approfondies en plein Parlement, discussions dans lesquelles ont été entendus, à la Chambre des communes, des avocats célèbres ; à la Chambre des Lords, d'anciens ministres, des magistrats, des orateurs comme lord Lyndhurst, lord Fitz-William, lord Truro, lord Monteagle ; elle a donné lieu à de nombreuses brochures, elle a été mentionnée à différentes époques, avec les détails les plus précis, dans des articles du *Times*, du *Morning-Chronicle*, du *Morning-Star*, du *Spectator*, etc.

Il y a donc longtemps que les esprits étaient préparés en Angleterre à voir soulever la réclamation de la France, pour le remboursement de cette créance, et nous ne craignons pas d'ajouter que les esprits y sont également préparés à voir donner, par le Gouvernement anglais, à cette réclamation, la seule solution qu'elle comporte en honneur, en équité, comme en droit.

S'il restait quelque doute sur ce point, il serait levé par les deux citations auxquelles nous nous bornerons quant à présent, sauf à invoquer ailleurs l'autorité de quelques autres des publicistes et des orateurs éminents qui se sont occupés de la question en Angleterre.

Dès 1828, le *Times* (1) a été amené à examiner quel devrait être le sort des sommes considérables qui restaient libres sur celles versées par la France pour payer et indemniser les sujets de la Grande Bretagne, dont les réclamations auraient été reconnues légitimes.

Le 2 mai 1828, dans un article ayant pour titre : « *La fausse appropriation des fonds français*, » voici comment il s'exprime, d'après les communications de quelqu'un de ses collaborateurs ou de ses correspondants : « Le sujet traité dans votre numéro de jeudi « dernier de la fausse appropriation, *pour ne pas employer une autre* « *expression*, d'une somme réputée s'élever à 250,000 livres ster- « ling (6,250,000 francs), est très-grave. La somme réellement « mal appropriée dont vous parlez et qui avait été reçue du Gouver- « nement français pour mettre le Gouvernement anglais à même « de satisfaire les réclamants, s'élève cependant, on le prétend, à « environ le double (2). Ce qui ajoute au scandale, c'est que les « réclamants ne sont pas payés.... Combien donc est extraordinaire

---

(1) Nous aurions voulu reproduire le texte même des deux extraits du journal anglais que nous citons ici, et nous reporter en même temps aux autres articles du même journal dont il est fait mention dans ces extraits et qui paraissent avoir été écrits à l'occasion d'une motion de M. Michel-Ange Taylor, à la Chambre des communes, sur le mauvais emploi des fonds de l'indemnité française. Malheureusement la collection du *Times* n'existe pas a la Bibliothèque impériale, où nous espérions la trouver; nous prenons donc ces extraits et leur traduction dans les documents qu'a bien voulu nous communiquer M. Le Baron, avocat. qu'un long séjour en Angleterre a initié à tous les détails de cette affaire, et que nous aurons plus d'une fois a citer et à remercier pour les renseignements qu'il nous a fournis, et les nombreux emprunts que nous ferons à ses notes.

(2) Le journal le *Times* est resté, dans ses évaluations, bien au-dessous de la vérité. Il résulte des comptes aujourd'hui produits que la somme *mal appropriée*, pour employer l'expression du journaliste anglais, n'était pas seulement d'environ le double de 6,250,000 francs, mais que, en 1828, elle s'élevait déjà, suivant les calculs les plus modérés, a plus de 30 millions de francs.

« la soustraction d'une somme considérable du surplus sous la con-
« vention n° 7.

« *L'affaire ne peut en rester là*. Fiat justitia ! »

Dans son numéro du 26 juin 1828, le *Times* revient en ces termes
sur le même sujet :

La fausse appropriation des 250,000 livres sterling
(6,250,000 francs). « Sur l'affaire des 250,000 livres sterling
« (6,250,000 francs), portion de la somme remise par la France
« pour satisfaire aux réclamations des sujets britanniques, appliquée
« en réalité à la construction du nouveau palais.....

« Si nous voulons être un peuple honnête, impartial, si notre gou-
« vernement veut être juste et équitable, sans doute, les fonds doivent
« être retournés à la France, parce que les principes de la bonne foi
« l'exigent.

« Le Gouvernement français paye au nôtre une certaine somme
« pour satisfaire à toutes les demandes des sujets britanniques : le
« total de cette somme n'a pas été appliqué au but proposé ; que
« reste-t-il à faire du surplus ? Mais, nous le répétons, il doit être
« remis à la France. Nous savons que plus tard les Français feront
« valoir cette affaire comme une preuve d'extorsion et de mauvaise
« foi de la Grande-Bretagne, de la perfidie et de la rapacité qu'elle
« apporte dans toutes les transactions pécuniaires ; qu'elle a extorqué
« plus d'argent qu'elle ne pouvait en exiger de la France pour cer-
« taines raisons, et qu'une partie a été affectée à la construction du
« palais. C'est avec de l'argent français que la demeure des rois d'An-
« gleterre est construite en partie ! Avec de l'argent français, avancé
« à ce peuple pour satisfaire aux réclamations de certains sujets bri-
« tanniques. Nous le répétons encore une fois : Un gouvernement
« sage retournerait à la France les 6,250,000 francs. »

Ainsi l'organe le plus répandu et le plus autorisé de la presse pé-
riodique anglaise, ce journal dont on a toujours dit qu'il était le
reflet le plus fidèle de l'opinion publique en Angleterre, n'hésitait
pas, en 1828 déjà, à proclamer que le Gouvernement anglais *devait
rendre l'excédant des sommes versées restant libres à la France* qui,

disait-il avec une perspicacité dont il ne faut pas faire grand honneur au journaliste, tant la chose était facile à prévoir, A LA FRANCE QUI LE RÉCLAMERA TÔT OU TARD.

A une époque plus récente, au cours d'une discussion engagée à la Chambre des lords, sur une pétition du baron de Bode, dans la séance du 14 juin 1852, lord Fitz William exprimait, sans être contredit par personne, la même pensée dans des termes et avec une élévation de sentiment et de langage auxquels on ne peut se dispenser de rendre hommage :

« Si les réclamations présentées aux commissaires n'étaient pas « suffisantes pour absorber la totalité de la somme, disait lord Fitz- « William, pourquoi alors, milords, *en discutant une question de* « *nation à nation, craindrais-je de faire naître l'idée que* LE SURPLUS, « QUEL QU'IL SOIT, *dût aller, non dans l'Échiquier de l'Angleterre,* « *mais dans l'Échiquier de la France !* »

Il est impossible, assurément, de caractériser le droit de la France avec plus de précision et d'autorité, et d'indiquer en même temps avec plus de loyauté au gouvernement anglais le devoir qui lui reste à accomplir.

En France, cette réclamation, lorsqu'elle s'est produite, a pris au dépourvu nos publicistes, nos hommes d'État, les membres du Corps législatif et du Sénat, même les éminents jurisconsultes que nos deux Chambres comptent dans leur sein (1). Les faits relatifs à la

(1) Il faut peut-être en excepter l'un des plus illustres, Me Berryer, qui, entendant énoncer vaguement par M. le ministre d'État, dans la discussion qui a eu lieu en 1866 au Corps législatif, l'existence d'un prétendu forfait, et connaissant sans doute trop bien les traités et les conventions de 1815 et 1818 pour ne pas savoir qu'il n'y a jamais eu ni transaction, ni forfait entre la France et l'Angleterre, sur le sujet qui était en discussion, a fait aussitôt cette simple observation : « Il me semble que M. le ministre d'État pourrait, *par une étude* « *plus approfondie des traités,* soumettre au Corps législatif la question de savoir *s'il y a eu* « *forfait entre la France et l'Angleterre,* OUI OU NON. »

M. Berryer mettait ainsi en demeure, dans la forme la plus modérée, mais la plus précise, M. le ministre d'État d'avoir à produire au Corps législatif les documents et les actes d'où résulterait la renonciation de la France à réclamer de l'Angleterre le remboursement du surplus des sommes confiées au Gouvernement anglais pour en faire un emploi déterminé et avec la clause expresse de restitution en cas d'excédant. C'était demander l'impossible,

créance de la France contre l'Angleterre, en vertu des traités de 1815, étaient à peu près complétement inconnus de tout le monde, et il a fallu l'heureuse initiative et la courageuse persévérance d'un membre du Corps législatif, l'honorable M. Belmontet, pour amener enfin quelques esprits sérieux à examiner cette affaire et à en comprendre la portée.

Alors seulement le *Moniteur*, en reproduisant les explications échangées au Corps législatif sur la proposition de M. Belmontet, a fait connaître au public l'existence et les bases de notre créance contre le Gouvernement anglais. Alors aussi quelques journaux français se sont occupés de cette partie des débats législatifs ; il a paru même sur ce sujet une brochure remarquable (1), et à laquelle nous ne nous permettrions de faire qu'une seule critique, c'est d'être écrite avec une vivacité et une passion inspirées, sans doute, par le sentiment profond du tort qui pourrait être fait à la France, mais qui risqueraient, en envenimant inutilement le débat, de compromettre le succès des négociations auxquelles son auteur convie avec tant de raison le Gouvernement français.

Il nous a paru que, dans une affaire de cette nature, on ne saurait trop se dégager de toute préoccupation politique. Ce qui importe, c'est de bien connaître tous les éléments du débat ; il faut que la lumière se fasse dans le public, qu'elle se fasse parmi les membres de nos Chambres législatives, qu'elle se fasse surtout dans les régions les plus élevées de notre Gouvernement. Il faut qu'il ne puisse plus rester absolument aucun doute sur la légitimité de la réclamation qui doit être formulée au nom de la France.

C'est dans ce but que nous avons cru devoir nous livrer à un historique exact des faits sur lesquels se base cette réclamation, en reproduisant d'abord le texte des différentes conventions intervenues entre

---

puisqu'il n'existe aucun acte de cette nature ; aussi, la réfutation de l'amendement de M. Belmontet que M. le ministre annonce chaque année pour la session prochaine, pourrait bien se faire attendre longtemps encore.

(1) DES SIX CENTS MILLIONS ET PLUS DUS PAR L'ANGLETERRE A LA FRANCE, PAR M. CHARLES DE SAINT-NEXANT Bruxelles, 1863

la France et les puissances alliées pour régler les indemnités à payer par la France à ces diverses puissances ; en citant également le texte de celles qui règlent les indemnités à payer par la France aux sujets de la Grande-Bretagne, en rappelant enfin les discussions auxquelles ces conventions ont donné lieu soit au sein du Parlement anglais, soit dans le Corps législatif français.

Cet exposé sommaire une fois fait, les raisons de droit qui justifient la réclamation se présenteront en foule ; nous n'aurons qu'à les indiquer, car l'on peut dire de cette affaire que, dès que les faits et les conventions sont bien connus, le droit de la France n'a plus à se démontrer, il s'impose de lui-même avec tous les caractères de l'évidence.

C'est au moins notre intime conviction, et nous croyons qu'elle sera partagée par tous ceux qui liront cet écrit.

PRÉCIS

SUR LA

CRÉANCE DE LA FRANCE

CONTRE

L'ANGLETERRE.

La question que soulèvent les dispositions des traités de 1815 relatives à l'indemnité, au profit des sujets de la Grande-Bretagne, mise à la charge de la France par ces traités, est grave par son caractère international et par son importance pécuniaire, et l'on doit s'étonner qu'elle n'ait pas encore reçu une solution que réclament à la fois les intérêts et la dignité des deux parties dont le nom est prononcé. Il s'agit d'un arriéré de compte considérable, s'élevant, avec les intérêts conventionnels, à plusieurs centaines de millions, arriéré qui serait dû par l'Angleterre à la France, sur les rentes que celle-ci lui a confiées en vertu d'une convention spéciale annexée au traité de paix, et dont elle fait partie intégrante.

Il est articulé d'une part que cette convention assignait de la manière la plus expresse, aux rentes remises par la France, une affectation spéciale et déterminée, et en stipulait la restitution en principal et intérêts, en cas d'excédant ; et, d'autre part, que tout compte fait, les sommes ayant ainsi reçu l'emploi auquel elles étaient affectées auraient laissé libre un capital important qui, malgré l'engagement pris par l'Angleterre pour cette éventualité, n'aurait jamais été rendu à la France.

En présence d'une articulation aussi précise et renfermée dans des termes aussi circonscrits, il semble qu'il n'y aurait dû avoir des deux côtés du détroit qu'un seul et même sentiment, qu'un seul avis exprimé, et que tout le monde aurait dû être d'accord pour dire : voyons d'abord la convention, et si elle ne contient pas la stipulation qu'on invoque comme obligeant l'Angleterre à tenir compte de toute somme excédant celles qu'elle aurait employées à indemniser les sujets anglais, sa simple lecture sera la meilleure réponse à opposer à la réclamation elle-même ; mais si, au contraire, la convention est bien telle qu'on l'allègue, alors il ne reste plus qu'à faire le calcul des sommes reçues et celui des sommes employées conformément aux stipulations de l'acte, en un mot, — à compter......

Au lieu de cela que s'est-il passé? En France, d'abord, cette idée d'une réclamation pécuniaire considérable à exercer contre l'Angleterre, a donné lieu aux manifestations les plus contradictoires : les uns n'ont vu dans la révélation des faits sur lesquels s'appuie la réclamation, qu'une occasion de renouveler contre l'Angleterre l'expression de sentiments de haine et de défiance qui ne sont plus de notre temps ; ils ont crié aussitôt à la foi punique! Ils se sont livrés à des transports d'indignation contre l'Angleterre, et ils n'ont pas vu qu'en France même nous ne sommes pas à l'abri de tout reproche à raison de l'oubli prolongé dans lequel a été laissée une réclamation qui, du reste, ne perd aujourd'hui absolument rien de sa valeur par le long temps écoulé depuis les faits qui lui ont donné naissance (1).

D'autres ont accueilli, avec le sourire du dédain, cette allégation d'une grosse dette laissée en souffrance par l'Angleterre, se raillant avec un atticisme fort contestable de ces chevaliers errants qui s'en allaient à la conquête d'une *toison d'or imaginaire*, comme si ces réminiscences mythologiques avaient rien à faire en présence de cette double allégation d'une convention précise, et d'un compte présenté avec les chiffres mêmes du débit et du crédit, de telle sorte que son exactitude peut être vérifiée en quelques instants.

Enfin, un ministre éminent, l'un des représentants les plus élevés du gouvernement de l'Empereur, provoqué à dire son mot dans la question, préoccupé sans doute beaucoup moins de l'appréciation légale que de la portée politique d'un incident semblable, soulevé d'une façon plus ou moins opportune, entre deux grandes nations dont l'alliance est indispensable au repos du monde, sans discuter les termes de la convention, sans apporter aucune pièce, sans réfuter aucune des assertions sur lesquelles s'appuie la réclamation, se lève de son siége pour laisser tomber de ses lèvres une sorte de fin de non-recevoir qu'il promet de justifier bientôt dans une discussion approfondie....

_____

(1) Il a été même établi devant le Corps législatif que le droit de la France ne peut être considéré comme absolument ouvert qu'à une date assez récente, vers 1861, époque à laquelle a été définitivement rejetée par l'Angleterre la demande d'un des réclamants originaires qui, à elle seule, si elle eût été admise, aurait absorbé, sans y comprendre les intérêts, plus de treize millions de francs

mais les années s'écoulent, la discussion approfondie n'arrive pas, et la justification annoncée est encore à se produire.

Si, de la France, nous passons à l'Angleterre, ce qui s'y passe n'est ni moins étrange, ni moins curieux.

Dès le premier moment où se présente très-incidemment la question qui nous occupe, à propos de la demande formée par un réclamant qui soutenait avoir droit à prendre sa part de l'indemnité versée par la France, un des hommes les plus autorisés de l'Angleterre pour émettre son opinion sur la matière, un savant jurisconsulte, un ancien lord-chancelier, lord Lyndhurst, s'écrie en plein parlement qu'il ne faut pas qu'on puisse reprocher à l'Angleterre que, un gouvernement étranger, lui ayant déposé des sommes considérables pour indemniser ceux de ses nationaux qui pouvaient avoir été victimes d'injustices, elle les ait employées à ses services intérieurs et personnels.

Un autre membre du parlement anglais, jurisconsulte également éminent, faisant allusion au même fait, s'écrie : « C'est une tache pour la nation, c'est une tache pour chacun des citoyens qui la composent. »

Ainsi, en Angleterre même, il se trouve des hommes considérables qui n'hésitent pas à penser et à proclamer que, en vertu d'une convention expresse, l'Angleterre doit compte à la France d'un reliquat considérable, c'est-à-dire de la différence entre la somme versée par la France et celle dépensée par le gouvernement anglais pour les indemnités auxquelles elle était affectée par la convention.

Lorsqu'une question semblable est posée entre honnêtes gens, il faut qu'elle reçoive le plus promptement possible sa solution. Mais cette nécessité est bien plus grande encore, s'il s'agit, au lieu de deux simples particuliers, de deux grandes nations, entre lesquelles on doit plus rigoureusement encore éviter de laisser s'envenimer aucun sujet de débat.

Celui que soulève la réclamation à l'examen de laquelle nous allons nous livrer ne comporte, suivant nous, aucune discussion irritante, il prête encore moins à la raillerie ou à l'ironie.

Laissons donc d'abord de côté les sarcasmes de ceux qui, sans avoir rien approfondi, rien examiné, se sont avisés de condamner la réclamation comme fantastique et impossible.

Écartons également les attaques passionnées de ceux qui crient, tout au moins prématurément, à la mauvaise foi de l'Angleterre; écartons-les par cette considération surtout, que le gouvernement français n'ayant encore adressé sur ce sujet aucune demande, on ne peut, quelque légitime que puisse être la réclamation de la France, prétendre que l'Angleterre y ait opposé un refus quelconque.

Écartons tout cela, et, sans nous laisser dominer par aucune préoccupation politique, bien qu'il s'agisse d'intérêts qui touchent à la fortune publique de la

France, rappelons-nous que nous sommes en présence d'une question qui demande à être traitée avec une extrême modération, puisque c'est, avant tout, une question de droit.

C'est donc à ce point de vue que nous allons nous placer, et, quand nous croirons avoir trouvé de quel côté est le droit, nous soumettrons encore notre appréciation à une épreuve décisive, en recherchant si la solution juridique est conforme à ces principes d'équité, de bonne foi, de loyauté qui sont la sauvegarde éternelle des grands intérêts sociaux, qu'il s'agisse des rapports entre de simples particuliers ou entre de grandes nations.

Voyons donc le fait d'abord, le fait dans toute sa simplicité.

Quelles sont les conventions qui régissent les parties?

Dans ces conventions, quelles sont les stipulations spéciales qui donneraient lieu à la réclamation de la France contre l'Angleterre ?

§.

Lors du traité de paix intervenu entre la France et les puissances alliées, à la date du 30 mai 1814, les parties contractantes, tout en s'exonérant réciproquement de toute réclamation qu'elles pourraient avoir à former pour les contrats, les fournitures et les avances faites aux divers gouvernements dans les différentes guerres qui avaient eu lieu depuis 1792, avaient posé le principe d'une indemnité à payer par la France aux sujets des puissances étrangères qui pourraient avoir à exercer contre elle un recours legal.

Voici, en effet, comment s'exprime d'abord l'article 18 du traité du 30 mai 1814 :

Les puissances alliées, voulant donner à Sa Majesté très-chrétienne un nouveau témoignage de leur désir de faire disparaître, autant qu'il est en elles, les conséquences de l'époque de malheur si heureusement terminée par la présente paix, renoncent à la totalité des sommes que les Gouvernements ont à réclamer de la France, a raison de contrats, de fournitures ou d'avances quelconques faites au Gouvernement français dans les différentes guerres qui ont eu lieu depuis 1792.

De son côté, Sa Majesté très-chrétienne renonce à toute réclamation qu'elle pourrait former contre les puissances alliées, aux mêmes titres. En exécution de cet article, les hautes parties contractantes s'engagent à se remettre mutuellement tous les titres, obligations et documents qui ont rapport aux créances auxquelles elles ont réciproquement renoncé.

L'article 19 était ainsi conçu :

Le Gouvernement français s'engage à faire liquider et payer les sommes qu'il se trouverait devoir, d'ailleurs, dans les pays hors de son territoire, en vertu de contrats ou d'autres engagements formels passés entre des individus ou des établissements particuliers et les autorités françaises, *tant pour fournitures qu'à raison d'obligations légales.*

L'article 20 réglait le mode d'exécution de l'obligation contractée par le Gouvernement français dans l'article 19 :

Les hautes parties contractantes nommeront immédiatement après l'échange des ratifications du présent traité, des Commissaires pour régler et tenir la main à l'exécution de l'ensemble des dispositions renfermées dans les art. 18 et 19. Ces Commissaires s'occuperont de l'examen des réclamations dont il est parlé dans l'article précédent, de la liquidation des sommes réclamées, et du mode dont le Gouvernement français proposera de s'en acquitter. Ils seront chargés de même de la remise des titres, obligations et documents relatifs aux créances auxquelles les hautes parties contractantes renoncent mutuellement de manière que la ratification du résultat de leur travail complétera cette renonciation réciproque.

L'article 21 relatif aux dettes dont il devait être tenu compte au Gouvernement français était ainsi conçu :

Les dettes spécialement hypothéquées dans leur origine sur les pays qui cessent d'appartenir à la France, ou contractées par leur administration intérieure, resteront à la charge de ces mêmes pays. Il sera tenu compte en conséquence au Gouvernement français, à partir du 22 décembre 1813, de celles de ces dettes qui ont été converties en inscription au Grand livre de la Dette publique de France. Les titres de toutes celles qui ont été préparées pour l'inscription, et n'ont pas encore été inscrites, seront remis aux Gouvernements des pays respectifs. Les états de toutes ces dettes seront dressés et arrêtés par une commission mixte.

· Les articles suivants, jusqu'à la fin du traité, précisent diverses obligations qui seront à la charge du Gouvernement français envers les sujets des puissances alliées.

Par des articles additionnels au traité, l'Angleterre s'occupait de faire régler, en ce qui la concernait, l'indemnité à payer par la France aux sujets anglais.

Par l'article 2 de ces articles additionnels, le Gouvernement britannique et le Gouvernement français convenaient de la nomination de Commissaires, chargés de liquider leurs dépenses respectives pour l'entretien des prisonniers de guerre, afin de s'arranger sur la manière de s'acquitter de l'excédant qui se trouverait en faveur de l'une ou de l'autre des deux puissances.

L'article 4 confiait à ces mêmes Commissaires une autre mission :   ?

Art. 4. Il sera accordé de part et d'autre aussitôt après la ratification du présent traité de paix, main levée du séquestre qui aurait été mis, depuis l'an 1792, sur les fonds, revenus, créances et autres effets quelconques des hautes parties contractantes ou de leurs sujets.

Les mêmes commissaires dont il est fait mention à l'art. 2, s'occuperont de l'examen et de la liquidation *des réclamations des sujets de Sa Majesté britannique envers le gouvernement français*, pour la valeur des biens meubles et immeubles indûment confisqués par les autorités françaises, ainsi que pour la perte totale ou partielle de leurs créances ou autres propriétés indûment retenues sous le séquestre depuis l'année 1792.

La France s'engage à traiter à cet égard les sujets anglais avec la même justice que les sujets français ont éprouvée en Angleterre, et le Gouvernement anglais désirant concourir pour sa part au nouveau témoignage que les puissances alliées ont voulu donner à Sa Majesté très-chrétienne, de leur désir de faire disparaître les conséquences de l'époque de malheurs si heureusement terminés par la présente paix, *s'engage de son côté à renoncer, dès que justice complète sera rendue à ses sujets, à la totalité de l'excédant qui se trouverait en sa faveur, relativement à l'entretien des prisonniers de guerre de manière que la ratification du résultat du travail des Commissaires susmentionnés et l'acquit des sommes ainsi que la restitution des effets qui seront jugés appartenir aux sujets de Sa Majesté britannique compléteront sa renonciation.*

§

. Le traité principal du 30 mai 1814, ainsi que ses articles additionnels, ayant été, à la suite des événements qu'amena le retour de l'Empereur de l'île d'Elbe, profondément modifié en ce qui concerne les clauses que nous venons de citer, c'est au traité du 20 novembre 1815 qu'il faut nous reporter ; c'est dans ce traité que va se trouver écrite, d'abord, l'obligation pour la France de payer aux puissances alliées à la fois une indemnité territoriale et une indemnité pécuniaire et, en outre, l'obligation de verser une somme destinée à faire face aux réclamations des sujets de ces mêmes puissances, principe d'où sortira la convention spéciale relative aux sommes à verser pour les réclamations des sujets de la Grande-Bretagne, qui donne lieu à la réclamation que nous examinons.

§

Le traité du 20 novembre 1815 contient un préambule qu'il est difficile de p isser sous silence, quand on s'occupe des indemnités imposées à la France par ces traités néfastes :

Les puissances alliées, était-il dit, ayant par leurs efforts réunis et par le succès de leurs armes, préservé la France et l'Europe des bouleversements dont elles étaient menacées par le dernier attentat de Napoléon Buonaparte (sic), et par le système révolutionnaire reproduit en France pour faire réussir cet attentat ;

Partageant aujourd'hui avec Sa Majesté très-chrétienne le désir de consolider, par le maintien inviolable de l'autorité royale et la remise en vigueur de la Charte constitutionnelle, l'ordre de choses heureusement rétabli en France, ainsi que celui de ramener entre la France et ses voisins, les rapports de confiance et de bienveillance réciproques que les funestes effets de la révolution et du système de conquêtes avaient troublés pendant si longtemps;

Persuadés que ce dernier but ne saurait être atteint que par un arrangement propre à leur assurer de justes indemnités pour le passé et des garanties solides pour l'avenir ;

Ont pris en considération, de concert avec Sa Majesté le roi de France, les moyens de réaliser cet arrangement, et, ayant reconnu que l'indemnité due aux puissances ne pouvait être ni toute territoriale, ni toute pécuniaire, sans porter atteinte à l'un ou à l'autre des intérêts essentiels de la France, et qu'il serait plus convenable de combiner les deux modes, de manière à prévenir ces deux inconvénients, LL. MM. II. et RR. ont adopté cette base pour leurs transactions actuelles, et, se trouvant également d'accord sur celle de la nécessité de conserver pendant un temps déterminé, dans les provinces frontières de la France, un certain nombre de troupes alliées, elles sont convenues de réunir les différentes dispositions fondées sur ces bases, dans un traité définitif.

Les articles 1, 2 et 3 réglaient ce que le préambule du traité appelait avec une douloureuse justesse l'*indemnité territoriale*, c'est-à-dire que les puissances alliées s'appropriaient, suivant leurs convenances réciproques, les diverses provinces détachées du territoire français, et fixaient les nouvelles frontières qu'elles assignaient à la France.

Après l'indemnité territoriale venait l'*indemnité pécuniaire*.

L'article 4 fixait le chiffre de l'indemnité à fournir par la France aux puissances alliées, et il est important de citer textuellement cet article, tout pénible qu'il soit à reproduire pour une plume française; il faut le citer, pour qu'il ne puisse pas s'établir la moindre confusion entre l'indemnité que la France s'obligeait à payer par cet article aux puissances elles-mêmes avec lesquelles elle traitait, et l'indemnité applicable aux sujets de ces mêmes puissances, aux termes de la convention qui nous occupe :

Art. 4. La partie pécuniaire de l'indemnité à fournir par la France aux puissances alliées est fixée à la somme de sept cents millions de francs. Le mode, les termes et les garanties du payement de cette somme seront réglés par une convention

2

particulière, qui aura la même force et valeur que si elle était textuellement insérée au présent traité.

L'article 9 reprenant la question où l'avait laissée l'article 19 du traité du 30 mai 1814, s'occupait d'une autre indemnité pécuniaire, de celle à payer par la France aux sujets des puissances alliées.

Cet article est ainsi conçu :

Art. 9. Les hautes parties contractantes *s'étant fait représenter les différentes réclamations*, provenant du fait de la non-exécution des art. 19 et suivants du traité du 30 mai 1814, ainsi que les articles additionnels de ce traité signés entre la France et la Grande-Bretagne, désirant de rendre plus efficaces les dispositions énoncées dans ces articles, et ayant, à cet effet, *déterminé par deux conventions séparées la marche à suivre de part et d'autre, pour l'exécution complète des articles susmentionnés, les deux dites conventions, telles quelles se trouvent jointes au présent traité, auront la même force et valeur que si elles y étaient textuellement inscrites.*

L'article 10 stipulait, de la part de toutes les parties contractantes, la remise des prisonniers.

L'article 11 est ainsi conçu :

Art. 11. Le traité de Paris du 30 mai 1814, et l'acte final du congrès de Vienne du 9 juin 1815, sont confirmés et seront maintenus dans toutes celles de leurs dispositions qui n'auraient pas été modifiées par les clauses du présent traité.

L'article 12 est relatif aux ratifications.

§.

Le traité du 20 novembre 1815 est suivi de diverses conventions datées du même jour et qui en font partie intégrante.

Celle portant le n° 1, a pour titre :

Convention conclue en conformité de l'article 4 du traité principal, et relative au payement de l'indemnité pécuniaire à fournir par la France aux puissances alliées.

Comme il importe au plus haut point, pour la précision du débat que nous voulons éclaircir et pour dissiper toute confusion entre les deux natures d'indemnités, de distinguer soigneusement les sommes que la France s'obligeait à payer aux puissances alliées et qui devaient, en conséquence, entrer dans le

Trésor public de ces pu.ssances, d'avec celles qu'elle s'obligeait à affecter au payement des réclamations des sujets de ces mêmes puissances et qui devaient entrer dans la fortune personnelle de ces réclamants, et leur être comptées après la justification de leurs droits, nous croyons devoir reproduire textuellement cette convention :

Le payement auquel la France s'est engagée vis-à-vis des puissances alliées, à titre d'indemnité. par l'article 4 du traité de ce jour, aura lieu dans la forme et aux époques déterminées par les articles suivants :

Art. 1er La somme de sept cents millions de francs, montant de cette indemnité, sera acquittée jour par jour, par portions égales, dans le courant de cinq années, au moyen de bons au porteur sur le Trésor royal de France, ainsi qu'il va être dit.

Art. 2. Le trésor remettra d'abord aux puissances alliées quinze engagements de quarante-six millions deux tiers, formant la somme totale de sept cents millions, payables, le premier le 31 mars 1816, le second le 31 juillet de la même année, et ainsi de suite, de quatre mois en quatre mois, pendant les cinq années successives.

Art. 3. Ces engagements ne pourront être négociés, mais ils seront échangés périodiquement contre des bons au porteur négociables, dressés dans la forme usitée pour le service ordinaire du Trésor royal.

Art. 4. Dans le mois qui précédera les quatre, pendant lesquels un engagement sera acquitté, cet engagement sera divisé par le Trésor de France en bons au porteur, payables à Paris par portions égales, depuis le premier jusqu'au dernier jour des quatre mois.

Ainsi l'engagement de quarante-six millions deux tiers, échéant le 31 mars 1816, sera échangé au mois de novembre 1815, contre des bons au porteur, payables, par portions égales, depuis le 1er décembre 1815, jusqu'au 31 mars 1816. L'engagement de quarante-six millions deux tiers échéant le 31 juillet 1816 sera échangé au mois de mars de la même année contre des bons au porteur, payables par portions égales, depuis le 1er avril 1816 jusqu'au 31 juillet de la même année, et ainsi de suite, de quatre mois en quatre mois.

Art. 5. Il ne sera point délivré un seul bon au porteur pour l'échéance de chaque jour ; mais cette échéance sera divisée en plusieurs coupures de 1,000, 2,000, 5,000, 10,000 et 20,000 francs, dont la réunion formera la somme totale du payement de chaque jour.

Art. 6. Les puissances alliées, convaincues qu'il est autant de leur intérêt que de celui de la France qu'il ne soit pas émis simultanément une somme trop considérable de bons au porteur, conviennent qu'il n'y en aura jamais en circulation pour plus de cinquante millions de francs à la fois.

Art. 7. Il ne sera payé par la France aucun intérêt pour le délai de cinq années que les puissances alliées lui accordent pour le payement des sept cents millions.

Art. 8. Le 1er janvier 1816, il sera remis par la France aux puissances alliées, à titre de garantie de la régularité des payements, une rente sur le grand livre de la dette publique de France, de la somme de 7 millions de francs, au capital de 140 millions. Cette rente servira à suppléer, s'il y a lieu, l'insuffisance des recouvrements du Gouvernement français, et à mettre à la fin de chaque semestre les payements de niveau avec les échéances des bons au porteur, ainsi qu'il sera dit ci-après.

Art. 9. Les rentes seront inscrites au nom des personnes que les puissances alliées indiqueront; mais ces personnes ne pourront être dépositaires des inscriptions que dans le cas prévu à l'article 11 ci-après. Les puissances alliées se réservent en outre de faire faire les transcriptions sous d'autres noms, aussi souvent qu'elles le jugeront nécessaire.

Art. 10. Le dépôt de ces inscriptions se trouvera sous la garde d'un caissier nommé par les puissances alliées, et d'un autre nommé par le Gouvernement français.

Art. 11. Il y aura une commission mixte, composée de Commissaires alliés et français, en nombre égal des deux côtés, qui examinera de six mois en six mois, l'état des payements et réglera le bilan. Les bons du Trésor acquittés constateront les payements : ceux qui n'auront pas encore été présentés au Trésor de France entreront dans les déterminations du bilan subséquent; ceux enfin qui seront échus, présentés et non payés, constateront l'arriéré et la somme d'inscriptions à employer au taux du jour, pour couvrir le déficit. Dès que cette opération aura eu lieu, les bons non payés seront rendus aux Commissaires français, et la commission mixte donnera des ordres aux caissiers pour la remise de la somme ainsi fixée, et les caissiers seront autorisés et obligés à la remettre aux Commissaires des puissances alliées, qui en disposeront d'après leurs convenances.

Art. 12. La France s'engage à rétablir aussitôt, entre les mains des caissiers, une somme d'inscriptions égale à celle qui aurait été employée d'après l'article précédent, de manière à ce que la rente stipulée à l'article 8 soit toujours tenue au complet.

Art. 13. Il sera payé par la France un intérêt de cinq pour cent par année, depuis le jour de l'échéance des bons au porteur, pour ceux de ces bons dont le payement aurait été retardé par le fait de la France.

Art. 14. Lorsque les six cents premiers millions de francs auront été payés, les alliés, pour accélérer la libération entière de la France, accepteront, si cet arrangement convient au Gouvernement français, la rente stipulée à l'article 8, au cours qu'elle aura à cette époque, jusqu'à concurrence de ce qui restera dû des sept cents millions. La France n'aura plus à fournir que la différence, s'il y a lieu.

Art. 15. Si cet arrangement n'entrait pas dans la convenance de la France, les cent millions de francs qui resteraient dus seraient acquittés, ainsi qu'il est dit aux articles 2, 3, 4 et 5; et, après l'entier payement des sept cents millions, l'inscription stipulée à l'article 8 serait remise à la France.

Art. 16. Le Gouvernement français s'engage à exécuter, indépendamment de l'indemnité pécuniaire stipulée par la présente convention, tous les engagements contractés par les conventions particulières conclues avec les différentes puissances et leurs coalliés, relativement à l'habillement et à l'équipement de leurs armées, et à faire délivrer et payer exactement les bons et mandats provenant desdites conventions, en tant qu'ils ne seraient pas encore réalisés à l'époque de la signature du traité principal et de la présente convention.

§

La convention portant le nᵒ 2 est relative à l'occupation d'une ligne militaire en France par les armées alliées, et ne touche pas directement au sujet qui nous occupe. Cette convention met à la charge de la France l'entretien des cent cinquante mille hommes composant l'armée d'occupation.

§

Celle portant le n° 3 a pour titre :

Convention conclue en conformité de l'article 9 du traité principal et relative à l'examen et à la liquidation des réclamations à la charge du Gouvernement français.

Cette convention s'applique aux réclamations formées contre le Gouvernement français par les sujets de toutes les puissances alliées, à l'exception de ceux de la Grande-Bretagne, dont la situation est réglée par une convention spéciale portant le n° 4. Elle comprend en vingt-six articles la longue nomenclature de tous les cas de payement à faire par le Gouvernement français, soit en argent, soit en inscription de rente, pour dommages causés, restitutions, remboursements, etc., etc.

L'exposé de cette troisième convention est ainsi conçu :

Pour aplanir les difficultés qui se sont élevées sur l'exécution des divers articles du traité de Paris, du 30 mai 1814 et notamment sur ceux relatifs aux réclamations des sujets des puissances alliées, les hautes parties contractantes, désirant faire promptement jouir leurs sujets respectifs des droits que ces articles leur assurent, et prévenir en même temps autant que possible toute contestation qui pourrait s'élever sur le sens de quelques dispositions dudit traité, sont convenues des articles suivants :

Art. 1er. Le traité de Paris, du 30 mai 1814, étant confirmé par l'article 11 du traité principal, auquel la présente Convention est annexée, cette confirmation s'étend nommément aux articles 19, 20, 21, 22, 23, 24, 25, 26, 30 et 31 dudit traité, autant que les stipulations renfermées dans ces articles n'ont pas été changées ou modifiées par le présent acte, et il est expressément convenu que les explications et les développements que les hautes parties contractantes ont jugé à propos de leur donner par les articles suivants ne préjudicieront en rien aux réclamations de toute autre nature qui seraient autorisées par ledit traité, sans être spécialement rappelées par la présente convention.

Art 2. En conformité de cette disposition, S. M. T. C. promet de faire liquider dans les formes ci-après indiquées, toutes les sommes que la France se trouve devoir dans les pays hors de son territoire, tel qu'il est constitué par le traité auquel la présente convention est annexée, en vertu de l'article 19 du traité de Paris du 30 mai 1814, soit à des individus, soit à des communes, soit à des établissements particuliers, dont les revenus ne sont pas à la disposition des Gouvernements.

Cette liquidation s'étendra spécialement sur les réclamations suivantes :

Ici se placent, sous neuf numéros, autant de catégories de réclamations de différentes natures, toutes applicables à des dommages causés, soit à des communes, soit à des individus, et en général à tous autres que les Gouvernements.

Les articles 3 et 4 énoncent certaines réclamations, celles du sénat de Hambourg et autres, qui seront l'objet d'un règlement spécial.

L'article 5 stipule par application de l'article 20 du traité du 30 mai 1814, l'établissement de commissions de liquidation, qui s'occuperont en premier lieu de l'examen des réclamations, et de commissions d'arbitrage qui en décideront, dans le cas où les premières ne seraient pas parvenues à s'accorder. Tout ce qui a trait à la formation et au fonctionnement de ces commissions de liquidation et d'arbitrage est réglé avec les plus grands détails sous les nᵒˢ 1 à 8 de cet article 5, qui se termine ainsi :

Il est, au reste, bien entendu que les commissions établies en vertu du présent article ne peuvent point étendre leur travail au delà de la liquidation des obligations résultant du présent traité et de celui du 30 mai 1814.

L'article 6, a pour objet de régler l'exécution de l'article 21 du traité de Paris du 30 mai 1814 relatif aux remboursements à faire à la France pour les dettes qu'elle pouvait avoir sur des pays qui cessaient de faire partie de notre territoire.

Cet article est ainsi conçu :

Les hautes parties contractantes, voulant assurer l'accomplissement de l'article 21 du traité de Paris du 30 mai 1814 et déterminer en conséquence le mode d'après lequel il sera tenu compte à la France de celles des dettes spécialement hypothéquées dans leur origine sur des pays qui ont cessé d'appartenir à la France, ou contractées par leur administration intérieure, lesquelles ont été converties en inscription au grand-livre de la dette publique de France, sont convenues que le montant du capital que chacun des Gouvernements de ces pays respectifs sera dans le cas de rembourser à la France, sera fixé au cours moyen du prix que les rentes du grand-livre auront eu entre le jour de la signature de la présente convention et le 1ᵉʳ janvier 1816....

La fin de cet article, et l'article 7 tout entier indiquent les dettes qui ne seront pas comprises dans le remboursement et ce qui devra en être déduit en intérêt ou en capital.

L'article 8 soumet à un arbitrage la réclamation du Gouvernement des Pays-

Bas contre le Gouvernement français motivée sur le non-payement des intérêts de la dette de Hollande pour les semestres de mars et septembre 1813.

L'article 9 est relatif à la liquidation des intérêts non payés des dettes hypothéquées sur le sol des pays cédés à la France par les traités de Campo-Formio et de Lunéville.

L'article 10 règle l'exécution de l'article 23 du traité de Paris du 30 mai 1814 relatif au remboursement par la France des cautionnements des fonctionnaires ayant eu maniement de deniers publics dans les pays détachés de la France.

L'article 11 stipule, en exécution de l'article 25 du traité du 30 mai 1814, le remboursement par la France des fonds déposés par les communes et les établissements publics.

L'article 12 oblige la France à rembourser les fonds qui existaient dans la caisse d'Agriculture de la Hollande.

L'article 13 attribue aux commissions de liquidation et d'arbitrage constituées par l'article 5 la liquidation des objets relatés dans les articles 22 à 25 du traité du 30 mai 1814.

L'article 14 maintient l'article 26 du traité du 30 mai 1814 qui décharge le Gouvernement français, à partir du 1er janvier de la même année, du payement de toute pension à tout individu qui se trouve n'être plus sujet français.

L'article 15 règle ce qui a trait à l'interprétation de l'article 31 du traité de paix du 30 mai 1814 relatif à la restitution des cartes des pays qui ont cessé d'appartenir à la France.

L'article 16 fixe le délai passé lequel il y aura déchéance de tout droit pour les réclamants :

Art. 16. Les Gouvernements qui ont des réclamations à faire au nom de leurs sujets, s'engagent à les faire présenter à la liquidation dans le délai d'une année, à dater du jour de l'échange des notifications du présent traité, passé lequel terme il y aura déchéance de tout droit, réclamation et répétition.

L'article 17 trace la marche à suivre par les liquidateurs, selon qu'il s'agit de sommes à payer en argent, ou de créances à rembourser en inscriptions sur le grand-livre.

L'article 18 règle le taux de l'intérêt suivant les diverses natures de créances à rembourser.

L'article 19 divise en trois classes tous les remboursements à opérer par la France.

L'article 20 fixe en ces termes le montant de la rente à inscrire par la France, à titre de fonds de garantie :

Art. 20. Il sera inscrit le 1er janvier prochain, au plus tard, comme fonds de garantie sur le gran l-livre de la dette publique de France, un capital de 3,500,000 fr. de rente, avec jouissance du 22 mars 1816, au nom de deux, de quatre ou de six Commissaires, moitié sujets de S. M. très-chrétienne et moitié sujets des puissances alliées, lesquels Commissaires seront choisis et nommés savoir : un, deux ou trois par le Gouvernement français et un, deux ou trois par les puissances alliées.

Ces Commissaires toucheront lesdites rentes de semestre en semestre.

Ils en seront dépositaires sans pouvoir les négocier.

Ils en placeront le montant dans les fonds publics et ils en recevront l'intérêt accumulé et composé au profit des créanciers.

Dans le cas où les trois millions cinq cents mille francs de rente seraient insuffisants, il sera délivré aux susdits Commissaires des inscriptions pour plus fortes sommes et jusqu'à concurrence de celles qui seraient necessaires pour payer les dettes indiquées par la présente convention.

Ces inscriptions additionnelles, s'il y a lieu, seront délivrées avec jouissance de la même époque que celle fixée pour les 3,500,000 francs de rente ci-dessus stipulés et elles seront administrées par les mêmes Commissaires et d'après les mêmes principes; en sorte que les créances qui resteront à solder seront acquittées avec la même proportion d'intérêts accumulés et composés que si le fonds de garantie avait été suffisant dès le commencement.

Lorsque les payements dus aux créanciers auront été effectués, le surplus des rentes non assignées, s'il y a lieu, ainsi que la proportion d'intérêts accumulés et composés qui leur appartiendra seront remis à la disposition du Gouvernement français.

L'article 21 traite des formalités du visa des Commissaires liquidateurs.

Les articles 22 et 23 sont relatifs aux obligations contractées par les puissances alliées envers la France, en exécution de l'article 21 du traité de paix du 30 mai 1814.

Ces deux articles ayant fait l'objet d'une stipulation particulière dans la Convention du 25 avril 1818 dont nous allons bientôt parler, nous croyons devoir les reproduire textuellement ;

Art. 22. Les souverains actuels des pays qui ont cessé d'appartenir à la France renouvellent l'engagement qu'ils ont contracté par l'article 21 de la paix du 30 mai 1814, de tenir compte au Gouvernement français, à partir du 22 décembre 1813, de celles des dettes de ces pays qui ont été converties en inscriptions au grand-livre de la Dette publique de France. Les états de toutes ces dettes seront dressés et arrêtés par les commissions établies par l'article 5 de la présente convention ; bien entendu que le Gouvernement français continuera de payer les rentes de ces inscriptions.

Art. 23. Les mêmes Gouvernements renouvellent l'engagement de rembourser aux sujets français, serviteurs des pays cédés, les sommes qu'ils ont à réclamer a titre de cautionnements, dépôts ou consignations dans leurs trésors respectifs Ces remboursements se feront de la même manière qui a été convenue par l'article 19 de la présente convention à l'égard des sujets de ces pays qui ont fait des versements de la même nature.

L'article 24 réserve au Gouvernement français la faculté de déduire des cautionnements que, par l'article 22 du traité du 30 mai 1814 et par l'article 10 de la présente convention, il s'est engagé à rembourser, les débets des comptables qui auraient été déclarés rétentionnaires de deniers publics.

L'article 25 reconnaît au Gouvernement français le droit de poursuivre dans les pays cédés par la paix du 30 mai 1814 et par le présent traité, les souscripteurs des effets négociables au profit du trésor royal autres que les receveurs des contributions directes.

Enfin, l'article 26 et dernier est ainsi conçu :

Tout ce qui a été convenu par la présente convention, à l'égard du terme dans lequel les créanciers de la France présenteront leurs réclamations à la liquidation, des époques où les bordereaux de liquidation seront dressés, des intérêts alloués aux diverses classes de créances, et au mode dont elles seront payées, s'applique également aux créances que les Français ont à former contre les Gouvernements délaissés par la France (1).

§

La convention portant le n° 4 (2), toujours à la même date du 20 novembre 1815, s'occupe exclusivement des réclamations des sujets anglais. Elle a pour titre :

Convention conclue en conformité de l'article 9 du traité principal et relative à l'examen et à la liquidation des réclamations des sujets de S. M. Britannique envers le Gouvernement français.

Cette convention comprend 17 articles, et un article additionnel.

Nous citerons tous ceux qui nous paraissent avoir trait à la question qui nous occupe.

---

(1) Un article additionnel oblige, en outre, la France à payer aux comtes de Bentheim et Steinfurt, qui avaient formé contre le gouvernement français une réclamation à différents titres, la somme de 800,000 francs en numéraire, et celle de 510,000 francs en inscriptions au grand-livre de la dette publique.

(2) C'est sous ce numéro qu'elle est indiquée dans les recueils français, notamment dans le recueil de M. Duvergier. Nous croyons devoir faire remarquer, pour éviter toute confusion, que, dans les documents anglais imprimés par ordre du gouvernement et distribués aux deux chambres du parlement, cette convention porte le numéro 7, et celle que nous venons d'analyser sous le numéro 3, porte dans les documents anglais le numéro 13

L'article 1er est ainsi conçu :

Les sujets de Sa Majesté britannique, porteurs de créances sur le Gouvernement français, lesquels, en contravention à l'article 2 du Traité de commerce de 1786, et depuis le 1er janvier 1793, ont été atteints à cet égard par les effets de la confiscation ou du sequestre décrétés en France, seront, conformément à l'article 4 additionnel du traité de Paris, 1814, leurs héritiers ou ayants cause, sujets de sa majesté britannique, INDEMNISÉS ET PAYÉS, après que leurs créances auront été reconnues légitimes, et que le montant en aura été fixé, suivant les formes et sous les conditions stipulées ci-après.

Les articles suivants jusqu'à l'article 9 sont consacrés à régler ces formes et conditions.

Leur analyse aidera à l'intelligence de l'économie de la convention.

L'article 1er avait dit :

Les sujets de Sa Majesté britannique qui sont porteurs de créances sur le Gouvernement français, pour les causes indiquées dans cet article, et après que ces créances auront été reconnues légitimes, seront INDEMNISÉS ET PAYÉS.

Les articles suivants vont dire sous quelle forme auront lieu cette indemnité et ce payement pour les diverses catégories de créanciers.

Art. 2. *Les sujets de Sa Majesté britannique*, possesseurs de rentes perpétuelles sur le Gouvernement français et qui, depuis le 1er janvier 1793, ont été atteints à cet égard par les effets de la confiscation ou du séquestre décrétés en France, seront eux, leurs héritiers ou ayants cause, sujets de Sa Majesté britannique, inscrits sur le grand-livre de la dette consolidée de France, pour la même somme de rentes dont ils jouissaient avant les lois et décrets de séquestre ou de confiscations susmentionnées..... Les nouvelles inscriptions seront fournies avec jouissance du 22 mars 1816..... »

Ainsi la pensée qui a présidé à la rédaction de l'article 2 est de replacer *les sujets anglais* possesseurs de rentes françaises, et qui auraient été lésés par les effets de la confiscation et du sequestre décrétés en France pendant la période révolutionnaire de 1793, au même et semblable état où ils étaient auparavant.

L'article 3 fait une situation identique aux *sujets anglais*, possesseurs de rentes viagères.

Art. 3. Seront également inscrits sur le grand-livre de la dette viagère, en France, ceux des *sujets de Sa Majesté britannique* ou leurs héritiers, ou ayants cause, sujets de Sa Majesté britannique, possesseurs de rentes viagères sur le Gouvernement français, suivant les décrets qui en ont ordonné la confiscation ou le séquestre, pour la même somme de rentes viagères dont ils jouissaient en 1793..... Les nouvelles inscriptions seront fournies avec jouissance du 22 mars 1816.....

L'article 4 dit à quel taux seront inscrits les arrérages liquidés et reconnus des rentes perpétuelles et viagères.

Les arrérages liquidés et reconnus des rentes viagères et perpétuelles qui seront dus jusqu'au 22 mars prochain inclusivement, sauf les cas d'exception spécifiés aux articles 2 et 3, seront inscrits sur le grand-livre de la dette publique de France, au taux qui résultera du terme moyen entre le pair et le cours de la place au jour de la signature du présent traité, les inscriptions seront fournies avec jouissance du 22 mars 1816 inclusivement.

L'article 5 s'occupe de la situation des sujets anglais lésés dans leurs propriétés immobilières ; il indique la manière dont on procédera « pour régler la « somme principale, qui sera due relativement aux propriétés immobilières *qui* « *appartenaient à des sujets de Sa Majesté britannique*, et qui ont été seques-« trées, confisquées et vendues. »
Après avoir dit comment on procédera pour l'évaluation de ces propriétés immobilières, l'article 5 ajoute :

Le capital, ainsi liquidé et reconnu, sera inscrit sur le grand-livre de la dette publique de France, au même taux qui a été fixé par l'article 4, pour l'inscription des arrérages des rentes et les inscriptions seront fournies avec jouissance du 22 mars prochain inclusivement.

L'article 6 règle le mode de calculer l'indemnité des sujets anglais lésés dans leurs propriétés mobilières.

Art. 6. Pour régler la somme principale, ainsi que les arrérages qui seront dus à ceux des *sujets de Sa Majesté britannique* dont les propriétés mobilières, en France, ont été séquestrées, confisquées et vendues, ou à leurs héritiers ou ayants cause, *sujets de Sa Majesté britannique*, on procédera de la manière suivante :
. . . .
. . . .
Le capital, liquidé et reconnu, sera inscrit sur le grand-livre de la dette publique de France, au même taux qui a été fixé à l'article 4 pour l'inscription des arrérages des rentes, et les inscriptions seront fournies avec jouissance du 22 mars prochain inclusivement.
Les arrérages dus sur ledit capital, depuis l'époque du séquestre, seront calculés à raison de 4 p. 100 par an sans retenue, et le montant total de ces arrérages, jusqu'au 22 mars prochain exclusivement, sera inscrit sur le grand-livre de la dette publique de France, aux taux susmentionné, et avec jouissance du 22 mars prochain inclusivement.

L'article 7 s'occupe du mode de liquidation des « créances *des sujets de Sa Majesté britannique*, provenant des différents emprunts faits par le Gouvernement français, ou d'hypothèques sur des biens séquestrés, saisis et vendus par ledit Gouvernement, ou toute autre créance non comprise dans les articles précédents et qui serait admissible d'après les termes de l'article 4 additionnel du traité de Paris de 1814 et de la présente convention..... »

Après avoir fixé le mode de liquidation de ces créances, l'article 7 ajoute :

Ces créances ainsi liquidées *seront payées en inscriptions* sur le grand-livre, au taux susmentionné, et les inscriptions seront fournies avec jouissance du 22 mars prochain inclusivement.

L'article 8 s'occupe de la manière dont seront réparties entre ces différentes catégories de créanciers les inscriptions de rente appartenant à chacun d'eux.

Art. 8. Le montant des inscriptions revenant à chaque créancier pour ses créances liquidées et reconnues sera partagé *par les Commissaires dépositaires* (*by the commissioners of deposit*) (1), en cinq portions égales, dont la première sera délivrée immédiatement après la liquidation faite, la seconde trois mois après et ainsi de suite pour les autres, de trois mois en trois mois.

Néanmoins les créanciers recevront les intérêts de leurs créances totales liquidées et reconnues, à dater du 22 mars 1816 inclusivement, aussitôt que les réclamations respectives auront été reconnues et admises.

Ce qui résulte jusqu'à l'évidence de ces différents articles, c'est, d'une part, que la convention est faite uniquement dans l'intérêt *des sujets de Sa Majesté britannique* qu'il s'agit d'indemniser, et d'autre part, c'est qu'il devra être affecté, *assigné* aux sujets anglais dont les réclamations auront été reconnues légitimes, *des inscriptions de rente sur le grand-livre de la dette publique en France* représentant les sommes pour lesquelles leurs réclamations auront été admises.

§

C'est après ces différentes dispositions que se place l'article 9 dont le texte a une importance capitale dans la question, puisqu'il paraît avoir été écrit en vue

---

(1) Le texte anglais auquel nous emprunterons quelquefois les citations des expressions ou des stipulations des traités qu'il nous paraîtra utile de faire connaître dans les deux langues, est celui de la traduction anglaise officielle de ces documents, telle qu'elle résulte de la publication faite au parlement anglais par ordre du roi George IV, des traités et conventions de 1814, 1815 et 1818.

même de l'éventualité qui donne lieu à la demande dirigée aujourd'hui contre le Gouvernement anglais et tendant à faire rembourser à la France les sommes qui resteraient libres, après le payement des différentes catégories de créanciers qui devaient être indemnisés aux termes de la convention.

Cet article est ainsi conçu :

Art. 9. Il sera inscrit comme fonds de garantie, sur le grand-livre de la dette publique de France, un capital de 3 millions 500,000 francs de rente, avec jouissance du 22 mars 1816, au nom de deux ou quatre Commissaires, moitié anglais, moitié français, choisis par leur Gouvernement respectif. Ces Commissaires recevront lesdites rentes, à dater du 22 mars 1816, de semestre en semestre ; *ils en seront dépositaires sans pouvoir les négocier*, et ils seront tenus, en outre, à en placer le montant dans les fonds publics, et à en percevoir l'intérêt accumulé et composé au profit des créanciers.

Dans le cas où les 3,500,000 francs de rentes seraient insuffisants, il sera délivré, auxdits Commissaires, des inscriptions pour plus fortes sommes, et *jusqu'à concurrence de celles qui seront nécessaires pour payer toutes les dettes mentionnées dans le présent acte* (1).

Ces inscriptions additionnelles, s'il y a lieu (2), seront délivrées avec jouissance des mêmes époques que les 3,500,000 francs ci-dessus stipulés, et administrées par les Commissaires, d'après les mêmes principes ; en sorte que les créances qui resteront à solder seront acquittées avec la même proportion d'intérêt accumulé et composé, que si le fonds de garantie avait été suffisant dès le commencement, et *lorsque tous les payements dus aux créanciers auront été effectués, le surplus des rentes non assignées, avec la proportion d'intérêt accumulé et composé qui leur appartiendra, sera rendu, s'il y a lieu, à la disposition du Gouvernement français.* (*The surplus* of the interest fund not employed, with the proportion of accumulated and compound interest which shall belong there to, shall, *if there be any, be given up to the disposal of the French government*).

Cet article est si clair, ses dispositions sont si précises, il répond si parfaitement à la difficulté actuelle, que nous ne l'accompagnerons d'aucun commentaire, sauf à revenir sur son contenu quand nous aurons à rechercher les objections qu'on peut tenter de faire à son application, c'est-à-dire à la demande de restitution du surplus *des rentes non assignées*, et les articles précédents ont fait suffisamment comprendre ce qu'il faut entendre par cette expression.

---

(1) *Until their amount shall be equal to what may be necessary to pay all the debts mentioned in the present Act.*

(2) These additional inscriptions, if there shall be any.

§

L'article 10 porte qu'à mesure que les liquidations seront faites et que les créances seront reconnues, la commission de liquidation dont il sera parlé aux articles suivants remettra aux créanciers reconnus deux certificats, l'un pour le capital et l'autre pour les arrérages ou intérêts liquidés jusqu'au 22 mars 1816.

L'article 11 porte que ces certificats seront remis aux Commissaires dépositaires des rentes (*shall be delivered over to the commissioners holding the annuitsei in deposit*) qui les viseront, afin qu'ils soient inscrits immédiatement sur le grand-livre de la dette publique de France au débit de leur dépôt (*to the debit of the deposit fund*) et au crédit des nouveaux créanciers reconnus et porteurs des dits certificats, et les créanciers seront autorisés, dès le jour de la liquidation définitive de leurs créances, à recevoir de la part desdits Commissaires, les rentes qui leur sont dues avec les intérêts accumulés et composés, s'il y a lieu (*if there be any*) à leur profit et avec une portion du capital qui aura été payée d'après ce qui a été réglé par les articles précédents.

_ L'article 12 fixe les délais de déchéance :

Art. 12. Un nouveau délai sera accordé après la signature de la présente convention *aux sujets de Sa Majesté britannique* formant des prétentions sur le Gouvernement français pour des objets spécifiés dans le présent acte, à l'effet de faire leurs réclamations et de produire leurs titres. *Ce délai sera de trois mois pour les créanciers qui sont résidents en Europe, de six mois pour ceux qui sont dans les colonies occidentales, et de douze mois pour ceux qui sont dans les Indes orientales ou dans d'autres pays également éloignés.*

APRÈS CES ÉPOQUES, LESDITS SUJETS DE SA MAJESTÉ BRITANNIQUE NE SERONT PLUS ADMISSIBLES A LA PRÉSENTE LIQUIDATION (*Shall no longer have the benefit of the present liquidation*).

L'article 13 stipule que, à l'effet de procéder aux liquidations et reconnaissances des créances mentionnées aux articles précédents, il sera formé une commission composée de deux français et de deux anglais qui seront désignés et nommés par leurs gouvernements respectifs.

L'article 14 est relatif à la nomination d'une commission de surarbitres, composée de quatre membres dont deux seront nommés par le Gouvernement britannique et deux par le Gouvernement français.

L'article 15 est ainsi conçu :

Les Commissaires liquidateurs, *les Commissaires dépositaires* (the commissioners of deposit) et les surarbitres prêteront en même temps serment entre les mains de M. le garde des sceaux de France et en présence de M. l'ambassadeur de S. M. britannique, de bien et fidèlement procéder, de n'avoir aucune préférence ni pour le créancier, ni pour le débiteur, et d'agir dans tous leurs actes d'après les stipulations du traité de Paris du 30 mai 1814, des traités et conventions avec la France signés aujourd'hui, et notamment d'après celles du présent acte.

L'article 16 porte qu'après que les 3,500,000 francs de rente mentionnés dans l'article 9 auront été inscrits au nom *des Commissaires dépositaires* (in the name of the commissioners who are to hold that sum in deposit), et à la première demande du Gouvernement français, Sa Majesté britannique donnera les ordres nécessaires pour effectuer la rétrocession des colonies françaises telle qu'elle a été stipulée par le traité du 30 mai 1814.

L'article 17 et dernier stipule le renvoi de part et d'autre dans leurs pays respectifs des prisonniers de guerre, sous les mêmes conditions qui se trouvent consignées dans la convention du 23 avril et dans le traité du 30 mai 1814 et la renonciation par le Gouvernement britannique à toute somme ou droit quelconque qui pourrait lui revenir pour tout le surplus de l'entretien desdits prisonniers de guerre, mais toujours sous la condition spécifiée dans l'article 4 additionnel du traité de Paris du 30 mai 1814 (1).

L'article additionnel de la convention n° 4 que nous venons d'analyser dans toutes ses dispositions essentielles se rapporte aux réclamations de négociants anglais à Bordeaux. Il est ainsi conçu :

. Les réclamations de Sa Majesté britannique, fondées sur la décision de Sa Majesté très-chrétienne, relativement aux marchandises anglaises introduites à Bordeaux par suite du tarif des douanes publié dans ladite ville par Son Altesse Royale monseigneur le duc d'Angoulême, le 24 mars 1814, seront liquidées et payées d'après les principes et le but indiqués dans cette décision de Sa Majesté très-chrétienne.

La commission créée par l'article 13 de la convention de ce jour est chargée de procéder immédiatement à la liquidation de ladite créance, et à la fixation des époques du payement en argent effectif.

La décision qui sera rendue par les Commissaires sera exécutée immédiatement selon sa forme et teneur.

Le présent article additionnel aura la même force et valeur que s'il était inséré mot à mot dans la convention de ce jour relative à l'examen et à la liquidation des réclamations des sujets de Sa Majesté britannique envers le Gouvernement français.

---

(1) « Le Gouvernement anglais. . s'engage, de son côté, à renoncer, *dès que justice complète sera rendue à ses sujets*, à la totalité de l'excédant qui se trouverait en sa faveur relativement à l'entretien des prisonniers de guerre... » (Art. 4 des articles additionnels du traité du 30 mai 1814)

§

Maintenant qu'une analyse exacte et développée a fait connaître, dans tous leurs détails essentiels, les stipulations relatives aux diverses indemnités mises par les traités de 1815 à la charge de la France, résumons-les toutes en quelques mots, pour bien préciser le caractère qui appartient à chacune d'elles.

§

Il y a d'abord l'indemnité au profit des puissances alliées elles-mêmes, c'est-à-dire l'indemnité à payer de nation à nation, d'État à État; cette indemnité a deux éléments : elle est *territoriale*, c'est-à-dire qu'elle consiste en une diminution du territoire de la France, et dans une augmentation proportionnelle de celui des puissances alliées auxquelles attribution est faite des provinces, des forteresses, des colonies que le traité détache de la France.

Elle est *pécuniaire*, c'est-à-dire qu'elle consiste dans l'attribution d'une somme de 700 millions de francs que la France s'oblige à fournir aux puissances alliées suivant un mode, des termes et des garanties de payement réglés par une convention spéciale.

La partie territoriale aussi bien que la partie pécuniaire de cette indemnité appartiennent aux puissances alliées. Les territoires abandonnés par la France s'ajoutent aux territoires des États auxquels ils sont attribués. Les 700 millions entrent dans le Trésor public des puissances alliées, suivant des proportions déterminées entre elles, et les gouvernements de ces puissances peuvent disposer de cet argent comme des autres sources de revenus qui ont pu entrer dans les caisses publiques, sans avoir à en détacher la plus légère partie au profit de telle ou telle catégorie de leurs sujets, et sans avoir à en rendre absolument aucun compte à la France.

§

Il y a ensuite une indemnité pécuniaire mise à la charge de la France, pour faire face aux réclamations des sujets de toutes les puissances alliées, autres que l'Angleterre, cette dernière ayant voulu régler par une convention à part ce qui regardait ses propres sujets.

§

Il y a enfin une indemnité pécuniaire de la même nature que la précédente, mise à la charge de la France par la quatrième convention pour faire face aux réclamations des sujets anglais.

Les termes de cette convention sont d'une précision et d'une énergie toute britannique. Il y est dit que les sujets de Sa Majesté britannique, porteurs de créances sur le Gouvernement français seront *indemnisés* et *payés*, après que leurs créances auront été reconnues légitimes. Il y est stipulé qu'il sera inscrit, comme fonds de garantie sur le grand-livre de la Dette publique de France, un capital de 3,500,000 francs de rente, au nom d'un certain nombre de Commissaires français et anglais qui recevront ces rentes, en seront *dépositaires*, sans pouvoir les négocier, et seront tenus d'en placer le montant et d'en percevoir l'intérêt accumulé et composé au profit des créanciers. On prévoit le cas où les 3,500,000 francs de rente seraient insuffisants, et on convient qu'il sera alors délivré aux Commissaires des inscriptions pour plus fortes sommes et jusqu'à concurrence de celles qui seront nécessaires pour payer toutes les dettes. On prévoit également le cas où, lorsque tous les payements dus aux créanciers auront été effectués, il resterait un excédant, et on convient que *le surplus des rentes non assignées*, c'est-à-dire de celles qui n'auraient pas été effectivement attribuées aux sujets anglais dont les réclamations auraient été reconnues légitimes, avec la proportion d'intérêt accumulé et composé qui lui appartiendra, sera rendu au Gouvernement français. Accessoirement à cette convention et par un article additionnel, on stipule à l'égard des réclamations des sujets anglais relatives à la saisie de marchandises à Bordeaux, que ces réclamations seront liquidées et payées.

§

L'indemnité pécuniaire résultant de ces deux dernières conventions n'est pas, comme celle fixée par la première, une indemnité qui doive sortir du Trésor public français, pour entrer dans le Trésor public des puissances alliées. Non. — C'est une indemnité attribuée de la manière la plus expresse aux sujets des puissances alliées, qui doit être complétée par la France, si les sommes fixées

3

sont insuffisantes, et dont le surplus doit être par une conséquence toute naturelle restitué à la France, s'il reste un excédant, après le payement des créanciers.

§

Pour terminer cet exposé des faits, et avant d'entrer dans la discussion, il est indispensable de connaître quelle suite a été donnée à ces conventions (1), les

---

(1) Les premières dispositions financières prises pour assurer l'exécution de ces conventions ont été consignées dans la loi du 23 décembre 1815, dont voici le texte :

LOI DU 23 DÉCEMBRE 1815 RELATIVE A LA CRÉATION DES RENTES NÉCESSAIRES POUR L'EXÉCUTION DU TRAITÉ DU 20 NOVEMBRE 1815.

« Louis, etc ;

« Le traité de paix conclu à Paris le 20 novembre 1815, entre nous et les puissances alliées et les conventions particulières qui en ont été la suite, contiennent, relativement aux sommes dues par la France aux puissances alliées et à l'indemnité pécuniaire qu'elle s'est engagée à leur payer, diverses stipulations dont l'exécution ne peut être ajournée.

« Nous avons proposé, les Chambres ont adopté,

« Nous avons ordonné et ordonnons ce qui suit :

« Art. 1er. Il sera créé et inscrit sur le grand-livre de la dette publique, avec jouissance du 22 mars 1816, conformément à l'article 8 de la convention du 20 novembre 1815 relative à l'indemnité pécuniaire, explicative de l'article 4 du traité principal du même jour, une rente perpétuelle de sept millions de francs, au capital de cent quarante millions. Cette rente sera donnée en garantie de la régularité des payements à faire aux puissances alliées ; elle sera inscrite et déposée conformément aux articles 8 et 9 de ladite convention, et il n'en sera disposé que dans le cas prévu par l'article 11.

« Il ne sera point payé d'arrérages tant que les inscriptions resteront en dépôt.

« 2. Pour l'exécution du traité de Paris du 30 mai 1814, et pour celle de l'article 9 de la convention du 20 novembre 1815 relative à la liquidation des réclamations des sujets de Sa Majesté britannique, ET POUR GARANTIE du payement des sommes qui seraient reconnues être dues auxdits sujets, il sera créé et inscrit au grand-livre de la dette publique une rente perpétuelle de trois millions cinq cent mille francs, au capital de soixante-dix millions, avec jouissance du 22 mars 1816

« 3. Dans le cas où il serait nécessaire de pourvoir au remplacement des rentes dont on aurait disposé, en exécution des articles 11 et 12 de la convention du 20 novembre 1815 relative à l'indemnité de sept cent millions, ou de suppléer à l'insuffisance des rentes créées par les articles 1, 2, 3 et 4 de la présente loi, pour payer les créances reconnues être dues aux sujets de Sa Majesté britannique et à ceux des autres puissances, ainsi qu'à la maison des comtes de Bentheim et Steinfurt, aux termes du traité de Paris du 30 mai 1814 et des conventions particulières du 20 novembre 1815 relatives aux créances réclamées par lesdits États, le Gouvernement est autorisé à créer et à faire inscrire, à mesure des besoins, jusqu'à concurrence de deux millions de rentes, au capital de quarante millions Lesdites rentes seront mises en dépôt ou délivrées aux puissances, s'il y a lieu, en raison du déficit que

actes qui sont venus les modifier, l'exécution qu'elles ont reçue de la part des parties contractantes.

§

Occupons-nous d'abord de cette partie de l'indemnité pécuniaire qu'on peut appeler *l'indemnité privée*, puisqu'elle est expressément affectée à indemniser, non les Gouvernements des puissances alliées, mais leurs sujets, et poursuivons cet exposé en nous conformant à l'ordre chronologique.

Nous avons vu qu'aux termes de la troisième convention du 20 novembre 1815 applicables aux sujets des puissances alliées autres que ceux de la Grande-Bretagne, la France s'était obligée à payer, soit en argent, soit en inscriptions de rente, de nombreuses catégories de réclamants.

Si l'on songe à l'immense étendue de territoire qu'embrassait cette convention, et à l'énorme population qui couvrait ce territoire, on comprend quelle devait être l'incertitude sur le chiffre réel auquel pouvait s'élever cette indemnité, sur laquelle la France avait remis à valoir, et comme fonds de garantie, 3,500,000 de rente, représentant 70 millions de francs.

Il fut bientôt facile de voir, par l'importance des réclamations qui se produisaient sur toutes les parties d'un aussi vaste territoire, et dont le montant s'élevait à plus d'un milliard, que cette somme de 70 millions était loin de pouvoir faire face à la lourde liquidation que la France avait prise à sa charge.

§

Les parties contractantes avaient deux partis à prendre.

Ou bien persister dans le système adopté par la troisième convention du

---

présenterait le dépôt, ou de l'insuffisance des inscriptions déjà remises, comparées avec les créances reconnues et liquidées conformément auxdites conventions.

« 6. Les arrérages des rentes supplémentaires ne seront payés qu'à mesure des créations; mais la jouissance remontera au 22 mars 1816, aux termes des conventions énoncées ci-dessus

« 7. Il sera rendu compte à chaque session des deux Chambres, jusqu'à la fin des liquidations, de l'émission et de l'emploi des rentes créées par la présente loi et de ce qui restera à en émettre.

20 novembre 1815, c'est-à-dire obliger la France à fournir un nouveau fonds de garantie en nouvelles inscriptions sur le grand-livre de la dette publique, sauf à faire compléter ultérieurement par la France, en cas d'insuffisance, les sommes supplémentaires ainsi versées par elle, et sauf à lui rembourser ce qui excéderait les besoins de cette immense liquidation;

Ou bien, abandonnant les errements de la troisième convention du 20 novembre 1815, les parties contractantes pouvaient faire une *transaction* qui fixât définitivement et *à forfait* les sommes à verser par la France aux mains des Gouvernements des diverses puissances intéressées, en stipulant une décharge complète au profit de la France relativement à ces réclamations.

§

Grâce à une négociation très-habilement conduite par M. le duc de Richelieu, c'est à ce dernier parti qu'on jugea à propos de s'arrêter.

§

Il a été fait, au Corps législatif, allusion à cette négociation par M. le ministre d'État; c'est le moment de dire un mot de ce qui s'est passé à cette époque, sauf à revenir sur ces faits pour en mieux préciser le caractère quand nous aurons à rechercher le sens et la portée des conventions de 1818 et à apprécier les divers moyens sur lesquels M. le ministre d'État a fait pressentir que l'Angleterre pourrait s'appuyer pour écarter la réclamation de la France.

Au moment où commençait cette année 1818, dans laquelle se placent les actes complémentaires des traités de 1815, qu'il nous reste à analyser, deux choses préoccupaient au plus haut point l'opinion publique en France.

C'était d'abord l'occupation étrangère et les charges énormes qu'elle entraînait avec elle; la présence sur le sol français, en pleine paix, d'une armée de cent cinquante mille hommes, à tous les besoins de laquelle il nous fallait largement subvenir, était à la fois une humiliation profonde pour notre dignité et un fardeau écrasant pour nos finances.

Une autre chose agitait l'opinion et entretenait l'inquiétude dans les esprits.

Nous avons parlé de ces réclamations des sujets des puissances alliées, non plus pour des griefs limités et circonscrits comme ceux des réclamations anglaises, mais pour ces innombrables catégories de dommages, de préjudices, de restitutions, de remboursements, qui remplissent la 3ᵐᵉ convention du 20 novembre 1815. (Convention nº 13 dans les documents anglais).

La France avait, conformément à l'article 9 de cette convention, affecté, à titre de fonds de garantie, des inscriptions pour les 3,500,000 francs de rente auxquels on avait évalué toutes ces indemnités, sauf à en parfaire le montant réel quand on le connaîtrait.

Mais il s'était produit dans les délais, et il avait dû être admis un si grand nombre de réclamants, et pour des sommes si énormes, que le capital de 70 millions de francs que représentaient les 3,500,000 francs de rentes paraissait ne devoir être qu'un imperceptible à-compte sur les sommes réelles qu'il pouvait y avoir à débourser de ce chef.

Un seul mot fera comprendre la gravité de cette question et les conséquences qu'elle pouvait avoir pour la fortune publique en France. Cette indemnité stipulée au profit des sujets des puissances continentales pour les causes diverses indiquées dans la convention du 20 novembre 1815, menaçait de s'élever à un chiffre double de celui des 700 millions, stipulés par la convention du même jour au profit des puissances alliées elles-mêmes.

En effet, M. le duc de Richelieu constate que la masse des réclamations présentées par les sujets des diverses puissances alliées s'est élevée à 1,600 millions, ci................................... Fr. 1,600,000,000 »

Comme nous avons sous les yeux l'état des réclamations des sujets de la Grande-Bretagne, qui s'élevaient au chiffre de 150 millions, ci.............................   150.000,000 »

Il résulterait des chiffres donnés par M. le duc de Richelieu dans un document officiel que le montant des réclamations des sujets des puissances continentales s'élevait à......... 1,450,000,000 »

Jamais rien de semblable à de pareils chiffres n'était entré dans les prévisions, ni du Gouvernement français, ni probablement des représentants des puissances alliées, au moment où se rédigeaient les conventions du 20 novembre 1815; mais enfin, ces conventions existaient, le texte en était précis, et l'anxiété publique s'expliquait trop naturellement.

C'est à ce moment que le duc de Richelieu, qui alliait une haute intelligence à une parfaite loyauté, entra en négociation avec les puissances alliées sur ces deux points :

La nécessité de mettre un terme à l'occupation étrangère ;

La nécessité,— dans l'intérêt de la France et des puissances alliées elles-mêmes, si elles ne voulaient écraser les finances de la France et la mettre dans l'impossibilité absolue de remplir les engagements qu'elle avait contractés envers elles,

— de réduire dans une très-notable proportion le montant des sommes que la France pouvait être obligée de verser pour les réclamations des sujets des puissances continentales.

Dès le mois de décembre 1817, le Roi, dans le discours du trône, sans entrer dans des détails que ne comporte pas un tel document, s'attachait à rassurer l'opinion publique en annonçant la négociation engagée et en exprimant l'espérance du succès qu'il en attendait.

Si la négociation se prolongea jusqu'au mois d'octobre 1818, pour ce qui touchait à l'occupation étrangère, elle réussit complétement dès le mois d'avril sur la transaction financière, et M. le duc de Richelieu obtint une réduction très-considérable sur le chiffre énorme auquel s'élevaient les réclamations des sujets des puissances continentales.

Cette négociation se termina par la rédaction de deux conventions à la date du 25 avril 1818 : l'une entre la France et toutes les puissances alliées, par laquelle on transigea sur le chiffre des réclamations des sujets de toutes les puissances continentales ; l'autre entre la France et l'Angleterre seule, par laquelle on convint des sommes à verser par la France en exécution de la convention du 20 novembre 1815, pour compléter l'indemnité affectée au payement des sujets anglais.

Le duc de Richelieu annonça aussitôt au Corps législatif le résultat de ces négociations et, à la date du 25 avril, il présenta le projet de loi contenant les mesures financières qu'il proposait pour leur exécution.

Le discours dans lequel le duc de Richelieu fait part au Corps législatif des négociations qui s'étaient engagées et du dénouement qu'elles venaient de recevoir, bien qu'il perde beaucoup de son importance en présence du texte des conventions elles-mêmes, est néanmoins un document utile à connaître, et nous en citerons textuellement, d'après le *Moniteur*, les principaux passages :

À l'ouverture de votre session, dit M. le duc de Richelieu, le Roi vous a fait connaître ses espérances pour la diminution des charges qui pèsent sur notre patrie et l'affranchissement de notre territoire : nous venons, aujourd'hui, d'après ses ordres, vous communiquer le résultat des négociations déjà terminées et vous demander les moyens de conclure celles qui le seront, nous osons nous en flatter, avant que vous réunissiez de nouveau dans cette enceinte.

En signant le traité du 30 mai 1814, les puissances contractantes renoncèrent réciproquement à la totalité des sommes qu'elles se devaient. Mais en faisant cet abandon de leurs droits, les Gouvernements durent consacrer ceux des particuliers; des articles précis en prononcèrent la garantie. La France s'engagea formellement à faire liquider et payer les sommes qu'elle se trouvait devoir hors de son territoire à des individus ou à des établissements particuliers, en vertu de contrats et d'engagements formels.

M. le duc de Richelieu rappelle qu'on s'occupait de préparer les mesures

nécessaires pour l'accomplissement de cette obligation lorsque surgirent les événements de 1815 qui suspendirent l'examen de ces questions. Ce travail fut re-
pris après la paix :

La France s'est trouvée sous le poids de deux sortes de charges: les unes fondées
sur le traité du 30 mai 1814, provenaient, comme nous venons de le dire, des dettes
contractées à diverses époques envers des sujets des Gouvernements étrangers, les
autres, créées par le traité du 20 novembre, nous ont donné ces Gouvernements
eux-mêmes pour créanciers. Les premières, celles qui ont fait l'objet de la négociation qui vient d'être terminée, *ont pour but, vous ne l'ignorez pas, non de procurer des indemnités aux habitants des pays ravagés par la guerre,* ENCORE MOINS
D'EN ACCORDER AUX GOUVERNEMENTS DE CES PAYS, *mais seulement d'assurer le payement des dettes contractées en vertu d'actes positifs du Gouvernement français,
d'obligation légale. La politique changeait les rapports des différents pays de
l'Europe, mais les individus ne devaient pas avoir à souffrir de ces changements.*
Les obligations contratées envers eux devaient être garanties et maintenues. Ces
dettes contractées par la France sont de la même nature que celles qui forment
l'arriéré dont nos lois ont réglé le payement et qu'on aurait été obligé, en tout
état de cause, de liquider et de payer dans les différents ministères. Les créances
dont la convention du 20 novembre a prescrit la liquidation ne sont donc point
des créances qu'elle a constituées, des titres qu'elle a créés contre la France. Elle
a seulement établi des moyens de reconnaître et de faire valoir ceux qui existaient
antérieurement et indépendamment de tout traité.

En envisageant les choses sous ce point de vue, qui est le seul juste, puisqu'il
est le seul vrai, vous jugerez que la reconnaissance de nos dettes envers des individus et des établissements particuliers hors de notre territoire, dérivait d'un principe de droit civil indépendant de toute convention politique. Aussi fut-il admis
sans difficulté par le traité du 30 mai 1814; les deux conventions du 20 novembre
1815, relatives, l'une aux sujets des puissances continentales, l'autre à ceux de la
Grande-Bretagne, ne firent que déterminer, avec plus de précision, les applications
de ce principe et régler les formes de la liquidation.

En affectant au payement des dettes de cette nature un capital de 7 millions de
rentes, les conventions stipulèrent qu'en cas d'insuffisance le Gouvernement français serait tenu d'y pourvoir. C'est d'après cela que la loi du 23 décembre 1815
créa un supplément de 2 millions. L'importance de cette réserve n'eût pu être
appréciée à cette époque qu'autant que la somme totale des créances eût été dès
lors susceptible d'une évaluation approximative, mais, en principe, il était difficile
de la contester, et, de fait, son admission était encore le résultat de la nécessité.

Une année, à partir de la date de l'échange des ratifications, avait été accordée
pour la présentation des réclamations. Elle expirait au 28 février 1817. Ce n'est
donc qu'après que ce terme eut été atteint, et lorsque la récapitulation de ces réclamations a été achevée, que le Gouvernement a pu connaître qu'elle formait une
masse telle, qu'en appliquant strictement à leur liquidation les règles prescrites par
la convention du 20 novembre, le montant s'élèverait de beaucoup au-dessus du
capital assigné pour leur remboursement, et qu'ainsi un déficit considérable serait
a couvrir. *Ce déficit aurait formé une dette immense : s'il avait été impossible de
la calculer et de refuser d'avance d'y satisfaire, c'était un devoir de représenter
qu'elle excédait évidemment et la prévoyance des traités et les forces de la France.*

...voir, les ministres du Roi se sont hâtés de le remplir, en portant à la connaissance des cours étrangères les résultats inattendus qui venaient de se révéler. Une négociation s'est entamée pour représenter aux Gouvernements étrangers la situation où allaient mettre la France ces stipulations faites de bonne foi et dans l'intérêt de tous les peuples. Le Roi leur parla le langage de la confiance et de la franchise. Il s'adressait à des souverains dignes de l'entendre.

Je voudrais qu'il fût possible, Messieurs, de vous faire connaître toutes les difficultés inséparables d'une pareille négociation, sans exemple peut-être dans les annales de la politique. Il s'agissait, non de lutter contre des vues générales, non contre des combinaisons politiques, *mais de combattre les prétentions, souvent exagérées, d'une multitude de créanciers solennellement appelés à faire valoir leurs titres, qui,* DE TOUTES LES PARTIES DE L'EUROPE, PRESSAIENT LEURS GOUVERNEMENTS DE N'EN ABANDONNER AUCUN, *leur en contestant même le droit.* Ces obstacles, d'une nature inconnue jusqu'ici dans les affaires publiques, auraient peut-être été insurmontables sans les sentiments d'équité qui animaient les ministres chargés de débattre et de soutenir les intérêts des peuples, et *sans l'impartialité et la modération de l'illustre médiateur que la confiance de l'Europe a appelé à procéder à cette importante négociation.* Elle a enfin été terminée. De nouveaux arrangements conclus avec tous les États qui ont pris part aux conventions du 20 novembre 1815 ont définitivement réglé *la dette de la France envers leurs sujets,* et ses moyens de libération. Sa Majesté nous a donné l'ordre de vous communiquer les résultats, en attendant qu'elle puisse vous faire connaître les actes eux-mêmes, lorsqu'ils auront reçu les ratifications nécessaires pour qu'il soit permis d'en publier la teneur.

L'un de ces actes concerne les puissances continentales. *Moyennant la renonciation au remboursement des capitaux de rente que le gouvernement aurait eu à réclamer, en vertu de l'article 21 du traité du 30 mai 1814, et les articles 6 et 22 de la convention du 20 novembre 1815, le supplément que la France doit encore fournir pour le payement de sa dette envers leurs sujets est définitivement fixé à 12,040,000 francs de rente.*

M. le duc de Richelieu mentionne ici un arrangement particulier avec l'Espagne par lequel on affecte 1 million à ce qui est dû à cette puissance, en vertu des traités conclus avec elle en 1814, et il continue :

Une convention séparée conclue avec l'Angleterre *pour assurer l'exécution de l'article additionnel du traité du 30 mai 1814, et la convention spéciale du 20 novembre 1815, fixe à 3 millions la rente à inscrire pour le complément définitif des fonds dont la création a été stipulée dans l'article 9 de la convention relative à la liquidation des créances des sujets de S. M. britannique.*

Ainsi, Messieurs, les arrangements qui viennent d'être conclus nous laissent dans l'obligation de créer 16 millions 40 mille francs de rente. Sa Majesté nous a chargé de vous présenter la loi qui doit ordonner leur inscription au Grand-Livre.

Par là, Messieurs, sera fermé sans retour cet abîme dont, en 1815, il avait été impossible de mesurer la profondeur et qui menaçait d'engloutir la fortune publique. Sans doute il est douloureux d'avoir à vous présenter une charge aussi pesante comme un grand soulagement. Plus d'une fois, dans le cours de nos rapports, nous nous sommes sentis pénétrés d'une profonde douleur en considérant quel fardeau aurait encore à supporter la patrie, quand nous aurions obtenu tout ce que nous demandions; mais nous avons la consolation de penser que nous n'avons rien négligé pour le diminuer, et c'est après nous être bien convaincus que ce nouveau sacrifice était inévitable et que notre conscience nous ordonnait d'en prendre sur nous la responsabilité, que nous nous sommes déterminés à le soumettre au consentement du roi.

Pour apprécier le résultat de nos efforts, il faut reporter avec calme vos regards vers le passé.

LA MASSE DES RÉCLAMATIONS PRÉSENTÉES S'EST ÉLEVÉE A 1,600 MILLIONS; *sur cette masse, environ 180 millions ont été acquittés sur les fonds de garantie créés le 23 novembre 1815, ainsi que vous le verrez par les tableaux que le roi nous a prescrit de vous communiquer; 30 millions environ ont été reconnus inadmissibles à la charge de la France. Il restait donc encore 1,390 millions à liquider.* De quelque réduction qu'on puisse croire cette somme susceptible, par une liquidation conforme aux règles tracées par la convention du 20 novembre, il est impossible de penser qu'elle fût restée au-dessous du capital représenté par la rente de 16 millions que nous vous demandons de créer.

M. le duc de Richelieu signale, en outre, quelques modifications de détail, et il ajoute :

Moyennant la remise à chaque puissance *de la portion de rentes qui lui est assignée pour payer ses sujets,* la France se trouve libérée, tant pour le principal que pour les intérêts, de toutes les dettes contractées envers les sujets des autres puissances de l'Europe, antérieurement au 20 novembre 1815.

Pour assurer l'exacte répartition des sommes destinées à acquitter nos dettes, il a été convenu que les liquidations seraient continuées par les puissances elles-mêmes envers leurs propres sujets. La France n'interviendra plus dans ce travail que pour donner des renseignements propres à le faciliter.

Par l'empressement que vous apporterez, Messieurs, à mettre le roi en état de remplir les engagements qu'il vient de prendre au nom de la France entière, vous compléterez l'œuvre salutaire de l'affermissement du crédit national. *Vous aurez consacré au-dehors comme au dedans le principe trop longtemps méconnu de l'universalité de la foi politique et du respect dû aux promesses des Gouvernements.* Cet hommage rendu aux intérêts privés mettra le sceau à la réconciliation des peuples, et fera succéder aux préventions injustes, aux haines aveugles, des sentiments plus dignes de l'époque où l'Europe est parvenue. Nos sacrifices alors vous paraîtront moins pénibles, parce qu'il s'y mêlera quelque gloire.

Dès ce moment, Messieurs, il n'existe plus de point en litige, il ne reste plus de sujet ni d'occasion de contestation. *La France s'est acquittée de tous ses engagements. L'époque est arrivée où elle doit recevoir le prix de sa courageuse résignation. Tenant à la main ces mêmes traités dont elle a rempli les conditions les plus rigoureuses, elle ne demandera pas en vain à l'Europe d'exécuter à son tour celles qui lui sont favorables.*

Le reste du discours est relatif à l'occupation étrangère et à l'acquittement de ce qui était encore dû sur les 700 millions qu'on devait payer, d'après l'article 4 du traité du 20 octobre 1815. Pour faire face à ce payement, le duc de Richelieu demandait qu'on lui ouvrît un crédit éventuel de 24 millions de rente dont l'emploi serait subordonné à l'événement qui seul pouvait le rendre nécessaire, c'est-à-dire à l'évacuation de notre territoire.

Après ce discours, M. le duc de Richelieu présente le projet de loi dont voici le texte :

Art. 1er. A l'effet de pourvoir à l'exécution pleine et entière des dispositions du traité du 30 mai 1814, des conventions du 20 novembre 1815, en ce qui concerne le payement des dettes contractées par la France antérieurement à cette époque hors de son territoire actuel, il sera créé et inscrit sur le grand-livre de la dette publique, avec jouissance du 22 mars 1818, une rente perpétuelle de 16 millions 400 mille francs au capital de 320 millions 800 mille francs.

Art. 2. Il est ouvert au ministre des finances un crédit de 24 millions de rente. En conséquence, le Trésor est autorisé à créer et à faire inscrire au grand-livre de la dette publique, jusqu'à la concurrence de cette somme, des rentes qui ne pourront être employées qu'à compléter le payement des sommes dues aux puissances alliées, conformément à l'article 5 du traité du 20 octobre 1815.

Art. 3. Il sera rendu compte, dans le cours de la période de 1818, des opérations qui auraient été faites en vertu de l'article 2 ci-dessus.

§

Ce projet de loi a donné lieu, dans la séance de la Chambre des députés du 28 avril 1818 à un rapport extrêmement sommaire de M. le duc de Gaëte.

§

A la Chambre des Pairs, le rapport sur le projet de loi est présenté dans la séance du 4 mai 1818 par le duc de Lévis ; il est également fort concis. Nous le reproduisons textuellement :

La loi qui vous est proposée renferme deux dispositions distinctes. La première est la création de 16,040,000 francs de rentes pour solder les liquidations étrangères ; la seconde est la faculté éventuelle, sous le nom de crédit, de créer 24 millions de rentes pour l'acquittement de ce qui reste à payer des contributions de guerre.

Vous savez, Messieurs, que l'on désigne sous le nom de créances étrangères TOUTES

LES DETTES CONTRACTÉES PAR LE GOUVERNEMENT FRANÇAIS ENVERS DES SUJETS ÉTRAN-
GERS. L'origine de ces dettes appartient exclusivement à ces temps calamiteux dont
on voudrait inutilement perdre le souvenir.

LES TRAITÉS EXISTENT.

L'importante détermination qui promet de rendre nécessaire le crédit de 24 millions de rentes ne permet pas qu'il soit différé. Vous donnerez, sans doute, Messieurs, au Gouvernement le moyen de mettre un terme aux charges accablantes qui
pèsent sur la patrie. Quand la France se montre fidèle à ses engagements et à son
Roi, qui peut douter du succès ?

La loi est votée à l'unanimité et sans aucune discussion.

§

Voyons maintenant dans quels termes a été conçue d'abord la convention du
25 avril 1818, conclue entre la France et toutes les puissances alliées pour la
fixation du montant de la transaction qui en faisait l'objet, et qui s'appliquait à
trente-neuf groupes différents, à trente-neuf pays formant autant de parties
intéressées au contrat :

Les cours d'Autriche, de la Grande-Bretagne, de Prusse et de Russie, signataires
du traité du 20 novembre 1815 ayant reconnu que la liquidation des réclamations
particulières à la charge de la France, fondée sur la convention conclue en conformité de l'article 9 dudit traité, pour régler l'exécution des articles 19 et suivants du 30 mai 1814, était devenue par l'incertitude de sa durée et de son résultat une cause d'inquiétude toujours croissante pour la nation française ; partageant, en conséquence, avec Sa Majesté très-chrétienne le désir de mettre un terme
à cette incertitude *par une transaction destinée à éteindre toutes ces réclamations
moyennant une somme déterminée*, lesdites puissances et Sa Majesté très-chrétienne
ont nommé pour leurs plénipotentiaires....... Et, attendu qu'elles ont considéré
que le concours de S. Exc. M. le maréchal duc de Wellington contribuerait efficacement au succès de cette négociation, les plénipotentiaires, après avoir arrêté,
D'ACCORD AVEC LES PARTIES INTÉRESSÉES, les bases de l'arrangement à conclure,
sont convenus, en vertu de leurs pleins pouvoirs, des articles suivants :

Cette convention est d'une telle importance, surtout par le rapprochement,
qu'il faut faire de ses dispositions avec celles de la convention faite le même
jour relativement aux réclamations des sujets anglais, qu'il faut en reproduire
presque tous les articles :

Article premier. — A l'effet d'opérer l'extinction totale des dettes contractées par
la France dans les pays hors de son territoire actuel, envers des individus, des
communes ou des établissements particuliers quelconques, dont le payement est

réclamé en vertu des traités du 30 mai 1814 et du 20 novembre 1815, le Gouvernement français s'engage à faire inscrire sur le grand-livre de la dette publique, avec jouissance du 22 mars 1818, une rente de douze millions quarante mille francs, représentant un capital de deux cent quarante millions huit cent mille francs.

Art. 2. — Les sommes remboursables au gouvernement français en vertu de l'article 21 du traité du 30 mai 1814 et des articles 6, 7 et 22 de la susdite convention du 20 novembre 1815, serviront à compléter les moyens d'extinction *des susdites dettes de la France envers les sujets des puissances* qui étaient chargées du remboursement de ces sommes.

. . . .

Art. 3. Les reprises que le Gouvernement français aurait pu être autorisé à exercer sur les cautionnements de certains comptables, dans les cas prévus par les articles 10 et 24 de la convention du 20 novembre 1815, étant également entrées DANS LA TRANSACTION *qui fait l'objet de la présente convention*, elles se trouveront par là complètement éteintes.

. . . .

Art. 4. Les sommes versées, à titre de cautionnement, dépôts ou consignations, par des sujets français, serviteurs des pays détachés de la France, dans leurs Trésors respectifs, et qui devaient leur être remboursées, en vertu de l'article 22 du traité du 30 mai 1814, *étant comprises* DANS LA PRÉSENTE TRANSACTION, lesdites puissances se trouvent complètement libérées à leur égard, le Gouvernement français se chargeant de pourvoir au remboursement.

Art. 5. *Au moyen des stipulations contenues dans les articles précédents, la France se trouve complétement libérée, tant pour le capital que pour les intérêts prescrits par l'art. 18 de la convention du 20 novembre 1815, des dettes de toute nature prévues par le traité du 30 mai 1814 et la convention du 20 novembre 1815, et réclamées dans les formes prescrites par ladite convention, de sorte que lesdites dettes seront considérées à son égard comme éteintes et annulées et ne pourront jamais donner lieu contre elle à aucune espèce de répétition.*

Art. 6. En conséquence des dispositions précédentes, les commissions mixtes instituées par l'art. 5 de la convention du 20 novembre 1815, *cesseront le travail de liquidation ordonné par la même convention.*

Art. 7. La rente qui sera créée en vertu de l'article 1er de la présente convention sera répartie entre les puissances ci-après nommées, ainsi qu'il suit ;

	FRANCS.
Anhalt Bernbourg.............................	17.500
Anhalt Dessau.................................	18.500
Autriche............	1.250.000
Bade..	32.500
Bavière.................................. ..	500.000
Brême.......................................	50.000
Danemark.....	350.000
Espagne.....................................	850.000
États romains ....'................	250.000
Francfort	35.000
Hambourg.	1.000.000

	FRANCS.
Hanôvre	500.000
Hesse électorale	25.000
Grand duché de Hesse, y compris Oldembourg	343.150
Iles Ioniennes, Ile de France et autres pays sous la domination de Sa Majesté britannique (1)	150.000
Lubeck	100.000
Mecklembourg-Schwerin	25.000
Mecklembourg-Strelitz	1.750
Nassau	6.000
Parme	50.000
Pays-Bas	1.650.000
Portugal	40.900
Prusse	2.600.000
Reuss	3.250
Sardaigne	1.250.000
Saxe	225.000
Saxe-Gotha	30.000
Saxe-Meiningen	1.000
Saxe Weymar	9.250
Schwartzbourg	7.500
Suisse	250.000
Toscane	225.000
Wurtemberg	20.000
Hanôvre, Brunswick, Hesse électorale et Prusse	8.000
Hesse électorale et Saxe-Weymar	700
Grand duché de Hesse en Bavière	8.000
Grand duché de Hesse, Bavière et Prusse	40.000
Saxe et Prusse	110.000

Art. 8. La somme de 12,040,000 francs *de rente* stipulée par l'art. 1er portera jouissance du 22 mars 1818. Elle sera déposée en totalité entre les mains des Commissaires spéciaux des cours d'Autriche, de la Grande-Bretagne, de Prusse et de Russie, *pour être ensuite délivrée à qui de droit*, aux époques et dans les formes suivantes :

1° Le premier de chaque mois, le douzième de ce qui reviendra à chaque puissance, conformément à la répartition ci-dessus, sera remis à ses Commissaires à Paris, ou aux délégués de ceux-ci, lesquels Commissaires ou délégués en disposeront de la manière indiquée ci-après;

2° Les Gouvernements respectifs ou les commissions de liquidation qu'ils établiront *feront remettre à la fin de chaque mois, aux individus dont les créances auront été liquidées* et qui désireraient rester propriétaires des quotités de rentes qui leur

---

(1) Ainsi l'Angleterre qui traitait ce même jour par une convention à part, pour les réclamations des sujets de la Grande-Bretagne proprement dite, demande encore et obtient pour les réclamations des créanciers des îles qui étaient sous la domination anglaise, une indemnité fixée par transaction à 150,000 francs de rente, c'est-à-dire, à 3 millions de francs en capital.

seront allouées, des inscriptions du montant de la somme qui reviendra à chacun d'eux;

3° Pour toutes les autres créances liquidées, ainsi que pour toutes les sommes qui ne seraient pas assez fortes pour pouvoir en former une inscription séparée, les gouvernements respectifs se chargent de les faire réunir en une seule inscription collective dont ils ordonneront la vente en faveur des parties intéressées, par l'entremise de leurs Commissaires ou agents à Paris.

Le dépôt de la susdite rente de 12,040,000 francs aura lieu le premier du mois qui suivra le jour de l'échange des ratifications de la présente convention par les cours d'Autriche, de la Grande-Bretagne et de Prusse seulement, attendu l'éloignement de la cour de Russie.

Art. 9. La délivrance desdites inscriptions aura lieu nonobstant toute signification de transfert ou opposition au Trésor royal de France.

Néanmoins... (Suivent les cas où les oppositions seront recevables.)

Art. 10. Les gouvernements respectifs voulant prendre, *dans l'intérêt de leurs sujets créanciers de la France*, les mesures les plus efficaces pour faire opérer, chacun en particulier, la liquidation des créances et la répartition des fonds auxquels lesdits créanciers auront proportionnellement droit, d'après les principes contenus dans les stipulations du Traité du 30 mai 1814 et de la convention du 20 novembre 1815, il est convenu qu'à cet effet le gouvernement français fera remettre aux Commissaires desdits Gouvernements, ou à leurs délégués, le dossier contenant les pièces à l'appui des réclamations non encore payées et donnera en même temps les ordres les plus précis pour que tous les renseignements et documents que la vérification de ces réclamations pourra rendre nécessaires, soient fournis dans le plus court délai possible aux susdits Commissaires par les différents ministères et administrations.

Il est de plus convenu que dans le cas où il aurait été payé des à-compte ou si le Gouvernement français avait eu des imputations ou des reprises à faire sur quelques-unes desdites réclamations particulières, ces à-compte, imputations et reprises seront exactement indiqués.

L'article 11 est relatif à la liquidation des réclamations pour services militaires.

Art. 12. — Pour faciliter la liquidation qui doit avoir lieu, conformément à l'article 10 ci-dessus, des commissaires nommés par le Gouvernement français serviront d'intermédiaires pour les communications avec les divers ministères et administrations ; ce sera même par eux que se fera la remise des dossiers de pièces justificatives. Cette remise sera exactement constatée, et il leur en sera donné acte, soit par émargement, soit par procès-verbal.

Art. 13. — Attendu que certains territoires ont été divisés entre plusieurs Etats et que, dans ce cas, c'est en général l'Etat auquel appartient la plus grande partie du territoire qui s'est chargé de faire valoir les réclamations communes fondées sur les articles 6, 7 et 9 de la convention du 20 novembre 1815, il est convenu que le Gouvernement qui aura fait la réclamation traitera, pour le payement des créances, les sujets de tous les Etats intéressés comme les siens propres.

D'autre part comme malgré cette division des territoires, le possesseur principal a supporté la déduction de la totalité des capitaux et intérêts remboursés, il lui en sera tenu compte par les Etats copartageants proportionnellement à la part dudit territoire que chacun possède, conformément aux principes posés dans les articles 6 et 7 de la convention du 20 novembre 1815.

S'il survient quelques difficultés relativement à l'exécution du présent article, elles seront réglées par une convention d'arbitrage formée suivant le mode et les principes indiqués par l'article 8 de la susdite convention.

L'article 14 est relatif au délai de deux mois pour les ratifications.

Art. 15. — Les Etats qui ne sont pas au nombre des puissances signataires, mais dont les intérêts se trouvent réglés par la présente convention, d'après le concert préliminaire qui a eu lieu entre leurs plénipotentiaires et Son Excellence M. le duc de Wellington réuni aux soussignés plénipotentiaires des cours signataires du traité du 20 novembre 1815, sont invités a faire remettre dans le même terme de deux mois leurs actes d'accession.

§

Telle est la *transaction* intervenue entre les puissances alliées et la France, relativement aux réclamations des sujets de toutes ces puissances autres que les sujets de la Grande-Bretagne proprement dite.

Par la troisième convention du 20 novembre 1815, la liquidation et le payement de ces réclamations étaient à la charge de la France. La transaction du 25 avril 1818 est *destinée à éteindre toutes réclamations moyennant une somme déterminée*.

Voilà ce que nous dit le préambule :

La troisième convention du 20 novembre 1815 avait imposé à la France l'obligation d'inscrire une somme de 3,500,000 de rente sur le grand-livre de la dette publique affectée à indemniser les réclamants, sauf à parfaire cette somme en cas d'insuffisance et sauf à être remboursée en cas d'excédant.

La première convention du 25 avril 1818 stipule que la France inscrira une nouvelle rente de douze millions quarante mille francs représentant un capital de 240,800,000 francs à l'effet d'opérer *l'extinction totale des dettes* contractées par la France hors de son territoire, par des individus, des communes, ou des établissements particuliers quelconques dont le payement est réclamé en vertu des traités du 30 mai 1814 et du 20 novembre 1815.

C'est une *transaction*.

Le préambule l'avait dit, l'article 3, l'article 4 répètent le mot, et si on tient compte de l'énormité des sommes demandées en exécution de la convention sur laquelle on transigeait, sommes qui allaient à beaucoup plus d'*un milliard*, il faut reconnaître que, par cette transaction, qui réduisait à 310 millions le capital à verser par la France, le duc de Richelieu avait obtenu un succès relatif d'une assez grande importance.

L'article 5 déduit les conséquences de la transaction en énonçant que, *au moyen des stipulations contenues dans les articles précédents, la France se trouve complétement libérée, tant pour le capital que pour les intérêts, des dettes de* toute nature prévues par le traité du 30 mai 1814 et la convention du 20 novembre 1815, *de sorte que lesdites dettes seront considérées à son égard comme éteintes et annulées et ne pourront jamais donner lieu contre elle à aucune espèce de répétition.*

§

Rien de plus clair, de plus net et de plus précis que cette transaction relative aux sujets des nations, au nombre de trente-neuf, dont l'énumération remplit l'article 7 et qui comprend même, comme nous l'avons déjà fait remarquer, les îles Ioniennes et l'Ile-de-France, ainsi que certains pays sous la domination de Sa Majesté britannique, ne laissant en dehors de ses dispositions que les sujets de la Grande-Bretagne proprement dite, dont il n'est nullement question dans la première convention du 25 avril 1818.

§

Supposons que les puissances alliées, malgré l'accord qui s'était établi entre elles et toutes *les parties intéressées* sur les bases de l'arrangement, aient mal fait leurs calculs et qu'elles aient eu à débourser, pour faire face aux réclamations de leurs sujets, une somme excédant de plusieurs millions celle versée par la France, pourront-elles rien réclamer à la France ?

Évidemment non.

La France se bornerait à répondre : nous avons fait une transaction; le préambule de l'acte le proclame, le contexte de l'acte le répète presque à chaque article : vous avez fait votre affaire propre de la liquidation et du payement des réclamations de vos sujets; ma dette est éteinte, vous n'avez plus rien à me réclamer.

§

Supposons, d'un autre côté, que la France ait appris que le payement des réclamations des sujets de toutes les puissances n'ait pas absorbé les sommes par elle versées, et qu'elle ait l'idée de demander aux puissances alliées le remboursement de l'excédant aux termes de la troisième convention du 20 novembre 1815.

Les puissances n'auraient qu'à lui répondre :

La convention du 20 novembre 1815 n'existe plus : elle était devenue pour vous, par l'*incertitude* de sa durée et de *son résultat*, une cause d'inquiétude : nous avons mis un terme à cette incertitude par *une transaction destinée à éteindre* toutes les réclamations moyennant une somme déterminée. Depuis cette transaction, la liquidation ne vous regarde plus, vous n'auriez pas pu avoir à en souffrir en cas d'insuffisance ; vous n'avez rien à recevoir en cas d'excédant.

Tout cela ne peut faire le moindre doute.

§

Il faut maintenant arriver à la deuxième convention du 25 avril 1818, conclue spécialement entre la France et l'Angleterre, et n'ayant trait qu'aux réclamations des sujets de la Grande-Bretagne.

§

Cette convention porte la même date que celle applicable aux sujets des autres puissances alliées, que nous venons d'analyser.

Le duc de Richelieu et sir Charles Stuart, seuls signataires de la seconde convention, étaient, avec les représentants des autres puissances, cosignataires de la précédente à la rédaction de laquelle ils avaient participé.

Une première considération se présente à l'esprit, et il est difficile d'en méconnaître la portée.

Si l'Angleterre et la France eussent voulu arriver par leur convention particulière du 25 avril au même résultat, qu'avaient désiré obtenir par la leur les autres puissances alliées, leurs représentants avaient une formule toute prête !

4

Ils n'avaient qu'à reproduire les termes mêmes de la première convention du 25 avril 1818, en substituant seulement l'énonciation des sujets de l'Angleterre à celle des sujets des nombreuses puissances, au nom desquelles stipulaient les parties contractantes dans cette convention.

Or, si non-seulement ils ne prennent pas cette formule, mais s'ils font un acte tout différent, dans lequel l'idée d'une transaction n'apparaît pas, même de la manière la plus éloignée, il faut bien admettre que ni la France, ni l'Angleterre, n'ont entendu transiger sur les obligations respectives prises dans la convention du 20 novembre 1815.

En effet, il n'y avait pour transiger sur ces engagements aucune des raisons si graves qui avaient inspiré la convention précédente. Il ne pouvait y avoir, en raison des chiffres qui étaient présentés aucune inquiétude causée en France par l'incertitude du résultat des réclamations anglaises. Tout le monde savait en effet que le montant total de ces réclamations s'élevait à...... 150,599,502 fr. 42.

Comme une partie notable de ces réclamations avait déjà été liquidée par la commission mixte, moyennant une réduction d'un quart environ sur le chiffre des demandes, il n'y avait rien de plus facile que de se rendre compte très-approximativement de la somme totale que pourrait entraîner toute cette liquidation, même en admettant qu'aucune des demandes ne fût rejetée.

Il était évident que 3 millions de rente ajoutés aux 3,500,000 francs de rente déjà affectés aux réclamations des sujets anglais, et complétant une somme de 130 millions, suffisaient et au delà, dans toutes les hypothèses, à payer intégralement ce qui pouvait être légitimement dû aux réclamants compris sur la liste pour 150,599,502 fr. 42. Le chiffre complémentaire porté dans la convention ne fut donc point fixé en vue d'une transaction ou d'un traité à forfait, mais il fut calculé en vue d'un payement intégral du montant des réclamations qui auraient été reconnues fondées.

Du reste le préambule de l'acte suffirait parfaitement pour nous éclairer sur la portée de la convention.

§

Ce préambule est ainsi conçu :

Sa Majesté très-chrétienne et Sa Majesté britannique *désirant écarter tous les obstacles qui ont retardé jusqu'à présent* L'EXÉCUTION PLEINE ET ENTIÈRE DE LA CONVENTION CONCLUE en conformité de l'article 9 du traité de 1815, relative à l'examen et à la liquidation des réclamations *des sujets de S. M. Britannique* envers le gouvernement français, ont nommé pour leurs plénipotentiaires, savoir...... lesquels, après s'être communiqué leurs pleins pouvoirs respectifs, sont convenus des articles suivants. ..

§

Ainsi l'acte qui va être rédigé et signé, est un acte destiné à écarter tous les obstacles qui ont retardé l'exécution de la convention, c'est un acte, en un mot, destiné à ramener complétement à exécution cette convention.

Voilà ce que nous disent les parties, dès le début, et la suite de l'acte lui-même est d'accord avec ces prémisses:

Art. 1er. A l'effet d'opérer le remboursement et l'extinction totale, tant pour le capital que pour les intérêts, *des créances des sujets de Sa Majesté britannique* dont le payement est réclamé en vertu de l'article additionnel au Traité du 30 mai 1814 et de la susdite convention du 20 novembre 1815, il sera inscrit sur le grand-livre de la dette publique de France, avec jouissance du 22 mars 1818, une rente de 3 millions de francs représentant un capital de 60 millions.

Art. 2. *La portion de rente qui est encore disponible sur les fonds créés en vertu de l'article 9 de la susdite convention du 20 novembre 1815*, y compris les intérêts composés et accumulés depuis le 22 mars 1816 *reste également affectée au remboursement des mêmes créances.* En conséquence, les inscriptions desdites rentes seront remises aux commissaires liquidateurs de Sa Majesté britannique immédiatement après l'échange des ratifications de la présente convention.

Art. 3. La rente de trois millions de francs qui sera créée conformément à l'article 1er ci-dessus sera divisée en douze inscriptions de valeur égale portant toutes jouissance du 22 mars 1818, lesquelles seront inscrites au nom des commissaires de Sa Majesté britannique ou de ceux qu'ils désigneront, et leur seront successivement remises de mois en mois, à commencer du jour de l'échange des ratifications de la présente convention.

Art. 4. La délivrance desdites inscriptions aura lieu nonobstant toutes significations de transfert ou oppositions faites au Trésor royal de France, ou entre les mains des Commissaires de Sa Majesté britannique.

La liste des significations et oppositions qui existeraient au Trésor royal sera néanmoins remise avec les pièces à l'appui aux dits Commissaires de Sa Majesté britannique, dans le délai d'un mois, à dater du jour des ratifications de la présente convention, il est convenu que le payement des sommes contestées sera suspendu jusqu'à ce que les contestations qui auraient donné lieu auxdites oppositions ou significations aient été jugées par le tribunal compétent, qui, dans ce cas, sera celui de la partie saisie.

Le terme de rigueur fixé ci-dessus étant expiré, on n'aura plus égard aux oppositions et significations qui n'auraient pas été notifiées aux Commissaires soit par le Trésor, soit par les parties intéressées. il sera toutefois permis de former opposition ou de faire tout autre acte conservatoire entre les mains desdits Commissaires du Gouvernement britannique.

Art. 5. Le Gouvernement britannique voulant prendre, dans l'intérêt de ses sujets créanciers de la France, les mesures les plus efficaces pour faire opérer la liquidation des créances et la répartition des fonds auxquels lesdits créanciers auront proportionnellement droit, d'après les principes contenus dans les stipulations du traité du 30 mai 1814 et de la convention du 20 novembre 1815, il est convenu qu'à cet effet le Gouvernement français fera remettre aux Commissaires de Sa Majesté britannique les dossiers contenant les pièces à l'appui des réclamations non encore payées et donnera en même temps les ordres les plus précis pour que tous les renseignements et documents que la vérification de ces réclamations pourra rendre nécessaires soient fournis dans le plus bref délai possible aux susdits Commissaires, par les différents ministères et administrations.

Art. 6. *Les créances des sujets de Sa Majesté britannique* déjà liquidées et sur lesquelles il reste encore un cinquième à payer, seront soldées aux échéances qui avaient été précédemment fixées, et les cinquièmes coupures seront délivrées sur la seule autorisation des Commissaires de Sa Majesté Britannique.

Art. 7. La présente convention sera ratifiée et les ratifications en seront échangées à Paris, dans le terme d'un mois ou plus tôt, si faire se peut.

Fait à Paris, le 25 avril 1818.

(Signé) RICHELIEU, Charles STUART.

§

Par cet acte, la France et l'Angleterre décident que, pour écarter tous les obstacles qui avaient pu retarder l'exécution pleine et entière de la convention du 20 novembre 1815, relative à la réclamation des sujets anglais, il y a lieu de faire déposer par la France une nouvelle somme de trois millions de rente et de faire remettre aux commissaires anglais tous les dossiers des réclamants, clause qui avait pour but d'amener, *par les mesures les plus efficaces*, ainsi que le dit la convention, une solution plus prompte des réclamations, en les confiant aux tribunaux anglais eux-mêmes.

Y a-t-il rien dans ces stipulations qui ressemble à une transaction ?

§

Tout ceci convenu entre la France et l'Angleterre, il ne restait plus qu'une question à vider, et elle était relativement peu importante.

Les réclamations anglaises comprenaient, outre celles des sujets de la Grande-Bretagne proprement dite, pour lesquelles la France avait versé 6,500,000 fr. de rente et des arrérages considérables ; outre celles des créanciers des Iles, qui se trouvaient soldées par les trois millions de francs alloués transactionnellement en vertu du premier acte du 25 avril 1818 pour le groupe des Iles

Ioniennes et de l'Ile-de-France, une dernière catégorie de réclamations dite des créanciers de Bordeaux, et dont il avait été question dans un article additionnel de la quatrième convention du 20 novembre 1815 et de la seconde convention du 25 avril 1818.

De 1815 à 1818 il avait été alloué différentes sommes à ces créanciers anglais.

La convention du 25 avril 1818 entre la France et l'Angleterre contenait, sur ces réclamations spéciales, un article additionnel dans lequel, pas plus que dans la convention elle-même, il n'était question de transaction.

Mais quelques mois après, c'est-à-dire en juillet 1818, les représentants de la France et de l'Angleterre se sont de nouveau rapprochés, et ils sont parvenus à s'entendre sur un arrangement transactionnel qui a mis fin à toute difficulté sur le chiffre des sommes à allouer aux sujets anglais, pour les réclamations spéciales qui pouvaient naître de la saisie de leurs marchandises à Bordeaux.

Cette nouvelle convention est du 4 juillet 1818, et elle se compose de trois articles additionnels.

La voici tout entière, et son texte prouve que lorsque le Gouvernement anglais entend faire une transaction, il sait très-bien trouver la formule la plus propre à traduire ses véritables intentions :

ARTICLES ADDITIONNELS (1)

Les Cours de la Grande-Bretagne et de France étant convenues de terminer *par une transaction à l'amiable* (by an amicable compromise) les difficultés qui se sont opposées jusqu'à ce jour à la liquidation complète et au payement des créances des sujets de Sa Majesté britannique dont les réclamations étaient fondées sur l'article additionnel de la convention du 20 novembre 1815, confirmé par l'article additionnel de la convention du 25 avril dernier, les soussignés..... munis de l'autorisation de leur gouvernement respectif, sont convenus de ce qui suit :

Art. 1er. Le montant *total* des payements à faire par la France pour l'acquittement et l'extinction totale des créances des sujets de Sa Majesté britannique, fon-

---

(1) Nous n'avons trouvé, ni au *Bulletin des lois*, ni dans le *Recueil de M. Duvergier*, cette convention du 4 juillet 1818, et nous l'empruntons à un document qui nous est communiqué par M. Le Baron. C'est une publication officielle faite à Londres, en 1842, sous ce titre : *Copy of the Treaties and Conventions of 1814, 1815 et 1818 having reference to and concerning the indemnity to be paid (and which has been paid) by France, under the conventions n° 7 et n° 13 of the convention of 1815, for the benefit of those british subjects claimants against France, which treaties and conventions were published by authority and presented to both houses of Parliament by command of his late Majesty George the fourth when he was Prince Regent in 1814, 1816 and 1819*

dées sur la décision de Sa Majesté très-chrétienne relativement aux marchandises anglaises introduites à Bordeaux par suite du tarif des douanes publié le 24 mars 1814, est fixé à la somme de 450,000 francs.

Art. 2 Ladite somme de 450,000 francs sera versée entre les mains des Commissaires désignés à cet effet par Sa Majesté britannique, par portions égales de 75,000 francs chacune, dont le payement aura lieu le 1er de chaque mois, à dater du 1er août prochain, de manière à ce que la somme totale soit acquittée au 1er janvier 1819.

Art. 3. Les présents articles seront ratifiés, et les ratifications en seront échangées dans le terme d'un mois, ou plus tôt si faire se peut.

Cette somme de 450,000 francs a été exactement payée à l'Angleterre (1).

§

Ainsi se trouvait réglé entre la France et l'Angleterre par une exécution loyale tout ce qui concerne les réclamations privées.

Pour les réclamations des sujets des puissances alliées, autres que l'Angleterre, il n'y avait plus à s'en occuper : *Il y avait transaction.*

Pour les réclamations des créanciers anglais de Bordeaux, il n'y avait pas à s'en occuper davantage : *il y avait également transaction.*

Pour les réclamations des autres sujets anglais, la somme convenue avait été versée par la France et il n'y avait plus qu'à attendre, suivant les termes des conventions, le règlement définitif de toutes ces réclamations, pour savoir si la liquidation, en fin de compte, ne laisserait pas un excédant. Ce règlement pouvait être long, il y avait des procès considérables engagés et les procès durent longtemps partout, en Angleterre peut-être plus longtemps qu'ailleurs. Mais enfin, tôt ou tard, l'heure ne pouvait manquer de venir, où la France pourrait se faire rendre compte par l'Angleterre de l'emploi des 130 millions qu'elle avait versés pour un but très-nettement déterminé par la convention, et, en cas d'excédant, se faire rembourser, conformément à l'article 9 de la convention du 20 novembre 1815, le surplus des sommes non employées au payement des réclamations anglaises.

---

(1) L'Angleterre a trouvé moyen de payer à ces réclamants, non de ses propres deniers, mais avec les fonds de l'indemnité française, — affectés à une toute autre destination, — une somme plus que double de ce chiffre transactionnel de 450,000 francs.

Elle a agi de même a l'égard des créanciers des Iles Ioniennes.

§

Qu'a-t-il été fait maintenant pour l'indemnité d'État à État ?

§

Il est trop notoire que la partie territoriale de cette indemnité a été payée en nature. Les puissances alliées étaient nanties par la conquête de la plupart des territoires cédés par la France ; les frontières françaises ont été fixées conformément aux traités de 1815, et sauf la modeste rectification résultant de l'annexion de la Savoie, les limites actuelles de la France sont bien celles que nous ont laissées ces traités après avoir prélevé au profit des puissances alliées ce qu'elles ont appelé elles-mêmes *la partie territoriale de l'indemnité.*

La partie pécuniaire n'a pas été moins exactement payée par la France.

C'est ce que constate la convention du 9 octobre 1818, publiée dans l'ordonnance royale du 26 octobre et inscrite au Bulletin des lois.

Voici l'exposé de cette convention :

LL. MM. l'empereur d'Autriche, le roi de Prusse et l'empereur de toutes les Russies s'étant rendus à Aix-la-Chapelle, et LL. MM. le roi de France et de Navarre et le roi du royaume-uni de la Grande-Bretagne et d'Irlande y ayant envoyé leurs plénipotentiaires, les ministres des cinq cours se sont réunis en conférence ; et, le plénipotentiaire français ayant fait connaître que, *d'après l'état de la France et l'exécution fidèle des traités du 20 novembre 1815, Sa Majesté très-chrétienne désirait que l'occupation militaire, stipulée par l'article 5 du même traité, cessât le plus promptement possible,* les ministres des cours d'Autriche, de la Grande-Bretagne, de Prusse et de Russie, après avoir, de concert avec ledit plénipotentiaire de France, mûrement examiné tout ce qui pouvait influer sur une décision aussi importante, ont déclaré que leurs souverains admettaient le principe de l'évacuation du territoire français à la fin de la troisième année de l'occupation ; et voulant consigner cette résolution dans une convention formelle et assurer en même temps l'exécution définitive dudit traité du 20 novembre 1815, S. M. le roi de France et de Navarre d'une part, et S. M. ... d'autre part, ont nommé, à cet effet, pour plénipotentiaires, savoir : etc.

Lesquels, après s'être réciproquement communiqué leurs pleins pouvoirs, trouvés en bonne et due forme, sont convenus des articles suivants :

L'article 1er stipule que les troupes composant l'armée d'occupation seront retirées du territoire de France le 30 novembre prochain ou plus tôt si faire se peut.

L'article 2 est relatif à la remise des places fortes.

L'article 3 porte que la somme destinée à pourvoir à la solde de l'armée d'occupation sera payée jusqu'au 30 novembre.

Les articles suivants sont relatifs au payement de l'indemnité pécuniaire et doivent être cités textuellement :

Art. 4. Tous les comptes entre la France et les puissances alliées ayant été réglés et arrêtés, la somme à payer par la France, pour compléter l'exécution de l'article 4 du traité du 20 novembre 1815, est définitivement fixée à 265 millions de francs

Art. 5. Sur cette somme, celle de 100 millions, valeur effective, sera acquittée en inscriptions de rentes sur le grand-livre de la dette publique de France, portant jouissance du 22 septembre 1818. Les dites inscriptions seront reçues au cours du lundi 5 octobre 1818.

Art. 6. Les 165 millions restant seront acquittés par neuvième, de mois en mois, à partir du 6 janvier prochain, au moyen de traites sur les maisons Hope et Cie et Baring frères et Cie, lesquelles, de même que les inscriptions de rente mentionnées en l'article ci-dessus, seront délivrées aux Commissaires des cours d'Autriche, de la Grand-Bretagne, de Prusse et de Russie par le Trésor royal de France, à l'époque de l'évacuation complète et définitive du territoire français.

Art. 7. A la même époque, les commissaires desdites cours remettront au Trésor royal de France les six engagements non encore acquittés qui seront restés entre leurs mains, sur les quinze engagements délivrés conformément à l'article 2 de la convention conclue pour l'exécution de l'article 4 du traité du 20 novembre 1815. Les mêmes commissaires remettront en même temps l'inscription de 7 millions de rente créée en vertu de l'article 8 de la susdite convention.

§

La convention du 9 octobre 1818 reconnaissait avec quelle loyauté la France s'était exécutée jusqu'à ce jour, pour le payement des sommes fixées par l'article 4 du traité du 20 novembre 1815. Tous les comptes réglés et approuvés, il ne restait plus dû sur les 700 millions qu'un reliquat de 265 millions dont la convention fixe le mode et les termes de payement.

Les puissances alliées pouvaient donc, sans danger pour leurs intérêts politiques et financiers, se rendre au désir ardent de la France, en retirant leur armée d'occupation. Cette résolution, suite de la négociation entamée par le Gouvernement français, donna lieu à un échange de notes entre les plénipotentiaires des puissances alliées et le duc de Richelieu.

Dans leur note datée d'Aix-la-Chapelle, 1er novembre 1818, les plénipotentiaires des cours d'Autriche, de la Grande-Bretagne, de Prusse et de Russie constatent d'abord qu'ils sont appelés par l'article 5 du traité du 20 novembre 1815 à examiner, de concert avec S. M. le Roi de France, si l'occupation militaire d'une partie du territoire français arrêtée par ledit traité pouvait cesser à la fin de la troisième année, ou devait se prolonger jusqu'à la fin de la cinquième.

L'attention des ministres et plénipotentiaires, ajoute la note, a dû se fixer avant tout dans cet examen sur l'état intérieur de la France. Elle a dû se porter également sur l'exécution des engagements contractés par le Gouvernement français envers les puissances cosignataires du traité du 20 novembre 1815.

La note établit ici que l'état intérieur de la France justifie pleinement l'espoir de l'affermissement du nouvel ordre de choses.

« Quant à l'exécution des engagements, continue la note, les communications que, dès l'ouverture des conférences, M. le plénipotentiaire de S. M. T. C. a adressées à ceux des autres puissances, n'ont laissé aucun doute sur cette question, en prouvant que le *Gouvernement français a rempli avec l'exactitude la plus scrupuleuse et la plus honorable toutes les clauses des traités et conventions du 20 novembre*, et en proposant pour celles de ces clauses dont l'accomplissement était réservé à des époques plus éloignées, des arrangements satisfaisants pour toutes les parties contractantes. »

La note des plénipotentiaires se termine par l'annonce de l'évacuation du territoire français par les armées étrangères.

Dans sa réponse datée du 12 novembre 1818, M. le duc de Richelieu, répondant d'abord aux sentiments de sympathie exprimés pour son souverain au nom des puissances alliées s'exprime ainsi :

« La justice qu'ils rendent à ses soins constants pour le bonheur de la France, et surtout à la loyauté de son peuple a vivement touché son cœur. En portant ses regards sur le passé, et en reconnaissant qu'à une autre époque, aucune autre nation n'aurait pu exécuter avec une plus scrupuleuse fidélité des engagements tels que ceux que la France avait contractés, il a senti qu'elle était redevable de ce nouveau genre de gloire à la force des institutions qui la régissent... »

Ces notes sont suivies du protocole du 15 novembre 1818, dans lequel les plénipotentiaires des cours d'Autriche, de France, de la Grande-Bretagne, de Prusse et de Russie, en proclamant l'union intime des cinq puissances déclarent notamment :

« ... Que cette union d'autant plus réelle et durable qu'elle ne tient à aucun intérêt isolé, à aucune combinaison momentanée, ne peut avoir pour objet que le maintien de la paix générale, *fondé sur le respect religieux pour les engagements consignés dans les traités, et pour la totalité des droits qui en dérivent.* »

Enfin le protocole du 15 novembre 1818 est suivi d'une déclaration solennelle du même jour dans laquelle se trouvent les passages suivants :

Les Souverains en formant cette union auguste ont regardé comme sa base fondamentale, *leur invariable résolution de ne jamais s'écarter ni entre eux, ni dans leurs relations avec d'autres Etats de l'observation la plus stricte du droit des gens*, principes qui, dans leur application à un état de paix permanent, peuvent seuls garantir efficacement l'indépendance de chaque Gouvernement et la stabilité de l'association générale.

Fidèles à ces principes, les Souverains les maintiendront également dans les réunions auxquelles ils assisteraient en personne, ou qui auraient lieu entre leurs ministres, soit qu'elles aient pour objet de discuter en commun leurs propres intérêts, soit qu'elles se rapportent à des questions dans lesquelles d'autres Gouvernements auraient formellement réclamé leur intervention. Le même esprit qui dirigera leurs conseils et qui règnera dans leurs communications diplomatiques présidera aussi à ces réunions et le repos du monde en sera constamment le motif et le but.

C'est dans ces sentiments que les Souverains ont consommé l'ouvrage auquel ils étaient appelés. Ils ne cesseront de travailler à l'affermir et à le perfectionner. Ils reconnaissent formellement que *leurs devoirs envers Dieu et envers les peuples qu'ils gouvernent, leur prescrivent de donner au monde, autant qu'il est en eux, l'exemple de la justice, de la concorde, de la modération*, heureux de pouvoir consacrer désormais tous leurs efforts à protéger les arts de la paix, à accroître la prospérité intérieure de leurs états et à réveiller ces sentiments de religion et de morale dont le malheur des temps n'a que trop affaibli l'empire.

§

L'évacuation annoncée a lieu en effet et un dernier protocole en date du 19 novembre 1818 modifie sur deux points l'exécution des engagements résultant pour la France de la convention du 9 octobre 1818. Par ce nouveau protocole les termes de payement fixés à neuf mois par la Convention sont prolongés à dix-huit ; et les contractants de l'emprunt au moyen duquel le Gouvernement s'était procuré les fonds dont il avait besoin, obtiennent la faculté d'acquitter une partie de leurs engagements en lettres de change tirées sur certaines places déterminées hors de France.

Cette dernière convention a été religieusement exécutée par le payement intégral, aux époques qu'elle fixait, des 165 millions restant dus par la France sur l'indemnité de 700 millions attribuée aux puissances alliées.

En résumé, et pour terminer la partie de cet exposé qui est relative aux traités de 1814 et 1815 comme aux conventions de 1815 et 1818 :

Ces traités imposaient à la France, au profit des puissances alliées, sans parler de l'indemnité territoriale et d'autres charges très-onéreuses, une indemnité pécuniaire de 700 millions de francs.

La France a loyalement versé les 700 millions dans le Trésor public des puissances alliées.

Ces traités imposaient à la France, au profit des sujets des puissances alliées, autres que les sujets de la Grande-Bretagne, une indemnité pécuniaire pour faire face à laquelle on lui a demandé d'abord une somme de 70 millions de francs, élevée ensuite définitivement, par l'allocation transactionnelle d'une nouvelle somme de 240,800,000 francs, à 310,800,000 francs.

La France a fourni, pour cette destination, en inscriptions de rente sur le Grand-Livre de sa dette publique, la somme convenue, soit 310,800,000 fr.

Ces traités imposaient à la France une indemnité qui s'est soldée par un chiffre transactionnel de 450,000 francs, au profit des sujets anglais qui avaient des réclamations à exercer pour la saisie de leurs marchandises à Bordeaux.

La France, qui avait déjà versé pour payer cet article des sommes assez considérables, a encore payé pour solde de ces réclamations conformément à la transaction, une nouvelle somme de 450,000 francs.

Ces traités obligeaient la France à fournir un fonds de garantie de 70 millions de francs en inscriptions de rente spécialement affectées au payement des réclamations des sujets de la Grande-Bretagne qui seraient trouvées légitimes, dans le délai et d'après des formes réglées d'un commun accord entre les parties contractantes, et sauf à fournir en cas d'insuffisance, de nouvelles inscriptions de rente.

La France a confié, comme fonds de garantie, les 70 millions de francs, en inscriptions de rente, entre les mains des Commissaires indiqués par le traité.

L'Angleterre ayant prétendu que ces 70 millions étaient insuffisants pour faire face aux réclamations de ses sujets, a demandé pour cet objet de nouvelles inscriptions de rente pour une somme de 60 millions de francs.

La France a encore fourni, pour la destination indiquée, des inscriptions de rente pour ces 60 millions de francs, ce qui a porté à 130 millions de francs, en principal la somme affectée à indemniser les sujets anglais.

Toutes les obligations de la France envers les puissances alliées et envers leurs sujets; envers l'Angleterre et envers ses sujets, la France les a donc accomplies avec la loyauté chevaleresque qui est dans son caractère national.

Et maintenant, il y a dans ces mêmes traités, une obligation, une seule ! contractée par l'une des puissances alliées, par l'Angleterre, envers la France, c'est l'engagement pris par l'Angleterre, à la face de toute l'Europe, avec la même solennité et dans les mêmes formes qu'étaient pris les engagements de la France envers elle, de remettre à la disposition du Gouvernement français, lorsque les payements dus aux créanciers auraient été effectués, le surplus des rentes qui n'auraient pas reçu l'emploi prescrit par la convention, ainsi que la proportion d'intérêts accumulés et composés qui leur appartiendrait, engagement bien naturel puisqu'il ne consiste qu'à rembourser l'excédant de ce qui a été confié au Gouvernement anglais avec une affectation spéciale et pour un objet déterminé ! Or, il est constant que les payements dus aux créanciers, et effectués sur les fonds versés par la France n'en ont pas absorbé la totalité ; il est constant qu'ils ont laissé libre une somme considérable : cet excédant ne doit-il pas nécessairement rentrer dans le Trésor public de la France, qui n'en a jamais été légalement dessaisie, puisqu'elle n'a jamais confié ses fonds qu'à titre de dépôt, et avec la condition expresse de rentrer dans la partie de son argent ou de ses rentes qui n'aurait pas reçu la destination fixée par le contrat !

L'Angleterre peut-elle échapper à la nécessité de remplir l'obligation de restitution qu'elle a contractée par la convention ?

Peut-elle prétendre s'enrichir aux dépens du Trésor public français ?

Peut-on admettre un instant qu'elle se refuse ou même qu'elle hésite à s'acquitter ?

Et enfin dans le cas où l'Angleterre méconnaitrait la portée de ses obligations, une telle éventualité, en mettant en mouvement la garantie sous la foi de laquelle ont été contractés les engagements réciproques, c'est-à-dire, la garantie de toutes les puissances signataires des traités de 1815, ne provoquerait-elle pas un arbitrage européen ?

Mais, avant d'arriver à ce point de vue de la question, il nous faut dire les préoccupations que les promoteurs de la réclamation ont rencontrées, non pas chez les représentants du Gouvernement anglais qui, jusqu'à présent n'en a jamais encore été officiellement saisi, mais, chose étrange ! et qui ne peut s'expliquer que par des considérations de haute politique ou d'opportunité qui n'ont rien à faire dans la discussion de droit dont nous nous occupons, — chez les représentants du Gouvernement français lui-même !

§

Il est donc indispensable de faire avec quelques détails le récit de ce qui s'est passé au Corps législatif lorsque la question y a été introduite, et, de dire comment a été accueillie d'abord la découverte d'un aussi grave, et de ce qui a paru peut-être un aussi embarrassant sujet de réclamation.

§

C'est en 1861 que, pour la première fois, la question a été portée par M. Belmontet au Corps législatif, mais ce n'est qu'en 1864 que ses paroles ont paru enfin être comprises en donnant lieu à un incident qu'il faut raconter et apprécier.

Dans la séance du Corps législatif du 27 mai 1864, M. Belmontet prend la parole, pour rappeler d'abord que, depuis trois ans, il a présenté un amendement tendant à accroître nos ressources extraordinaires. « Je veux parler, ajoute-t-il, de la créance de la France sur l'Angleterre ! »

Le *Moniteur* constate que ces premières paroles sont accueillies par une vive approbation de la part de plusieurs membres, et par des rires de la part de quelques autres.

« Ces rires ne sont pas français, répond avec un énergique à propos M. Belmontet, puis il formule ainsi sa proposition qu'il émet sous la forme bien modeste d'un vœu, et que nous reproduisons d'après le *Moniteur* :

Je ne viens que formuler seulement un vœu ; je vous demande, pour l'instruction du pays, pour l'instruction de beaucoup de membres de la Chambre qui ne connaissent pas cette dette anglaise, il y a même des membres du conseil d'État qui ne la connaissent pas d'avantage peut-être, je vous demande seulement à poser le principe.......

En vertu des traités de paix et des conventions de 1814, 1815 et 1818, signés par les puissances contractantes de l'Europe, l'Autriche, la Prusse, la Russie, l'Angleterre, une somme de 6,500 000 francs de rente 5 p. 100, et dès lors représentant un capital de 130 millions de francs, a été inscrite au grand livre de la dette publique française, au compte de l'Angleterre, à l'effet d'indemniser par portions de rentes nominatives, sous l'intervention d'abord d'une commission mixte anglo-française, puis plus tard d'une commission toute anglaise, les sujets anglais lésés en France par les actes de la république et de l'empire, mais avec cette clause formelle, adoptée par l'Angleterre et garantie par les puissances co-signataires, que s'il y avait du surplus, *le surplus des rentes non assignées, avec la proportion d'intérêt accumulé et composé qui leur appartiendrait, serait remis à la disposition du gouvernement français.*

Aucun des gouvernements qui se sont succédé en France n'a encore réclamé.

Il résulte des comptes officiels et authentiques, j'en ai la conviction profonde, rendus publiquement dans la Chambre des communes de la Grande-Bretagne..... J'ai les preuves en mains..... De janvier 1820 à juillet 1826, que le total de la somme liquidée et payée par la commission de répartition ne s'élève qu'à 65,223,867 fr. 29 c., et que, par conséquent, une somme qui s'élève au capital de 64,776,132 fr. 71 c. devrait être restituée au Gouvernement français, propriétaire unique et légal, aux termes des conventions susdites.

Et je termine mon amendement par ces mots :

Une pareille restitution de la part du Gouvernement anglais, qui reconnaît toujours en vigueur cette partie des traités ou conventions de 1814, 1815, 1818, laquelle n'a pas été abrogée ou modifiée par des traités et conventions postérieures, montrera de nouveau au monde sa loyauté et son honorabilité.

Elle qui se fait si bien payer par la Grèce, par l'Espagne, par la Belgique, par le Portugal, il faudra bien qu'elle paye ce qu'elle doit. (Très-bien.)

Messieurs, mon amendement a été refusé trois fois, probablement parce qu'il augmente les recettes extraordinaires. (Rires sur plusieurs bancs.)

La commission a dit, et les membres du Gouvernement ont déclaré que l'étude de cette question, qui a été plusieurs fois signalée au Gouvernement et par moi seul..... (interruptions) jusqu'à extinction vitale, parce que j'ai la conviction de sa légitimité, ont, dis-je, déclaré que l'étude de cette question, plusieurs fois signalée au Gouvernement, avait fait penser..... (interruption et bruit qui couvrent la voix de l'orateur) que jusqu'ici il n'y a pas eu de réclamation de la part de la France.

Ce ne serait pas un suffisant motif parce qu'elle serait élevée par un poète (rires et interruption) qui connaît la question, ce ne serait pas un suffisant motif pour l'écarter.

On a trouvé qu'elle était fantastique (bruits). Si des avocats l'avaient motivée, on l'aurait trouvée bonne.

Les organes du Gouvernement ont tous ajouté qu'ils examineraient avec attention les nouvelles communications qui pourraient leur être adressées à cet égard.

Après quelques autres développements, M. Belmontet ajoute :

J'ai donc le droit de demander au Gouvernement la publication de tous les documents authentiques anglais et français, anglais surtout, qui se rapportent à la question de cette dette, datant de 1818 et ayant pour point de départ une somme importante de 64,776,000 fr., qui doit être restituée à la France avec les intérêts accumulés et composés. (Exclamations.) Ah ! messieurs, ils sont dus en vertu de conventions formelles.

Voilà sur quel terrain M. Belmontet pose la question et à propos d'une interruption railleuse d'un député, il jette en passant aux interrupteurs ces mots qui résument la situation :

A l'heure qu'il est, l'Angleterre touche encore tous les ans les arrérages de ce qui est à vous.

Cette fois le coup avait porté ! L'agitation de la Chambre, l'approbation énergique d'un assez grand nombre de députés qui sans avoir encore lu les documents commençaient pourtant à comprendre et à apprécier la gravité de la question que M. Belmontet venait de soulever, décident M. le ministre d'État à prendre la parole.

— 63 —

Reproduisons textuellement, toujours d'après le *Moniteur*, ses explications, et voyons quelle réponse va faire cet éminent orateur à une interpellation aussi pressante :

S. Ex. M. ROUHER, *ministre d'Etat*. Messieurs, les observations présentées par l'honorable M. Belmontet se bornent à l'expression d'un vœu ; il désire que les documents diplomatiques ou extérieurs qui peuvent éclairer la question par lui soulevée soient imprimés et soumis l'année prochaine à la Commission du budget et ultérieurement au Corps législatif.

Le gouvernement pour son compte ne fait aucune objection à l'exécution de ce vœu.

M. BELMONTET. J'en remercie M. le ministre.

S. Ex. M. ROUHER, *ministre d'Etat*. Mais ce que je dois dire, c'est que le gouvernement a exécuté la promesse qu'il avait faite à la commission du budget.

L'honorable M. Belmontet a été un peu injuste envers le ministre d'Etat ; il lui a *communiqué un mémoire dont l'étendue n'est pas moindre de 300 pages. Je l'ai lu* et analysé avec la plus grande attention.

Je désirerais avoir sur les réclamations de la France contre l'Angleterre une conviction aussi robuste que celle qu'a manifestée l'honorable M. Belmontet.

Malheureusement, je dois le dire, l'étude attentive des traités, l'examen de leurs stipulations, les déclarations formelles qui ont été faites en 1818 et en 1819, lors de la présentation aux chambres, non pas des traités eux-mêmes, mais des dispositions financières qui en étaient la conséquence, n'ont laissé aucun doute sur l'inanité de ces réclamations.

Je ne chercherai pas à faire passer aujourd'hui cette conviction dans l'esprit du Corps législatif ; mais je suis prêt, *l'année prochaine*, à exposer tous les détails de ces négociations, si douloureux, je ne crains pas de le dire, qu'ils puissent être, car ils se rapportent aux plus tristes années du passé ; c'est la liquidation des événements de 1814, faite d'abord en 1814, puis en 1815, et faite d'ailleurs dans des conditions qui ont été l'honneur de l'homme d'Etat qui a présidé à ces négociations, le duc de Richelieu (marques nombreuses d'adhésion).

Je n'en dis pas d'avantage, et croyez-le bien, s'il y avait dans la réclamation formulée par l'honorable M. Belmontet un droit caractérisé, la France n'aurait aucune hésitation à le faire valoir à l'égard de l'Angleterre comme de toute autre puissance. (Voix nombreuses : Très-bien ! très-bien !)

Autant l'interpellation était précise, autant la réponse est vague et on peut le dire, embarrassée.

Il y a en effet dans cette réponse de M. le ministre d'État comme trois ordres d'idées :

D'abord l'orateur commence par exprimer cette pensée qu'après avoir lu et analysé avec la plus grande attention le mémoire que lui a remis M. Belmontet, il désirerait avoir sur les réclamations de la France contre l'Angleterre une conviction aussi robuste que celle qu'a manifestée l'honorable M. Belmontet.

C'est là une manière polie de faire comprendre qu'il n'a pas, lui, M. Rouher cette conviction robuste. C'est un euphémisme, si l'on veut, pour dire que son opinion est beaucoup moins arrêtée, que sa conviction est beaucoup plus tiède, mais ce n'est pas assurément le langage d'un homme qui serait d'avis que la réclamation dont il parle est absolument sans fondement et qu'elle est indigne d'examen.

Et pourtant, plus loin, M. Rouher ajoute que l'étude attentive des traités et les déclarations faites aux chambres en 1818 et 1819 n'ont laissé aucun doute sur l'inanité de ces réclamations.

« *N'ont laissé aucun doute...* » à qui ? Est-ce à M. Rouher lui-même, l'orateur ne le dit pas ; et, en laissant à chacune des expressions employées par lui leur propre valeur, nous ne croyons pas que ce soit là ce qu'il a voulu dire.

M. Rouher, en effet, n'aurait pas manqué de dire, si telle eût été sa pensée, « *ne m'ont laissé aucun doute.* »

Mais laissons de côté cette question de mots. Allons au fond de l'argument.

L'opinion exprimée par M. le ministre est tellement vague, indécise, insaisissable, qu'il est bien difficile de la discuter.

Essayons-le pourtant.

Les traités ne contiendraient-ils pas, d'après M. le ministre, une affectation spéciale, au profit des sujets anglais, des sommes versées par la France ; ou bien, la convention du 20 novembre 1815 ne contiendrait-elle pas l'obligation pour l'Angleterre de restituer le surplus réclamé?

Il est impossible que ce soit cela que M. Rouher ait voulu dire.

Nous avons cité le traité du 30 mai 1814, celui du 20 novembre 1815, la convention du même jour entre la France et l'Angleterre, celle du 25 avril 1818 ayant pour objet de ramener la précédente à sa pleine et entière exécution ; partout la destination des sommes est stipulée dans les termes les plus formels, et quant à la stipulation du remboursement de toutes sommes dépassant celles qui auraient été affectées à indemniser les sujets de la Grande-Bretagne, elle se trouve textuellement écrite dans la convention du 20 novembre 1815 dont celle du 25 avril 1818 n'a pour but, ainsi qu'elle le dit dans son préambule, que de procurer la pleine et entière exécution.

§

M. le ministre d'État aurait-il voulu indiquer qu'il aurait été justifié par l'Angleterre qu'il n'y avait pas eu de surplus ; c'est-à-dire que la totalité des rentes remises par la France auraient été réellement employées, suivant l'intention et les termes des traités, à indemniser les sujets anglais qui avaient formé, dans les délais prescrits par la convention, des réclamations contre la France?

Mais alors comment mettre d'accord cette opinion de M. Rouher avec les tableaux produits par le gouvernement anglais à la Chambre des communes, avec les débats du Parlement anglais, avec les discours de plusieurs anciens lords chanceliers de l'Angleterre et d'autres orateurs éminents, avec les nombreux articles des journaux anglais, de 1828 à 1867, avec tous les documents officiels qui établissent jusqu'à l'évidence qu'une somme considérable a été détournée par le gouvernement anglais de sa destination, pour être par lui employée tantôt à la cérémonie du couronnement d'un roi d'Angleterre, tantôt à la construction d'un palais, tantôt à faire face aux différents services de l'administration anglaise ?

Non ! ce ne peut être là le moyen sur lequel se fonde M. le ministre d'État pour écarter la réclamation de la France, et, sur ce point, nous citerons plus loin avant de terminer ce précis, des détails et des chiffres qui convaincront M. le ministre, non-seulement qu'il est resté un surplus, mais que ce surplus se monte à une somme assez considérable pour que le Gouvernement français ne puisse, sans engager sa responsabilité, se dispenser d'en réclamer le remboursement, sauf à lui à rester juge, bien entendu, de la forme dans laquelle cette réclamation doit être produite et du moment opportun pour la présenter.

§

Enfin M. le ministre a-t-il voulu dire que d'après des actes postérieurs aux traités, la France aurait fait abandon de ce surplus à l'Angleterre !

Il y aurait alors dans les explications de M. le ministre d'État une bien regrettable lacune ! C'est l'omission de l'acte, du traité, de la convention, du document, d'où résulterait l'abandon du droit de la France, la renonciation à une somme aussi considérable.

Un pareil abandon, une pareille renonciation ne sauraient assurément se présumer ! Ils ne sauraient résulter de simples suppositions! Ils doivent s'appuyer sur des actes.

Où sont ces actes ! où sont les traités qui sont venus modifier sur ce point, les traités de 1815 ! où sont les conventions qui sont venues mettre à néant les conventions du 20 novembre 1815 et du 25 avril 1818 ?

Si de pareils actes existaient, ils y a longtemps qu'ils auraient été produits en Angleterre même, lors des discussions qui ont eu lieu dans le Parlement et dont nous reproduirons plus loin quelques extraits.

5

Rien de semblable n'existe et dès lors il est, répétons-le, bien difficile de saisir quels étaient les motifs sur lesquels s'appuyait l'opinion exprimée par le ministre d'État contre la légitimité de la réclamation de la France.

Pour nous, après l'étude la plus sérieuse à laquelle nous nous sommes livré des traités, des conventions, de tous les documents de nature à éclaircir cette question, nous ne saurions voir dans les paroles de M. le ministre d'État en 1864, qu'un acte de pure courtoisie envers la nation anglaise, courtoisie qui n'empêchera nullement M. le ministre, quand un nouvel examen aura modifié ses impressions, de faire valoir, auprès du Gouvernement anglais, les droits de la France avec l'autorité qui convient au représentant du gouvernement d'une nation comme la nôtre.

§

C'est du reste ce qu'a parfaitement fait comprendre M. le ministre d'État lui-même dans les derniers mots par lesquels il terminait ses explications et où il faut chercher la véritable pensée de l'orateur ; le jour où M. le ministre d'État verra dans la réclamation qu'on propose de faire à l'Angleterre un *droit caractérisé*, la France n'aura aucune hésitation à le faire valoir à l'égard de l'Angleterre, comme de toute autre puissance.

Ce droit caractérisé, nous croyons qu'il résulte déjà très-suffisamment de l'exposé que nous venons de présenter, et nous n'aurons pas de peine à l'établir jusqu'à l'évidence dans quelques observations tirées plus spécialement du côté juridique de la question que nous examinons.

Mais comme, depuis la session de 1864 lors de laquelle ont eu lieu les observations que nous venons d'indiquer et d'apprécier, le Corps législatif a été de nouveau saisi de cette affaire, il faut poursuivre le récit des faits par l'analyse de cette nouvelle discussion.

§

Dans la session de 1866, la question a fait un pas de plus.

Le débat s'est agrandi.

Ce n'est encore qu'un incident, mais c'est un incident, qui fait comprendre enfin toute l'importance du sujet qui est en jeu.

Ainsi en 1866 comme en 1864, c'est toujours M. Belmontet qui ouvre le feu, c'est toujours l'éloquent ministre d'État, M. Rouher qui essaie de faire écarter la réclamation, mais d'une part M. Rouher a enfin livré la formule de son système, et dès lors il est facile à tout le monde de se faire une idée de la valeur qu'il peut avoir ; de l'autre, à M. Belmontet vient se joindre le concours énergique, pressant de M. Martel, qui apporte dans le débat, pour réfuter l'objection indiquée par le ministre comme constituant une fin de non-recevoir à la réclamation de la France, l'opinion d'anciens ministres d'Angleterre, d'anciens Lords chanceliers, lord Lyndhurst, lord Truro, qui ont reconnu le droit de la France et l'obligation à la charge de l'Angleterre.

Enfin un athlète inattendu annonce sa présence et son intention d'intervenir dans le combat, lorsque l'escarmouche sera devenue une bataille. Cet athlète vieilli dans les luttes parlementaires comme dans les luttes de l'audience, aussi apte par conséquent à préciser le sens et la portée d'un traité, qu'à déterminer la portée juridique d'une convention privée, c'est la gloire du barreau de Paris, c'est M. Berryer ! Suivons donc la question qui nous occupe sur le nouveau terrain où la placent ces orateurs.

§

Dans la séance du 28 juin 1866, M. Belmontet prend la parole pour soutenir l'amendement que, depuis six ans il présente chaque année au Corps législatif, et voici comment il s'exprime :

M. BELMONTET. Messieurs, une question des plus graves, des plus importantes et des plus sérieuses qui aient agité le Parlement français depuis notre révolution, c'est celle qui est relative à une créance considérable de la France sur l'Angleterre depuis 1818. (Ah! ah!). Cette question est soulevée depuis cinq ans ; il faut enfin que nous nous en occupions avec la dignité et la conscience du droit qui conviennent aux représentants d'un grand pays.

J'ai consigné sur le papier mes observations sur cette dette ; les termes en sont réfléchis et très-exacts. Je demande à la Chambre un moment d'attention.

Plusieurs membres. Parlez! parlez !

M. BELMONTET *lisant.* Je n'aborde pas la discussion : elle aura lieu dans la session prochaine. Il est cependant de mon devoir de donner au Corps législatif, qui est souverain pour les résolutions financières de l'Etat, les justifications relatives à l'amendement que je présente annuellement, depuis cinq ans, à la commission du budget.

Je remercie la commission de cette année de l'attention sérieuse qu'elle a apportée à mon infatigable réclamation. Elle a été française de fait.

Voici ce qu'elle dit :

« Vous connaissez, depuis longtemps déjà, la conviction de notre honorable collègue, M. Belmontet, relativement à l'existence d'une créance considérable au profit de la France sur l'Angleterre ; il l'a formulée de nouveau, cette année, dans l'amendement suivant... »

Après la citation de l'amendement, elle ajoute :

« Votre commission s'estimerait heureuse qu'une ressource aussi précieuse pût figurer un jour intégralement dans nos budgets ; elle ne pouvait, quant à présent, dans l'état d'instruction incomplète où cette question lui est soumise, exprimer une opinion suffisamment éclairée sur la solution que l'avenir lui réserve ; mais elle ne voit que de l'avantage à la publication sur laquelle insiste notre honorable collègue, et elle est à l'avance convaincue qu'aucune des déclarations ou des promesses faites à l'occasion de cette réclamation par MM. les commissaires du Gouvernement, ne demeurera inexécutée. »

Cette question de la créance est pendante depuis bientôt un demi-siècle, à partir de 1818 ; elle restait ensevelie on ne sait où, tout le monde semblait l'ignorer.

En France, on ne se souvient que du présent. Eh bien, en Angleterre, l'affaire des fonds français court les rues comme une vieille vérité.

Le grand journal, qui est pour ainsi dire le réflecteur de l'opinion publique à Londres, le *Times* a souvent annoncé que la réclamation de la France, un jour se produirait, et à juste titre.

Voici un extrait fort curieux de ce grand journal, à la date du 26 juin 1828. J'ai copié textuellement :

L'article était une sorte de protestation nationale contre l'application illégale des fonds français à la construction du palais royal de Buckingham.

« Une portion de la somme donnée par la France, pour satisfaire aux réclamations britanniques, a été réellement appliquée à la construction d'un palais. Quel est le remède à un abus pareil, si nous voulons être un peuple honnête ? Sans doute les fonds doivent être retournés à la France parce que les principes de bonne foi l'exigent.

« Nous savons que plus tard les Français feront valoir cette affaire comme une preuve d'extorsion et de mauvaise foi de la Grande-Bretagne.

« C'est avec de l'argent français que la demeure des rois d'Angleterre est bâtie en partie, avec de l'argent français avancé pour satisfaire aux réclamations des sujets britanniques.

« Nous le répétons de nouveau, un Gouvernement éclairé retournerait le surplus à la France. »

La prophétie du *Times* s'accomplit. Il s'est rencontré un bon patriote, un poete impérialiste, qui, pénétré d'une profonde conviction, a répondu à l'appel du journal britannique, et qui, depuis 1861, dit ici aux représentants de la France, un peu sourds depuis cinq ans : Ouvrez donc l'oreille, les yeux et le cœur. Il existe une créance considérable sur l'étranger, ne restez donc pas étrangers (On rit) à cette affaire de droit national. C'est vous que cela regarde : regardez-y d'ici à la session prochaine, exercez votre vue utilement et patriotiquement.

Je vais d'abord poser le principe de la créance française.

Ensuite, comme on le fait au conseil d'État, j'exposerai les motifs de ma réclamation.

N'invoquons aucun des souvenirs d'une époque désastreuse. Dieu nous garde d'altérer en quoi que ce soit la très-généreuse alliance de la France avec l'Angleterre, elle importe aux droits des peuples. Oublions la fameuse maxime de Brenuus, notre lointain compatriote: *Væ victis!* Les événements d'aujourd'hui lui répondent par cette autre maxime du dieu des nations : *Væ victoribus!* Les traités de 1815 se tuent eux-mêmes.

J'entre en matière:

Les engagements entre les États sont imprescriptibles, car ils résultent de traités exécutoires, non-seulement pour les souverains qui les ont signés, mais pour leurs successeurs; ils le disent d'ailleurs expressément :

En vertu des traités de paix et des conventions de 1814, 1815 et 1818, signés et garantis par les grandes puissances contractantes de l'Europe, une somme de 6,500,000 francs de rente 5 p. 100, et dès lors au capital de 130 millions de francs, a été inscrite au grand-livre de la dette publique française au compte de l'Angleterre, à l'effet d'indemniser, par portions de rentes nominatives, sous l'intervention, d'abord, d'une commission mixte anglo-française, puis, plus tard, d'une commission toute anglaise, les sujets anglais, lésés en France par les actes de la république et de l'empire, mais avec cette clause formelle, acceptée par l'Angleterre et garantie par les puissances signataires, que, s'il y avait du surplus, le surplus des rentes non assignées, avec la proportion d'intérêt accumulé et composé, qui leur appartiendrait, serait rendu à la disposition du Gouvernement français.

Il résulte des comptes officiels et authentiques, rendus publiquement dans la Chambre des communes de la Grande-Bretagne, de janvier 1820 à juillet 1826, que le total de la somme liquidée et payée par la commission de répartition ne s'élève qu'à 65,223,867 fr. 29 c.; et que, par conséquent, il y a et il doit y avoir un surplus prévu par les conventions, qui s'élève au capital de 64,776,132 fr. 71 c., devant être restitué au gouvernement français, propriétaire unique et légal aux termes des conventions susdites.

Pour qu'il soit inséré au *Moniteur*, je dépose le tableau authentique de la liquidation, ordonné par la Chambre des Communes, le 29 mars 1831.

C'est le procès-verbal définitif de la répartition qui établit le surplus devant être rendu à la France, d'après les conventions et d'après les déclarations de Wellington et de plusieurs chanceliers de l'Angleterre.

Plusieurs membres. Il faut le lire !

M. BELMONTET. C'est la copie du tableau qui a été imprimé sur les ordres de la Chambre des Communes.

Le voilà en anglais; si le Gouvernement français voulait avoir ce tableau, il ne l'aurait pas : moi je l'ai et je le garde. (On rit.)

Un membre. Est-il authentique ?

M. BELMONTET. Il est authentique ; voici la copie certifiée conforme. (Lisez ! lisez !)

Et M. Belmontet, obéissant à l'invitation de la Chambre, donne lecture du texte même de cet important document que nous ne reproduisons pas ici, parce que nous aurons occasion d'en citer les chiffres quand nous aurons à établir le montant de la créance de la France.

Qu'il nous suffise, quant à présent, de dire que l'honorable M. Belmontet à l'aide des documents qu'il présente au Corps législatif, arrive au résultat suivant, sur lequel nous ne sommes pas d'accord avec lui, pour des raisons qui trouveront leur place dans notre discussion :

Les sommes versées par la France s'élèvent en principal à cent trente millions, ci.................................... 130,000,000 fr. » c.

Le total des sommes liquidées et payées, tant par la commission mixte, que par la commission anglaise, s'élève, à.............................. ...... 65,223,867 29

Le surplus revenant à la France est en principal de... 64,776,132 fr. 71 c.

Somme qui devrait être augmentée, conformément à la convention, des intérêts accumulés et composés.

Or, dit M. Belmontet, cette somme de 64,776,132 fr. 71 c., augmentée des intérêts accumulés et composés, depuis, le 22 mars 1818 jusqu'au 22 mars 1865, donne les résultats suivants :

Surplus signalé ci-dessus .:............................ ... 64.776.132 71
Intérêts accumulés et composés pendant quarante-sept ans... 576.223.867 29
D'où il résulte, qu'au 22 mars 1865, l'Angleterre devrait à la France, en exécution des Traités et Conventions ci-dessus mentionnés, la somme de............................ .. .... 641,000.000 »

M. Belmontet ajoute :

Ce fut le 24 juillet 1826 que la commission de répartition rendit à la Chambre des communes un compte général de ses opérations, annonçant en outre que sa mission était terminée, et qu'il y avait un surplus de 700,000 francs de rente, au capital de 14 millions.

Mais ce compte est inexact, car en additionnant les comptes semestriels présentés à la Chambre des Communes par cette même commission, qui se donne un démenti à elle-même, on trouve qu'il a été payé aux réclamants de l'indemnité française une somme totale de 65,223,867 francs.

Il reste donc non appliqué sur les 130 millions français un surplus, non de 14 millions, mais de 64,776,132 francs.

Je dépose également ce tableau rectificatif que je dois aux soins d'un avocat distingué, M. Le Baron, auteur d'un Code international à Londres, où il a vécu vingt-cinq ans, dans la plus parfaite honorabilité, en relations avec Cobden.

Plusieurs membres. Lisez ! lisez !

M. BELMONTET. Le voici :

Et l'orateur donne lecture du tableau officiel, émané du gouvernement anglais et ayant pour titre :

Compte des sommes reçues du Gouvernement français pour la liquidation des réclamations des sujets anglais et le mode suivi pour leur payement, avec le compte des dépenses de la Commission par année, ainsi que les particularités de l'établissement et les dépenses de chaque nature en l'année 1827.

Nous ne reproduirons pas ici ce tableau qui établit que le Gouvernement anglais avait reçu du Gouvernement français :

1° Une rente perpétuelle de . . . . 6,500,000 fr.
2° En intérêts accumulés antérieurement au payement d'un grand nombre de réclamations, une rente de 1,847,427

Ensemble . . . . Rente. 7,847,427 fr.

D'après ce même tableau, le Gouvernement anglais aurait payé sur cette somme . . . . 2,901,806 fr.
de rente pour 308 réclamations liquidées à Paris.
pour 439 réclamations liquidées à Londres. 2,590,879
Pour intérêts accumulés au profit de ces récla-clamations. 1,521,863
Donné aux employés du Trésor français ayant assisté au transfert des rentes, etc. 701
Remis à différentes époques à l'Angleterre pour payer les dépenses de la Commission sur le taux de 2 p. 100 des sommes liquidées, déduites sur le montant accordé aux réclamants 132,178
                                                        7,147,427

La balance, c'est-à-dire le surplus des sommes non employées serait de sept cent mille francs de rente, ci . . . . Rente. 700,000 fr.

ou 14 millions de francs en capital.

M. Belmontet lit l'article 9 de la convention du 20 novembre 1815, et il ajoute :

A mesure qu'ils avancèrent dans leurs opérations, les Commissaires liquidateurs crurent pressentir que la rente de 3,500,000 francs ne suffirait pas pour faire face aux prétentions des réclamants et, se fondant sur les dispositions de l'article 9 ci-dessus transcrit, ils demandèrent une nouvelle rente, et alors fut passée la convention du 25 avril 1818, qui, en effet, accorda une nouvelle rente de 3 millions de francs, représentant un capital de 60 millions.
On lit dans le préambule de cette convention :
(L'orateur le lit tout entier).
On voit déjà, par ce préambule, qu'il ne s'agit pas d'une transaction, d'un forfait, mais qu'il s'agit de l'exécution pleine et entière de la convention qu'il rappelle, et l'article 1er qui le suit est plus explicite encore, il dit :
(Suit la citation de cet article 1er).
D'après les dispositions de cet article, qui, comme son préambule, rappelle la convention n° 7 du 20 novembre 1815, on voit que la rente de 3 millions de francs qu'il accorde, est une conséquence de la prévision contenue dans l'article 9 de cette convention, laquelle ne fait qu'une avec celle-ci, qui en est le complément,

et que, par là une rente de 6,500.000 fr., au capital de 130 millions, a été mise par la France à la disposition de l'Angleterre, pour payer. non pas par transaction, non pas à titre de forfait, mais par un remboursement intégral en capital et intérêts les créances des Anglais compris dans cette convention et que, dès lors, si ces créances payées, il y a du surplus, « le surplus des rentes non assignées, avec la proportion d'intérêt accumulé et composé, qui leur appartient, doit être rendu au Gouvernement français. » Ce surplus doit même lui être rendu purement et simplement, sans qu'il soit besoin d'une convention spéciale à cet égard (convention qui pourtant existe), car c'est un principe admis par le droit public, aussi bien que par le droit privé, que ce qui est payé sans être dû, est sujet à répétition. (Article 1235 du code Napoléon. — *Per errorem dati repetitio. L. 53. De diversis regulis juris antiqui.*)

Le gouvernement français a-t-il le droit de réclamer le surplus de 64,776,132 fr. 71 c., augmenté des intérêts accumulés et composés jusqu'au jour du payement?

Cette question est résolue affirmativement par la fin de l'article 9 de la convention n° 7, du 20 novembre 1815 et par la fin de l'article 1er de la convention du du 25 avril 1818.

On lit, en effet, à la fin de l'article 9 de la convention n° 7, du 20 novembre 1815, la disposition suivante :

« Et lorsque tous les payements dus aux créanciers auront été effectués, le surplus de rentes non assignées, avec la proportion d'intérêt accumulé et composé qui leur appartiendra, sera rendu, s'il y en a, à la disposition du Gouvernement français. »

Cette clause est précise, elle a été acceptée par l'Angleterre qui a apposé sa signature à la convention; elle a été garantie par les autres puissances qui se sont promis réciproquement de veiller à ce que les stipulations des conventions de 1815 soient strictement et fidèlement exécutées dans toute leur étendue. Le Gouvernement français a exécuté strictement et fidèlement ces stipulations. On lit, en effet, dans une note diplomatique du 4 novembre 1818 :

« Quant à l'exécution des engagements, les communications que, dès l'ouverture des conférences, M. le plénipotentiaire de S. M. très-chrétienne a adressées à ceux des autres puissances, n'ont laissé aucun doute sur cette question, en prouvant que le Gouvernement français a rempli avec l'exactitude la plus scrupuleuse et la plus honorable toutes les clauses des traités et conventions du 20 novembre 1815. »

Ces intérêts sont dus à partir du 22 mars 1818; on lit à la fin de l'article 1er de la convention du 25 avril 1818 :

« Il sera inscrit sur le grand-livre de la dette publique de France, avec jouissance du 22 mars 1818, une rente de 3 millions de francs, représentant un capital de 60 millions de francs. »

C'est donc à partir du 22 mars 1818, époque où le gouvernement anglais a commencé à toucher de semestre en semestre la rente de 3 millions de francs, accordée par la convention que ces intérêts sont dus. C'est l'Angleterre qui les touche.

Depuis longtemps la France aurait pu user de son droit de demander à l'Angleterre compte de l'argent qu'elle lui avait confié pour une spécialité bien précisée, mais celle-ci aurait pu lui répondre aussi que ce droit n'était pas ouvert. En effet, de toutes les réclamations qui lui furent adressées, une seule n'était pas encore totalement et finalement décidée : c'était celle du baron de Bode, qui a fait tant de bruit, qui enfin s'est terminée à la Chambre des lords en 1853, et à la Chambre des communes en 1861. Nous n'avons pas à nous occuper des décisions prises par ces grands corps politiques de l'Angleterre; la seule conséquence que nous ayons à tirer de cette décision, quelle qu'elle soit, c'est que, n'existant plus de réclamations à satisfaire et pouvant donner lieu à des payements quelconques, le droit de la France est ouvert à partir de 1861 de demander à l'Angleterre compte de la rente de 6,500,000 francs qu'elle lui a confiée dans un but bien précisé et par conséquent le surplus résultant de ce compte, avec les intérêts accumulés et composés, prescrits par les conventions.

Mais est-ce le moment pour la France de faire une pareille demande, une demande d'une si grave conséquence? L'alliance existant aujourd'hui entre l'Angleterre et la France, pour le bonheur du monde, alliance cimentée par les victoires de la Crimée et plus récemment encore par le traité de commerce entre les deux pays, permet-elle une réclamation d'une si haute importance? Pourquoi pas! Les bons comptes font les bons amis.

Dans tous les cas, l'Angleterre a-t-elle hésité en 1814, 1815 et 1818 à exiger de la France, les baïonnettes étrangères sur la gorge, le fidéicommis de cette rente de 6,500,000 francs dont néanmoins elle s'est engagée à lui restituer le surplus, s'il y en avait? Nous posons ces questions sans les résoudre. D'ailleurs, naguère, l'Angleterre a demandé à la Grèce et au Portugal le compte de certaines dettes. Le compte a été fait: les dettes ont été payées et l'entente cordiale entre ces puissances n'a pas été troublée: ainsi, tout récemment, l'Angleterre a demandé au gouvernement espagnol, au moment même où il était engagé dans une guerre difficile, un compte relatif à une vieille dette de 14 millions de francs pour fournitures d'armes faites à une certaine époque; ce compte a été examiné et le gouvernement espagnol, comme le fier Castillan qui paye son boutiquier, a immédiatement payé l'Angleterre et l'entente cordiale entre les deux pays n'a pas été troublée; ainsi, sous le règne de Louis-Philippe, les Etats-Unis d'Amérique ont présenté à la France un compte relatif à une vieille dette de 25 millions de francs; le compte a été examiné, la dette a été payée et l'entente cordiale entre les deux pays n'a pas été troublée: pourquoi l'entente cordiale entre l'Angleterre et la France serait-elle troublée si, par suite d'un compte débattu entre les deux puissances, la première était tenue de payer à la seconde le résultat de ce compte, le surplus qu'elle est trop honorable pour lui refuser?

La demande de ce compte, la demande de ce surplus peut se faire d'abord, officieusement, puis officiellement, s'il y a nécessité et, en cas de refus et de difficultés de la part du gouvernement anglais, la France aurait le droit de réclamer l'intervention des puissances cosignataires des traités de paix et des conventions de 1814, 1815 et 1818, lesquelles se sont promis réciproquement de veiller à ce que les stipulations de ces traités, ainsi que celles des conventions particulières, qui s'y rapportent, soient strictement et fidèlement exécutées dans toute leur étendue.

Ce serait aussi le cas de recourir à la déclaration des cinq cabinets, signée à Aix-la-Chapelle, le 15 novembre 1818 et dans laquelle on lit les passages suivants:

« Les souverains, en formant cette union auguste, ont regardé, comme sa base fondamentale, leur invariable résolution de ne jamais s'écarter, ni entre eux, ni dans leurs relations avec d'autres Etats, de l'observation la plus stricte des principes du droit des gens, principes qui, dans leur application à un état de paix permanent, peuvent seuls garantir efficacement l'indépendance de chaque gouvernement et la stabilité de l'association générale.

« Fidèles à ces principes, les souverains les maintiendront également dans les réunions auxquelles ils assisteront en personne, ou qui auront lieu entre leurs ministres, soit qu'elles aient pour objet de discuter en commun leurs propres intérêts, soit qu'elles se rapportent à des questions dans lesquelles d'autres gouvernements auront formellement réclamé leur intervention (comme dans l'espèce le cas échéant); le même esprit, qui dirigera leurs conseils et régnera dans leurs communications diplomatiques, présidera à ces réunions et le repos du monde en sera constamment le but et le motif.

« C'est dans ces sentiments que les souverains ont consommé l'ouvrage, auquel ils étaient appelés; ils ne cesseront de travailler à l'affermir et à le perfectionner. Ils reconnaissent solennellement que leurs devoirs envers Dieu et envers les peuples, qu'ils gouvernent, leur prescrivent de donner au monde, autant qu'il est en eux, l'exemple de la justice, de la concorde, de la modération, heureux de pouvoir consacrer désormais tous leurs efforts à protéger les arts de la paix et à réveiller ces sentiments de religion et de morale, dont le malheur des temps n'a que trop affaibli l'empire. »

D'après cette auguste déclaration, les souverains signataires ont promis de ne jamais s'écarter de l'observation la plus stricte des principes du droit des gens, de discuter en commun leurs propres intérêts et de donner au monde l'exemple de la justice. La France a donc le droit de rappeler à l'Angleterre ces grands principes et de lui en demander l'application par la restitution du surplus qui lui revient; enfin elle a le droit de soumettre à l'arbitrage des hautes parties contractantes sa réclamation, si l'Angleterre ne l'accueillait pas et refusait ainsi de donner volontairement au monde ce grand exemple de justice.

Ainsi donc, messieurs, vous qui êtes les représentants de nos intérêts nationaux, vous voyez que, dans cette circonstance, il ne s'agit pas seulement d'une question de gouvernement à gouvernement, mais comme l'a très-bien caractérisée un lord anglais, d'une question de nation à nation.

En résumé, la France a fourni des rentes en vertu du principe *væ victis*.

Le surplus des rentes non employées doit faire retour au Trésor français, en vertu du principe d'un droit national, reconnu dans la Chambre des lords.

Cette grave affaire des indemnités françaises a été commencée par une commission mixte; c'est par une commission mixte qu'elle doit être définitivement liquidée.

La liquidation doit être débattue, comme la répartition, entre les deux États engagés. C'est un compte à débattre.

S'il y avait contestation, les traités de 1815 et de 1818 y ont pourvu en donnant ouverture à l'arbitrage de l'Europe contractante.

Les grandes puissances seront juges en dernier ressort, sans occasion de conflit. En 1824 déjà, dans un conflit, la Prusse fut choisie pour arbitre. Le roi décida en faveur de la France, l'Angleterre s'exécuta.

Le Gouvernement avisera. J'ai fait mon devoir en honnête homme, le Gouvernement fera le sien, en vertu de son programme : *Honneur et patrie.*

Je lui fais une proposition qu'il peut adopter, sans rien préjuger sur cette grave question.

Qu'il en renvoie la discussion à la prochaine session; que tous les documents y relatifs soient imprimés par ses ordres et distribués au Corps législatif, lequel alors, en parfaite connaissance de cause, pourra manifester son opinion sur cette affaire financière et déterminer par son vote la solution définitive, conforme au droit, que devra prendre le Gouvernement impérial. Je termine en disant : « Dieu et mon droit » et « Honni soit qui mal y pense! » Et cet ordre du jour de l'illustre Nelson au commencement de la bataille de Trafalgar : « Que chacun fasse son devoir. »

Eh bien! que la Grande-Bretagne réponde à la belle parole d'un de ses grands hommes, c'est son devoir. (Très-bien! très-bien!)

§

L'exposé fait par M. Belmontet ne laisse rien à désirer comme précision. L'orateur réduit le débat à l'examen de deux actes : l'acte du 20 novembre 1815 et l'acte du 25 avril 1818.

L'acte du 20 novembre 1815 obligeait l'Angleterre au remboursement en cas d'excédant.

L'acte du 25 avril 1818, loin d'anéantir la convention précédente, n'a été fait au contraire, que pour donner à cette convention sa pleine et entière exécution.

L'Angleterre est donc tenue à rembourser à la France le surplus des sommes qui lui ont été confiées pour en faire un emploi fixé par la convention, c'est-à-dire, pour indemniser les sujets anglais de toutes les réclamations présentées dans un certain délai et jugées légitimes.

Y a-t-il un surplus?

Oui, dit M. Belmontet, cela résulte des tableaux officiels produits par le Gouvernement au Parlement anglais. Un de ces tableaux porte le surplus existant en 1828 à 700,000 francs de rente, c'est-à-dire à 14 millions de francs en capital. Ce tableau est absolument inexact, il contient, au préjudice de la France, une erreur énorme qui peut se rectifier par la récapitulation des tableaux annuels présentés par le Gouvernement à la Chambre des Communes, tableaux officiels et qui portent le surplus en question, non plus à 14 millions de francs, mais, suivant un calcul, à propos duquel nous faisons nos réserves et que nous apprécierons plus loin, — a 64 millions, chiffre rond. Enfin l'orateur établit le compte des intérêts d'après la convention, compte qui élèverait à 644 millions le chiffre total, et il a ainsi accompli sa démonstration.

§

C'est M. Rouher qui répond et dès les premiers mots, cette fois, l'illustre orateur indique le terrain sur lequel il se place. C'est celui du forfait.

Ecoutons les explications de M. le ministre et reproduisons-les textuellement d'après le *Moniteur* :

S. Exc. M. Rouher, *ministre d'Etat*. La question traitée par l'honorable M. Belmontet a un double aspect. Elle soulève d'abord une thèse d'interprétation des traité de 1815 et 1818, et, en second lieu, une thèse de liquidation des sommes dont la France, selon l'honorable membre, serait créancière envers l'Angleterre.

Si le Corps législatif était d'avis que les traités de 1815 et 1818 donnent, en principe, et par leur texte même, ouverture à une réclamation contre l'Angleterre, il y aurait peut-être utilité à imprimer les documents anglais dont a parlé l'honorable M. Belmontet. Mais si le Corps législatif est d'avis que les traités de 1818 notamment, constituent une opération à forfait.....

M. Belmontet. Non !

Le Ministre d'Etat. Permettez : une opération exclusive de toutes réclamations ultérieures, soit de la part de l'Angleterre contre la France, soit de la part de la France contre l'Angleterre, le caractère de ces actes ne permet pas de rechercher d'une manière utile si l'Angleterre a, oui ou non, employé au payement des réclamations la totalité des 6 millions 500,000 livres de rente qui lui ont été versées en conséquence des traités de cette époque.

Le Gouvernement est convaincu, après un examen approfondi, que la convention de 1818 oppose une fin de non-recevoir absolue aux prétentions élevées par l'honorable M. Belmontet.

Si le Corps législatif veut que je discute la question, je suis à ses ordres. (Non ! non !)

Si le Corps législatif veut limiter ou accepter la proposition de l'honorable M. Belmontet, ce débat peut venir l'année prochaine.

M. Belmontet. Je ne demande que cela.

M. le Ministre d'Etat. Mais quant à la question de l'impression des documents, j'éprouve en ce moment un véritable embarras S'agit-il d'imprimer le traité du 30 mai 1814, ou le traité du 30 novembre 1815, ou bien le traité du 25 avril 1818 ?

Mais ces traités sont partout, ils sont insérés dans le *Bulletin des lois* et ils sont très-faciles à consulter. Il n'y a donc probablement pas lieu à les rééditer.

Quant aux pièces de la liquidation qui sont établies par les commissaires arbitres et liquidateurs, pièces qui ont été semestriellement soumises à la Chambre des Communes, à dater de 1816, époque à laquelle les Commissaires anglais ont demandé leur quitus, nous ne les avons pas ; si M. Belmontet est plus heureux que le Gouvernement, je comprends qu'il les livre à l'impression, — et déjà il en a imprimé une partie ; — mais que le Gouvernement aille, d'office, rechercher ces documents, les faire imprimer, les livrer à la publicité, comme s'il voulait établir une créance parfaitement nette et légitime, puis venir discuter devant le Corps législatif l'interprétation du traité de 1818. pour en arriver ensuite à les considérer comme une opération à forfait, la question est très-délicate.

Pour imprimer ces documents, il faut les demander au Gouvernement anglais, de plus, pour les livrer à la publicité, il faut y avoir une confiance directe et personnelle, comme l'honorable M. Belmontet, il faut être convaincu que ces réclamations sont fondées.

M. Belmontet. J'en suis très-convaincu.

M. LE MINISTRE D'ÉTAT. Si l'honorable M. Belmontet juge convenable de faire imprimer les documents en son nom, je n'ai aucune objection à lui opposer; qu'il les soumette au Corps législatif, s'il le veut, pour que chacun puisse les examiner, rien de mieux; mais nous imposer à nous l'obligation de les publier....

M. BELMONTET. Ce n'est pas une obligation.

M. LE MINISTRE D'ÉTAT. C'est nous mettre dans l'embarras, dans un embarras qui ne naît pas d'un mauvais vouloir, et l'honorable M. Belmontet doit comprendre que s'il n'y avait qu'une question d'impression des documents, la dépense ne préoccuperait personne.

M. BELMONTET. Je le comprends très-bien.

M. LE MINISTRE D ÉTAT. Mais il y a l'expression d'une conviction dans le fait d'imprimer ces documents et de les présenter comme étant les éléments d'une réclamation. Or, si le Gouvernement pense que cette réclamation n'est pas fondée, il n'est point dans son rôle de faire imprimer ces documents.

Je me résume : quant à la question principale, si on veut la remettre à l'année prochaine, je n'y fais aucune opposition ; si l'on veut que la discussion ait lieu immédiatement, je le répète au Corps législatif, je suis prêt à la soutenir. (Non! non!) En ce qui concerne l'impression des documents, si M. Belmontet veut faire imprimer lui même ces documents, il est parfaitement dans son droit et dans le légitime exercice de sa conviction.

M. BELMONTET. Oui ! oui !

M. LE MINISTRE D'ÉTAT. Mais, s'il s'agissait d'imposer au Gouvernement l'obligation de faire faire lui-même cette impression, je dois répéter que, d'une part, il n'a pas les documents entre les mains, et d'autre part, qu'il croit que la question doit se résoudre par l'interprétation exacte des conventions de 1815 et 1818, et il n'a, par conséquent, aucune initiative à prendre.

Voilà dans quels termes se présente le débat, je crois n'avoir rien omis. Si la Chambre désire se livrer à l'examen du fond de la question, je suis prêt à l'aborder immédiatement. (Non ! non !)

M. BELMONTET. Je demande la parole pour rappeler un seul souvenir à la Chambre.

Une commission, après la révolution de 1830, se présenta auprès du duc de Wellington !

Un membre prononçant à l'anglaise. Wellington !

M. BELMONTET. Vous voulez toujours me faire parler anglais ! (Hilarité.)

Cette commission était présidée par un personnage dont je ne connais pas très-bien le nom; il était alors consul général à Trieste. Cette commission venait de faire une réclamation sur les fonds français. Lord Wellington répondit très-catégoriquement et très-publiquement que les fonds restaient à la disposition de la France, et qu'un jour la France les réclamerait. Vous voyez que le duc, en 1828, n'était pas d'avis qu'il y eût un forfait, puisque deux ans après il disait que la France réclamerait un jour, et il y a eu deux chanceliers de la Grande-Bretagne qui ont déclaré que ces fonds appartenaient à la France, qu'il fallait les lui rendre, que c'était une honte pour l Angleterre que cela ne fût pas encore fait; ce sont des Anglais qui parlaient ainsi.

Voilà ma réponse.

§

Ainsi M. le ministre d'État dégage son système des voiles qui l'avaient enve-
loppé jusqu'alors. Il ne parle plus, cette fois de l'*inanité* de la réclamation !
Bientôt, quand l'heure d'une discussion complète devant le Corps législatif aura
sonné, quand M. le ministre se trouvera en face des jurisconsultes de la chambre
qui connaissent cette affaire, de MM. Berryer, Gressier, Martel et beaucoup
d'autres ; quand il lui faudra devant des hommes aussi habitués que M. le ministre lui-même à la discussion des grandes questions de droit, serrer son argumentation, tenter de réfuter les preuves si décisives par lesquelles se trouve
établie contre l'Angleterre l'obligation de remboursement, ce ne sera pas trop à
M. le ministre d'État de toute son éloquence et des ressources infinies de cet
éminent esprit pour se justifier de l'expression malheureuse échappée à l'im-
provisation et par laquelle il qualifiait en 1864 la plus certaine et la plus légitime
des créances.

M. le ministre ne traite plus en 1866 la réclamation de chose vaine, mais il
dit qu'il résulte pour lui des traités et des conventions de 1815 et de 1818 qu'il
y a eu sur les réclamations des sujets anglais envers la France, transaction et
traité à forfait.

Or, le traité du 20 novembre 1815, la convention en date du même jour,
relative aux réclamations anglaises et que nous avons textuellement reproduits
ne disent pas un mot de transaction, pas un mot de forfait.

Loin de là ! La convention porte que les sujets de la Grande-Bretagne devront
être indemnisés et payés du montant de leurs réclamations reconnues légitimes,
elle ajoute que si les inscriptions d'ensemble 3,500,000 francs de rente fournies
par la France étaient insuffisantes, la France fournirait des inscriptions additionnelles jusqu'à concurrence des sommes nécessaires ; elle stipule enfin que s'il y
a un excédant sur les fonds affectés au payement des réclamations, cet excédant
sera remis à la disposition du Gouvernement français.

Où est la transaction dans tout cela ? où est le forfait ?

La convention du 20 novembre 1815 se trouverait-elle mise à néant par la convention du 25 avril 1818 qui aurait substitué à l'obligation première une nouvelle
obligation tout à fait différente par voie de transaction et de traité à forfait ? Mais
le préambule même de cette convention proteste contre un pareil système, puisqu'il dit nettement que la convention de 1818 a pour but de donner à celle du
20 novembre 1815 *sa pleine et entière exécution.*

D'ailleurs il ne faut que lire son texte même pour voir que le mot et l'idée
de transaction ne s'y trouvent pas plus que ceux de traité à forfait.

Pas une ligne qui exonère le Gouvernement anglais de l'obligation de rembourser à la France le surplus des sommes non employées à indemniser les créanciers anglais portés sur les listes présentées lors de la convention de 1818.

Pas une ligne qui autorise le Gouvernement anglais à s'approprier le surplus que pouvait laisser la liquidation de ces créances, ce surplus s'élevât-il à 40, à 50, à 60 millions ?

Non! M. le Ministre sait bien et ne le cache point au Corps législatif que le mot transaction, ni celui de forfait qu'il apporte dans le débat (expressions qui se trouvent dans d'autres conventions intervenues à cette époque entre les puissances alliées et la France), ne se trouvent point dans les deux conventions qui nous occupent, des 20 novembre 1815 et 25 avril 1818, mais il entend chercher à établir, devant le Corps législatif, à l'aide de certaines inductions, de certains rapprochements de mots ou d'idées, de ce qu'il appelle le caractère de ces actes, que « les tra.tés de 1818 notamment, constituent *une opération à forfait...* » Interrompu sur ce mot, M. le Ministre se reprend : « *une opération exclusive de toutes réclamations ultérieures*, soit de la part de l'Angleterre contre la France, soit de la part de la France contre l'Angleterre. » Et il en conclut que la convention de 1818 opposerait une *fin de non-recevoir* absolue à la réclamation de la France.

La démonstration de ces différents points est toute à la charge de M. le Ministre, qui a cru devoir assumer sans nécessité la tâche ingrate de préparer à l'Angleterre une réponse plus ou moins spécieuse à une réclamation inévitable de notre part, réclamation que tous les esprits clairvoyants pressentaient en Angleterre depuis le premier jour où une parcelle des fonds uniquement destinés à désintéresser certains sujets anglais, est entrée dans le Trésor public de l'Angleterre.

Quoi qu'il en soit, dans le débat de 1866 cette réclamation n'est plus traitée avec ce sentiment de suprême dédain qu'exprimait suffisamment l'orateur qui lui jetait le mot d'*inanité !*

C'est une demande extrêmement sérieuse que celle qui s'appuie sur la clause formelle d'une convention internationale, faisant partie intégrante d'un traité entré dans le droit public européen. Or la convention oblige certainement l'Angleterre au remboursement.

Le remboursement stipulé a-t-il été fait? Non.

S'il n'a pas encore été effectué, doit-il être réclamé?.....

Vous dites, pour vous éviter l'embarras d'une réponse ou celui d'une démarche diplomatique qui peut bien avoir ses difficultés, vous dites qu'il y a une fin de non-recevoir à redouter de la part du débiteur, et vous *créancier!* vous qui représentez la France, et qui avez pour mission de défendre sa fortune aussi bien que son honneur, vous tenez pour constant que cette prétendue fin de non-rece-

voir vous sera opposée! Vous faites à l'Angleterre, sans attendre même qu'elle
parle, cette grave injure de lui supposer l'intention, mieux que cela, la résolution arrêtée de chercher, comme le feraient des débiteurs sans scrupule, à
éluder par une fin de non-recevoir insoutenable, — nous l'établirons, — l'obligation expresse, textuelle, qu'elle a contractée envers la France de lui rembourser la partie des fonds qui n'auraient pas reçu la destination convenue!

M. Belmontet avait fait à ces explications de M. le ministre d'Etat une courte
réplique, qui avait ceci de piquant, c'est qu'elle opposait à M. le ministre d'État
plaidant pour l'Echiquier anglais contre le Trésor français, une allocution du duc
de Wellington établissant, au contraire, le droit du Trésor public français
contre l'Échiquier anglais.

M. le ministre d'Etat aura donc à démontrer que, sur l'interprétation des
traités de 1815 et des conventions de 1815 et 1818, c'est le duc de Wellington
qui se trompe, et qui se trompe au préjudice de l'Angleterre!

Un autre orateur a pris la parole dans ce même ordre d'idées, après M. Belmontet; M. Martel va prouver, à son tour, que ce n'est pas seulement lord
Wellington qui affirme le droit de la France à se faire rembourser des fonds non
employés conformément à la convention, mais que cette opinion est aussi celle
des personnes les plus considérables en Angleterre, et il va nous faire connaître
à ce propos les paroles prononcées dans le Parlement anglais par divers hommes
politiques en 1852, 1853, 1854 :

M. MARTEL. Je comprends combien cette question est délicate pour le Gouvernement, aussi ne voudrais-je rien dire qui pût l'embarrasser. J'accepte très-bien la
proposition faite par M. le ministre d'État de renvoyer l'examen de cette question à
l'année prochaine.

Je dois dire, messieurs, que j'ai cru longtemps que cette réclamation était ins-
pirée à notre très-honorable collègue par des idées de patriotisme peut-être exagérées...

M. BELMONTET. Il n'est jamais trop exagéré, le patriotisme.

M. MARTEL. J'ai pensé que les poetes se nourrissant de fictions (on rit), il était
bien possible que notre honorable collègue se fût trompé. Mais, j'ai examiné la
question ; j'ai vu tous les documents, j'ai vu surtout ce qui s'est passé dans le sein
du parlement de la Grande-Bretagne ; je puis vous assurer que dans ce parlement,
les hommes les plus considérables, lord Lyndhurst, lord Truro, lord Monteagle et
d'autres, se sont élevés pour dire qu'il y avait là un point d'honneur pour l'Angleterre, qu'il y avait des sommes qui lui avaient été remises afin d'indemniser des
sujets anglais qui avaient souffert des dommages causés par la révolution française
et qu'une partie de ces sommes avait été détournée de leur destination.

Dans cette situation, je crois qu'il y a à faire, comme le disait tout à l'heure M. le
ministre d'État et comme vient de le proposer M. Belmontet, l'impression par les
soins de M. Belmontet lui-même, et non pas l'impression ordonnée par la Chambre,
des documents de cette affaire pour que, l'an prochain, ces documents nous étant
soumis, nous puissions examiner et discuter la question (Très-bien ! très-bien!)

M. LE MINISTRE D'ÉTAT. Je n'ai aucune objection à faire à la marche qui vient d'être proposée, et que moi-même j'ai eu l'honneur d'indiquer. Seulement je ne dois pas laisser la Chambre, au moins d'une manière absolue, sous l'impression de la pensée que cette réclamation aurait été reconnue légitime par un grand nombre d'hommes d'État anglais, tandis qu'elle aurait été l'objet d'une indifférence complète de la part des divers hommes d'État qui se sont succédé en France.

Je ne veux qu'indiquer comment le débat s'est produit en Angleterre, afin de faire bien comprendre que la question soulevée par M. Belmontet n'est pas la même que celle qui a été examinée à des dates diverses par le Parlement anglais.

Lorsque la convention de 1818 fut intervenue et eut mis à la disposition du gouvernement anglais à forfait, — c'est la prétention que j'indique, tandis que M. Belmontet soutient le système contraire, — une somme complémentaire de 3 millions de rente en addition à celle de 3,500,000 liv. de rentes qui avaient été stipulées dans la convention de 1815; un acte du parlement, sous George III, détermina la formation d'une commission arbitrale qui avait pour objet de répartir ces rentes entre les divers sujets britanniques qui avaient pu souffrir des dommages depuis 1793.

Cette commission, conformément au bill du parlement, fixa des délais de production et indiqua que les créanciers qui ne réclameraient pas dans les délais déterminés seraient passibles de la forclusion ; l'inscription se fit, des distributions successives eurent lieu jusqu'en 1828, époque à laquelle le Trésor français délivra le dernier coupon de rente au nom des commissaires liquidateurs. ·

Plusieurs créanciers réclamèrent tardivement, et soutinrent que la forclusion prononcée contre eux n'était pas légitime.

Il y eut même un Français héritier des droits appartenant à des sujets anglais et· dont le nom n'est pas présent à mon esprit. ·

M. BELMONTET. M. le baron de Bode : il réclamait 10 millions.

M. LE MINISTRE D'ÉTAT... qui réclama une somme considérable et qui demanda pour cette réclamation l'appui du Gouvernement français. Ces choses se passaient en 1856, ou du moins les dernières démarches ont eu lieu à cette époque.

Eh bien, on a discuté fréquemment dans le Parlement anglais la question de savoir si la forclusion était encourue, et des hommes d'État considérables ont soutenu contre d'autres orateurs que cette forclusion n'était pas légitime, qu'il restait encore une somme quelconque entre les mains du Gouvernement anglais, que le Gouvernement anglais, comme État, ne pouvait en profiter, qu'il devait relever de la forclusion et de la déchéance antérieurement prononcées les créanciers britanniques qui avaient des réclamations à faire, et que, en d'autres termes, on devait distribuer la totalité de la somme, jusqu'au dernier denier, aux créanciers qui avaient des réclamations à faire, malgré la tardivité de ces réclamations.

Au contraire, on a soutenu que la forclusion était légitime, que la réclamation n'était pas fondée, et qu'en supposant qu'il y eût un reliquat, il demeurerait acquis au Trésor anglais. Mais jamais, à aucune époque, on n'a discuté la question de savoir si la France, comme État, comme puissance, avait le droit de s'adresser à l'Angleterre et de lui dire : le traité qui a été fait en 1818 n'est pas un traité à forfait; il vous reste un reliquat qui est la propriété de la France.

Jamais la thèse n'a été placée sur ce terrain. Qu'on veuille tirer des arguments du langage des orateurs anglais pour prouver que l'interprétation donnée à la convention de 1818 est fondée ou erronée, je le comprends. Je n'ai voulu, quant à

6

présent, fournir à la Chambre qu'une explication de fait, c'est que tous les débats successifs qui ont eu lieu en Angleterre ont eu pour objet unique de relever de leur forclusion certains créanciers britanniques qui soutenaient que le reliquat de la somme originairement versée devait leur être distribué. Mais jamais il n'a été question d'admettre ou de forclore la France comme État ou comme nation pour une réclamation tendant à obtenir les reliquats des rentes qui avaient été attribuées en vertu de la convention de 1818.

C'est ainsi que la question se pose. Nous la discuterons l'année prochaine, nous l'examinerons avec le soin qu'elle comporte.

Je n'ai voulu donner ces quelques détails qu'à titre de renseignement et de réserves, en présence des observations qui ont été faites par l'honorable M. Martel. (Très-bien! très-bien!)

M. BELMONTET. Je demande à répondre un seul mot. (Parlez! parlez!)

La question est très-importante. Dans cette discussion qui a eu lieu à la Chambre des lords, il a été question, en effet, d'une réclamation du baron de Bode ; le Gouvernement français n'a pas soutenu cette réclamation ; le Gouvernement, par l'organe de notre honorable président actuel, qui était alors ministre des affaires étrangères, ne soutenait que la réclamation des anciens français.

Cette réclamation, qui a été conduite avec une très-grande énergie par notre honorable président, a duré cinq ans. S'il y avait eu un forfait, cela n'aurait pas duré cinq ans. On aurait dit : il y a forfait. Cela ne nous regarde pas.

Dans cette discussion à la Chambre des lords, lord Fitz William a dit qu'il y avait des fonds français qui avaient été confiés à l'Angleterre comme fidéicommis et qu'il fallait les rendre ; il l'a dit en pleine tribune ; j'ai entre les mains tous les documents à l'appui de ce que j'avance.

Savez-vous ce qu'a répondu le grand chancelier d'alors, le Fould de cette époque... (On rit.) le Fould, c'est-à-dire le ministre des finances? Il a répondu : si les fonds français doivent être rendus à la France, ce n'est pas à un lord anglais qu'il convient de le dire, c'est au Gouvernement français à réclamer. Et jamais le Gouvernement français n'a réclamé. Cela a été dit, je le répète, en pleine tribune.

C'est là encore une réponse.

M. MARTEL. Si la Chambre le voulait, je lui mettrais sous les yeux deux ou trois discours prononcés dans le Parlement de la Grande-Bretagne, et elle verrait quel langage a été tenu par les hommes les plus considérables.

Voici ce que dit lord Lyndhurst :

« J'insiste sur cette affaire par un principe d'honnêteté et de loyauté publiques. Je la défends, non dans l'intérêt unique du réclamant, mais pour l'honneur, le caractère et la dignité de ce pays. Vos seigneuries pourraient-elles admettre un seul instant qu'une nation grande et puissante comme la nôtre pût se retrancher derrière un point de forme pour éviter le payement de ses obligations pécuniaires? Que cela serait peu digne de la nation? Sera-t-il dit, pourra-t-on nous reprocher qu'un gouvernement étranger ayant mis dans nos mains des sommes considérables pour secourir des personnes qui avaient été victimes d'injustices, nous avons employé ces sommes à nos besoins intérieurs et nationaux? *Fiat justitia! Ruat cœlum!* Telle est la manière énergique d'exprimer cet amour de justice inhérent à notre caractère national. A cette occasion, il me souvient qu'un jurisconsulte, s'expliquant sur cette affaire, s'écria avec une grande véhémence : C'est une tache pour la nation! C'est une tache pour chacun des citoyens qui la composent! J'aimerais mieux vendre jusqu'à mon dernier habit que d'être soumis à une pareille imputation. »

Voici maintenant les termes dans lesquels s'exprime lord Fitz william :

« Si je reviens à la justice de l'affaire, s'il en résultait que les réclamations présentées aux Commissaires ne fussent pas suffisantes pour absorber la totalité de la somme, pourquoi alors, milords, en discutant une question de nation à nation, craindrais-je de faire naître l'idée que le surplus, quel qu'il soit, dût aller non dans l'échiquier de l'Angleterre, mais dans l'échiquier de la France ? »

M. BELMONTET. Est-ce clair ?

M. MARTEL. Lord Truro, grand chancelier, dit encore :

« Lorsque, comme nation, vous avez présenté vos réclamations à la France, et lorsque vous l'avez forcée à vous remettre des millions que vous avez reçus, je dis qu'il est de votre devoir d'examiner si ces traités ont été fidèlement exécutés, si les fonds ont été loyalement employés à faire droit aux justes réclamations de ceux pour qui vous les avez demandés, et de lui en restituer le surplus le cas échéant. »

J'aurais encore, messieurs, d'autres citations à faire ; mais aujourd'hui je ne vais pas plus loin. Je vous citerai seulement comme exemple de l'emploi qui a été fait de quelques-unes des sommes confiées par nous à l'Angleterre, qu'il y a eu des fonds pris sur elles et affectés au couronnement du roi Georges IV ; il y a eu des fonds affectées à la réparation du château de Buckingham. Ainsi, ces sommes que la France avait données à l'Angleterre pour indemniser les sujets de la Grande-Bretagne qui avaient souffert par suite de la révolution française , n'ont pas reçu la destination que les traités avaient prévue.

Voilà ce qui a préoccupé les grands chanceliers, les jurisconsultes de l'Angleterre, et voilà pourquoi ils ont dit dans le parlement : il ne faut pas nous arrêter à la forme des traités, à supposer qu'il y ait un forfait.

Il faut voir si l'honneur de la nation anglaise n'est pas engagé, et s'il n'oblige pas à rembourser à la France les sommes que celle-ci lui avait données, et qui n'ont pas eu leur destination. (Approbation et assentiment.)

M. LE PRESIDENT WALEWSKI. Je donne lecture de l'article 1er.

M. LATOUR DU MOULIN. La question vaut bien la peine d'être examinée, au moins l'année prochaine, surtout dans l'état où se trouvent nos finances et après la citation que vient de faire M. Martel.

M. BERRYER. Il me semble que M. le ministre d'Etat pourrait, par une étude plus approfondie des traités, soumettre au Corps législatif la question de savoir s'il y a eu forfait entre la France et l'Angleterre, oui ou non.

M. LE MINISTRE D'ETAT. Je répète au Corps législatif que l'étude attentive que j'ai faite m'a conduit à la pensée qu'il y a un traité passé à forfait en 1818.

Je répète également que je suis prêt à soumettre immédiatement au Corps législatif, tous les éléments de la question ; mais je déclare que dans ce moment-ci il n'est pas possible de la discuter par le menu ; c'est une très-grosse question par les chiffres qu'elle met en mouvement, si la Chambre veut la discuter, je suis tout prêt ; si, au contraire, elle veut qu'elle soit réservée, il faut qu'elle le soit d'une manière complète dans toute son étendue.

§

Ces paroles de M. le ministre d'État ont mis fin à ce grave incident qu'il importe maintenant de résumer, pour en bien faire comprendre la portée.

M. le ministre ayant à s'expliquer sur les débats du Parlement anglais, dans lesquels la réclamation actuelle aurait été présentée, suivant MM. Belmontet et Martel, comme fondée en principe, répondait que le Parlement anglais n'avait jamais eu dans les discussions auxquelles on faisait allusion, à s'occuper que d'une question, celle de savoir si un prétendant droit à une partie des sommes versées par la France pour indemniser les sujets de la Grande-Bretagne, M. le baron de Bode avait ou non encouru la forclusion; mais, ajoutait M. le ministre, « jamais, à aucune époque, on n'a discuté la question de savoir si la France, « comme État, comme puissance, avait le droit de s'adresser à l'Angleterre et « de lui dire : le traité qui a été fait en 1818 n'est pas un traité à forfait; il vous « reste un reliquat qui est la propriété de la France.

« Jamais la thèse n'a été placée sur ce terrain..... »

M. Martel, pour réfuter cette opinion de M. le ministre qui ne pouvait résulter que d'une étude incomplète des débats législatifs engagés en Angleterre à l'occasion de la demande de M. le baron de Bode, a employé un procédé fort habile et fort parlementaire. Il a introduit en quelque sorte à la tribune du Corps législatif français quelques orateurs considérables du Parlement anglais et les a chargés de réfuter les assertions de M. le ministre d'État.

Ainsi, M. Rouher avait dit que jamais la question ne s'était posée en Angleterre de savoir si la France, comme État, comme puissance, avait le droit de s'adresser à l'Angleterre pour lui demander le reliquat des sommes versées en 1815 et 1818.

Voici une première réponse à M. Rouher, elle émane de lord Fitz-William :

S'il résultait que les réclamations présentées aux Commissaires ne fussent pas suffisantes pour absorber la totalité de la somme, pourquoi alors, *en discutant une question de nation à nation, craindrais-je de faire naître l'idée que le surplus, quel qu'il soit, dût aller, non dans l'échiquier de l'Angleterre, mais dans l'échiquier de la France ?*

Voici une seconde réponse à M. Rouher, celle-ci émane de lord Truro, ancien lord chancelier d'Angleterre :

Lorsque, comme nation, vous avez présenté vos réclamations à la France, et lorsque vous l'avez forcée à vous remettre des millions que vous avez reçus, je dis qu'il est de votre devoir d'examiner *si les traités ont été fidèlement exécutés, si les fonds ont été loyalement employés à faire droit aux justes réclamations de ceux pour qui vous les avez demandés*.....

Voici une troisième réponse, elle émane de lord Lyndhurst, le prince des jurisconsultes de l'Angleterre et dont on a pu dire dans son pays « qu'il était un des hommes les plus éminents qui aient jamais existe, » lord Lyndhurst, lui, s'écrie :

Sera-t-il dit, pourra-t-on nous reprocher qu'un gouvernement étranger ayant mis dans nos mains des sommes considérables, pour secourir des personnes qui avaient été victimes d'injustices, nous avons employé ces sommes à nos besoins intérieurs et nationaux! Fiat justitia! Ruat cœlum!

Et lord Lyndhurst s'approprie à ce sujet ces expressions non moins significatives d'un autre grand jurisconsulte anglais :

« J'aimerais mieux vendre jusqu'à mon dernier habit que d'être soumis à une « pareille imputation ! »

Après une pareille réplique qu'adressaient à M. le ministre, par la bouche de M. Martel, des hommes d'Etat anglais aussi peu suspects de partialité envers la France que lord Fitz-William, lord Truro, lord Lyndhurst, il s'échange encore au Corps législatif quelques paroles d'un assez grand intérêt qui demandent à être méditées et font parfaitement mesurer l'étendue du chemin que venait de faire la question dans l'esprit des membres du Corps législatif, et peut-être auprès de M. le ministre lui-même. M. Rouher prend une dernière fois la parole pour résumer son opinion :

« Je répète au Corps législatif que l'étude attentive que j'ai faite *m'a conduit à la pensée qu'il y a un traité passé à forfait en 1818.* »

Il ajoute enfin que « *c'est une très-grosse question par les chiffres qu'elle met « en mouvement.* »

M. le ministre n'est donc plus aussi sûr de sa fin de non-recevoir ?

Il a cette *pensée* qu'il y a un traité à forfait ! Mais ce n'est pas sur une pensée, même d'un homme d'une intelligence aussi supérieure que celle de M. le ministre d'Etat, que la France peut renoncer à plusieurs centaines de millions que l'Angleterre lui doit en vertu d'un engagement formel !

Ce n'est pas sa pensée, c'est-à-dire une simple impression, une opinion personnelle que doit apporter M. le ministre au Corps législatif et au pays tout entier, pour arriver au résultat désastreux qui serait la conséquence de son système, c'est-à-dire pour faire perdre à la France une somme aussi énorme, il faut trouver, il faut produire, il faut citer les stipulations de ce prétendu traité à fortau de 1848 qui mettraient à néant le droit de la France tel qu'il avait été écrit en termes exprès par les représentants de la France et de toutes les puissances alliées dans la convention du 20 novembre 1815.

C'est le sentiment dont se rendent les organes en termes fort compréhensibles M. Latour du Moulin et M. Berryer.

M. Latour du Moulin dit :

« La question vaut bien la peine d'être examinée, au moins l'année prochaine, surtout dans l'état où se trouvent nos finances *et après la citation que vient de faire M. Martel.* »

Et M. Berryer plus pressant encore laisse percer une opinion absolument contraire à celle de M. le ministre sur l'existence du prétendu forfait :

« Il me semble que M. le ministre d'État pourrait, *par une étude plus approfondie des traités, soumettre au Corps législatif la question de savoir s'il y a eu forfait entre la France et l'Angleterre,* oui ou NON »

§

Pour accomplir la tâche que nous nous sommes proposée et pour compléter le récit sommaire de tous les faits relatifs à cette question, nous devons maintenant rendre compte des débats qui se sont, à diverses reprises, engagés en Angleterre à propos de l'emploi des fonds de l'indemnité française.

L'honorable M. Martel, en citant devant le Corps législatif des extraits fort importants de quelques-uns des discours prononcés au Parlement anglais, a abrégé cette partie de notre travail.

Cependant, comme M. le ministre auquel répondait M. Martel avait mis une certaine insistance à soutenir que ces débats n'avaient jamais eu trait qu'à des intérêts particuliers, et qu'à une simple question de forclusion, il nous paraît utile d'ajouter quelque chose aux citations d'ailleurs si concluantes, faites devant le Corps législatif, et que nous venons de reproduire d'après le *Moniteur*.

§

C'est en 1823 que, pour la première fois, la question de l'emploi de l'indemnité française paraît s'être présentée devant le Parlement anglais, et voici à quelle occasion :

M. Canning venait de succéder à lord Castelreagh. La Chambre des Communes avait voté pendant le ministère de ce dernier cent mille livres (2,500,000 fr.), pour les frais du couronnement du roi d'Angleterre. Lord Castelreagh avait pris devant la Chambre l'engagement de ne point dépasser cette somme. Or, celle portée dans les comptes relatifs aux dépenses de ce couronnement s'élevait, au lieu de cent mille livres, à deux cent trente-huit mille livres : il y avait donc un excédant sur les prévisions de cent trente-huit mille livres (3,450,000 fr.). Où avait pu être prise cette somme, pour laquelle aucun crédit n'avait été ouvert et pour laquelle le nouveau ministère n'en demandait aucun ?

Le chancelier de l'Échiquier fut bien obligé de déclarer que ces 3,450,000 fr. avaient été pris sur les fonds de l'indemnité payée par la France en vertu des traités de 1815. Cette déclaration fut accueillie par un murmure général, elle souleva un véritable orage parlementaire, et voici en quels termes un des membres de la Chambre des communes, M. Hume s'exprimait à ce sujet :

« Le ministère est coupable de mauvaise foi ; il a trompé la Chambre : certain qu'elle eût refusé cette somme, il l'a prise sans l'avouer, et sur quoi ? *sur des fonds auxquels il n'avait pas le droit de toucher, sur un argent sacré : il a soustrait cent trente-huit mille livres de l'indemnité française, cette rançon destinée à fermer les plaies de la guerre.* La Chambre manquerait à ses devoirs en ne procédant pas à une enquête pour savoir quel est l'homme qui a pris sur lui d'autoriser l'emploi de ces fonds contre la volonté du Parlement. »

La motion de M. Hume s'appuyait encore sur d'autres faits de prodigalité sans rapport avec l'indemnité française. Cette motion fut repoussée, non pas par suite de l'objection qu'on voudrait produire aujourd'hui tirée d'un prétendu forfait relatif à cette indemnité, mais parce qu'il s'agissait d'un fait qui ne pouvait pas être imputé à l'administration de M. Canning, et dont le ministère précédent, celui de lord Castelreagh, était seul responsable.

« La dépense était consommée et les nouveaux ministres n'y étaient pour rien, dit l'historien (1) auquel nous empruntons ce fait ; la Chambre le sentit, et repoussant la motion de M. Hume, elle accorda au cabinet un bill d'indemnité. »

(1) Roujoux et Mainguet, Histoire d'Angleterre, t. II, p. 689.

§

Ainsi dans cette première occasion, où nous voyons le Parlement s'occuper de l'emploi des fonds de l'indemnité française, il n'était question ni d'intérêts privés, ni de la forclusion qui aurait pu être encourue par tel ou tel réclamant. C'était une protestation énergique faite contre l'application, par le ministère anglais, à des dépenses publiques, de fonds auxquels il n'avait pas le droit de toucher; c'était une accusation précise d'avoir soustrait *sur un argent sacré* une somme de 3,550,000 francs !

La question internationale ne se discutait pas encore, et il y avait deux raisons pour cela; d'abord la situation de la France qui avait à se remettre de l'état d'épuisement dans lequel l'avaient laissée, malgré toute leur gloire, les grandes guerres de l'empire; cette situation n'aurait peut-être pas donné au Gouvernement d'alors, vis-à-vis de l'Angleterre, l'autorité suffisante pour élever la réclamation même la mieux fondée.

Il y avait une autre raison plus décisive, c'est que, pour réclamer, conformément aux traités de 1815, le surplus des sommes qui n'auraient pas été employées selon les stipulations de ces traités, il fallait attendre la liquidation de l'indemnité de toutes les réclamations formées contre la France, par des sujets anglais, dans les délais fixés par les conventions de 1815, et qu'en 1823 cette liquidation était loin d'être terminée.

La France avait-elle d'ailleurs besoin de joindre sa protestation à celle des membres du Parlement anglais pour être recevable à établir, à l'heure où il lui conviendrait de prendre la parole, qu'en versant cent trente millions pour indemniser les sujets anglais victimes des injustices qui avaient pu être commises envers eux par suite de nos orages révolutionnaires, elle n'a jamais entendu que la moindre partie de cette indemnité pût être distraite de sa destination pour être employée aux réjouissances et aux fêtes qu'il pouvait convenir au ministère anglais de célébrer à l'occasion du couronnement de son souverain?

Le bill d'indemnité accordé au ministère Canning, en 1823, par la majorité du Parlement pour le mauvais emploi de cette somme, contrairement aux stipulations des traités, aux prévisions du budget anglais, et aux déclarations du chef du ministère précédent, a couvert le ministère d'alors contre la responsabilité qu'il avait encourue vis-à-vis de son pays, pour cette soustraction d'un dépôt sacré, soit ! Mais aujourd'hui la question s'engage de *nation à nation*, et il ne viendra à l'esprit de personne, ni en Angleterre, ni chez nous, que l'Angleterre pour échapper à la réclamation de la France, puisse utilement invoquer un vote de son propre Parlement !

§

La motion de M. Hume, en 1823, avait été motivée par l'emploi qui avait été fait des fonds de l'indemnité française aux frais du couronnement du roi George IV !

En 1828, un fait non moins étrange donna lieu de la part d'un autre membre de la Chambre des communes, M. Michel-Ange Taylor, à une motion de la même nature sur la fausse appropriation de l'indemnité. Cette fois, le Gouvernement anglais avait cru pouvoir prélever sur les fonds de cette indemnité les sommes nécessaires à la reconstruction d'un des palais de la couronne, le palais de Buckingham !

§.

Depuis cette époque, il est constant que c'est toujours à l'occasion de la réclamation d'un simple particulier porté parmi les réclamants anglais, que la discussion relative à l'emploi de l'indemnité française s'est renouvelée maintes fois devant les deux Chambres du Parlement anglais.

Il nous faut donc dire ce qu'était le réclamant, et les difficultés qu'il rencontra de la part du Gouvernement anglais.

Conformément aux stipulations de l'article 9 du traité du 20 novembre 1815, il avait été dressé un état général des réclamations anglaises.

Cet état portait sous le n° 1130 le nom du baron de Bode, comme réclamant une somme de 13,529,062 francs pour le dommage que lui avait causé la confiscation de propriétés considérables qu'il possédait en Alsace.

Treize millions et demi, c'était une forte somme, et quoique le Gouvernement anglais fût nanti à titre de dépôt des fonds nécessaires pour faire face à la réclamation de M. le baron de Bode, comme à toutes celles mentionnées dans la liste générale sur la présentation de laquelle les parties avaient contracté le 25 avril 1818, il a paru pénible au Gouvernement anglais de s'en dessaisir, et en définitive il a mieux aimé la garder.

Pour arriver à ce résultat, il a commencé par contester que le baron de Bode eût été porté sur la liste des réclamants dans le délai fixé par la Convention.

M. le baron de Bode se procura après bien des efforts et des démarches la liste générale, on y trouva son nom porté en temps utile.

Le Gouvernement anglais soutint plus tard que le baron de Bode n'était pas Anglais et que dès-lors il n'avait pas le droit de participer à l'indemnité.

M. le baron de Bode prouva qu'il était né en Angleterre.

A cela le Ministère Anglais lui répondit :

Vous êtes, il est vrai, né dans notre pays , mais vous n'êtes pas pour cela sujet Anglais. Vous êtes Français, et la confiscation dont vous vous plaignez n'a été exercée sur vos biens d'Alsace qu'à raison de votre qualité de Français en état d'émigration.

Et on rejeta sa réclamation.

Mais alors M. le baron de Bode se retourna vers la France en lui disant :

Mes biens ont été confisqués, et les tribunaux anglais prétendent que c'est en qualité d'émigré que j'ai été lésé, et non en qualité de sujet Anglais ; vous avez voté des fonds considérables et organisé une Commission pour indemniser tous ceux dont la propriété a été confisquée comme émigrés. Indemnisez-moi (1).

Le Gouvernement français lui fit répondre :

Nous avons versé à votre Gouvernement une somme affectée précisément au payement des réclamations des sujets Anglais, parmi lesquels vous êtes compris expressément pour une somme de 13,529,062 francs. .

Nous ne pouvons donc pas vous payer deux fois (1).

Alors commence la longue série des procès et des pétitionnements de M. le baron de Bode en Angleterre.

Il saisit toutes les juridictions.

Il fait reconnaître son droit par un jury régulièrement constitué suivant la loi anglaise.

Il pétitionne en 1826.

Il pétitionne en 1828, et a le bonheur d'être appuyé par lord Stanley.

Il pétitionne de nouveau en 1834, en 1835, en 1852, en 1854, en 1861, et dans ces diverses circonstances il s'engage, dans les deux chambres anglaises, sur l'indemnité française, des débats mémorables par l'autorité et l'éloquence des orateurs qui y prennent part.

Mais il n'est sorte d'objections de forme, de moyens de procédure, d'expédients que ce réclamant ne rencontre de la part du Gouvernement anglais.. '

Voilà comment il est vrai de reconnaître, avec M. le ministre d'Etat, que le parlement anglais s'est surtout occupé de l'indemnité française à propos de l'affaire du baron de Bode. Sans doute ! mais les hommes politiques qui reprochaient au Gouvernement anglais la criante injustice qu'il y avait à repousser,

_____

(1) The claimant says. « I am entitled to compensation because my estate was confiscated as that of an *émigré*. I will appeal to the court of France; they have a commission sitting to grant compensation to parties whose property has been confiscated as *émigrés*. » Accordingly he appealed to the court of France to be allowed to come in under that commission. The short answer they returned was this : « We have already paid money as compensation. »   (*Discours de lord Lyndhurst.*)

sous toutes sortes de prétextes, et en violation des principes les plus vulgaires
de l'honnêteté et de la bonne foi, la demande du baron de Bode, alors que le
Gouvernement français avait versé la somme nécessaire pour y faire face, prenaient bien soin d'expliquer que s'ils insistaient sur cette affaire, ce n'était pas
seulement dans l'intérêt du réclamant, mais pour l'honneur de l'Angleterre,
qui souffrait de la violation envers le baron de Bode des conventions passées
avec la France.

C'est ce sentiment qui perce dans un discours prononcé à la Chambre des
Communes sur la pétition du baron de Bode par Mr. Pollock dans la séance du
1er mai 1834 ;

Je crois, disait Sir Frederick Pollock, qu'il convient à la générosité et à la justice
de cette Chambre d'approfondir cette question, je pourrais même dire, en me plaçant sur un terrain plus élevé, qu'il est de l'honneur du pays de prendre connaissance des faits énoncés par M. le baron de Bode....

Après avoir fait un exposé complet de cette affaire, Mr. Pollock ajoutait :

Attendu des circonstances si étranges, j'opine qu'il est dû aux sentiments de
justice dont cette Chambre est le sanctuaire, il est dû à l'honneur du pays dont les
intérêts et les affaires sont commis à nos soins, de prendre garde de ne pas revêtir
de notre sanction définitive un acte d'injustice aussi flagrant, et j'espère avec
confiance qu'il n'y aura pas un seul homme dans cette enceinte, qui ne partage les
sentiments dont je suis animé, *puisqu'il reste un fonds positif qui n'est applicable
qu'au seul objet de liquider ces réclamations*, à moins que ces mêmes fonds ne
soient a la vérité restitués au pays dont ils sont provenus.

Il paraît que Sir Frederick Pollock devenu plus tard attorney général (fonc-
tion analogue à celle de procureur général en France) a pris la parole contre
la même réclamation qu'il avait si vivement appuyée comme membre de la
Chambre des Communes.

Cela nous importe assez peu ! Cette versatilité de l'homme public n'ôte absolument rien de leur justesse et de leur force aux paroles que nous venons de
citer de lui, quand il déclarait qu'en présence de l'existence d'un fonds applicable seulement à liquider ces réclamations, il fallait que le baron de Bode fût
payé, — *à moins toutefois que ces mêmes fonds ne fussent* restitués au pays
dont ils sont provenus.

Vers la même époque un attorney général en fonctions, Sir Charles Wetherel
déclarait à la Chambre des Communes que si le baron de Bode pouvait prouver
que sa réclamation fût une de celles qui devaient être pourvues des fonds destinés à indemniser les sujets anglais, sa réclamation devait être payée, ajoutant :

Le Gouvernement français a payé une somme au Gouvernement britannique, comme compensation pour les pertes essuyées par les sujets britanniques. Maintenant si le baron de Bode peut prouver que son nom fut inclus dans la liste originale des réclamants britanniques pour lesquels l'indemnité fut reçue, alors je dis au baron de Bode, il ne nous convient pas d'entrer dans l'examen de la manière dont votre réclamation fut constatée devant les Commissaires, *parce que votre réclamation étant admise par le Gouvernement français, la somme avancée est pro tanto pour vous.*

§

En 1852 lord Lyndhurst (1) déclarait aussi devant la Chambre des Lords, que s'il appuyait la pétition du baron de Bode, il le fesait surtout dans l'intérêt de l'honneur, du caractère et de la dignité de l'Angleterre ; et c'est ce que déclarait également lord Derby dans la même séance du 11 juin 1852 : il rappelait d'abord qu'il y avait environ 24 ans que, sur une pétition du père du baron de Bode, il avait fait à la chambre des communes une motion sur les torts graves qui avaient été causés à cette famille ; il appuyait l'exposé fait par lord Lyndhurst ; il invitait la chambre des lords à constituer un comité chargé de faire un rapport sur cette affaire, et il ajoutait :

« Si le Rapport de ce Comité établissait la justice et l'équité de la réclamation, ni le laps de temps écoulé, ni les moyens de forme, ni l'inconvénient d'être appelé à payer une somme, quelque considérable qu'elle soit, ne devraient empêcher notre pays de s'acquitter d'une réclamation qui serait trouvée fondée et légitime. (Applaudissements) Et, en conséquence, mylords, quelque considérable que la somme puisse être, — quelque désagréable que puisse paraître à un chancelier de l'Echiquier une telle éventualité, j'ai l'espoir que si vos seigneuries arrivaient à cette conclusion, que manifestement et incontestablement, d'après l'évidence indiscutable des faits qui seraient produits devant vous, qu'en honneur, en équité, en bonne foi, ce gentleman aurait une réclamation fondée contre notre pays, — la Chambre des Communes ne refuserait pas de l'écouter, uniquement à cause des irrégularités de forme de sa demande. »

Ainsi lord Lyndhurst, lord Derby, ne s'occupent que de l'affaire du baron de Bode, mais ils s'en occupent au point de vue de l'honneur et de la dignité de l'Angleterre, c'est-à-dire au point de vue de l'observation des traités conclus avec la France, et ils demandent qu'en une matière toute de bonne foi et

---

(1) I urge this case on the principle of common honesty and common fairness; I press it not for the sake of the claimant alone, *but for the honour, and character, and dignity of this country.* (Lord Lyndhurst, séance de la Chambre des lords du 11 juin 1852)

d'honnêteté on ne s'arrête pas, pour écarter la demande du réclamant, à des moyens de forme ou de procédure.

Le comte Grey ayant exprimé quelques doutes sur la régularité de la marche indiquée par la motion de lord Lyndhurst, le comte Fitzwilliam prend la parole pour réfuter ces objections et, dès le début, il s'associe hautement au langage tenu par lord Lyndhurst et par lord Derby :

« Mylords, c'est avec surprise que j'ai entendu mon noble ami s'opposer à plusieurs reprises à la nomination d'une Commission pour l'examen d'une question telle que celle qui a été portée devant vous par le docte et noble lord, *question, qui, si je la comprends, n'engage rien de plus ni de moins que la bonne foi et l'honneur du gouvernement de ce pays.*

Lord Fitzwilliam proteste contre les critiques que soulevait, de la part du comte Grey, la nomination d'une commission, et il ajoute, en appuyant la motion de lord Lyndhurst :

« Il est un point qui a été relevé dans le cours de cette discussion, et qui constituât-il la seule question à débattre, devrait porter suivant moi cette Chambre ainsi que l'autre Chambre du Parlement, à instituer une enquête. Dans le discours qu'il a prononcé, le docte et noble lord se fonde, si je le comprends bien, sur le verdict de deux jurys successifs qui a décidé que, sur l'argent payé par la France, il se trouve une forte somme qui n'a pas encore été employée à sa destination *(still unappropriated).* J'ai eu à m'occuper moi-même, milords, d'une affaire non pas tout à fait semblable, mais, je puis le dire, analogue à celle qui a été portée devant vous par le noble et docte lord. Milords, la réponse que j'ai reçue des bureaux sur ce sujet, a été qu'il ne restait plus rien. On nous a dit que la somme avait été employée. Milords, je désirerais savoir comment, et dussé-je ne découvrir rien autre chose, j'aimerais à voir nommer une Commission chargée de rechercher, COMMENT *le surplus a été employé* (appropriated.) »

C'est après ces paroles que se place le passage si grave de ce discours cité par M. Martel, dans lequel lord Fitzwilliam déclare que si les réclamations portées devant les commissaires n'étaient pas suffisantes pour absorber la totalité de la somme, alors, et en discutant la question comme une question internationale, il n'hésitait pas à exprimer l'opinion, que ce surplus quel qu'il fût, *ne devait pas entrer dans l'Echiquier de l'Angleterre, mais bien dans l'Echiquier de la France.*

Lord Monteagle demande à répondre, et sa réponse, dans laquelle il essaye de réfuter les griefs énoncés par lord Fitzwilliam, contient des aveux dont il nous paraît intéressant de prendre acte. Lord Monteagle s'efforce de justifier l'administration anglaise du reproche qui lui était adressé d'avoir détourné, au profit du gouvernement, les fonds de l'indemnité française allouée uniquement dans l'intérêt des sujets Anglais qui auraient, dans les délais fixés par la convention, formé une réclamation jugée légitime, mais il nous paraît démontrer, à son insu, par ses propres déclarations, combien le reproche était fondé.

§

Lord Monteagle cherche d'abord à établir que les fonds de l'indemnité française ont été strictement employés conformément à un acte du Parlement promulgué sous le règne du roi George III.

Aux termes de cet acte, un tribunal spécial avait été établi pour statuer sur les réclamations au payement desquelles avait été affectée l'indemnité, et il avait été stipulé que le surplus de cet argent serait employé ainsi qu'il conviendrait à la Trésorerie. Mais lord Monteagle proteste contre ce qui a été allégué que ces fonds auraient été détournés de leur destination et employés à des besoins personnels.

Les réclamations présentées aux commissaires dans le délai fixé par le traité de 1815 n'avaient pas, lord Monteagle le reconnait, épuisé les fonds de l'indemnité. Mais il prétend que sous le ministère de lord Liverpool, un délai plus long aurait été accordé au profit des intéressés, et c'est alors que serait intervenu l'arrangement qui a donné lieu aux objections que combat lord Monteagle.

Milords, dit l'orateur, il y avait une somme qui n'avait pas reçu d'emploi; il y avait un grand nombre de réclamants qui se trouvaient exclus par suite des stipulations et des conditions qui leur avaient été imposées, en les obligeant à faire leurs réclamations dans un certain délai. Dans cet état de choses *une portion considérable des fonds qui restaient sans emploi fut appliquée à la construction et à l'ornement du palais de Buckingham.* Milords, ce fait appartient à l'histoire et a déjà été mentionné devant le Parlement, mais, milords, les choses sont-elles restées dans cet état? non! sous le gouvernement de lord Grey cet argent a été remboursé, remboursé à la Trésorerie dont lord Grey avait la direction, alors que lord Spencer était chancelier de l'Échiquier. Qu'est devenu cet argent depuis cette époque? A-t-il été appliqué à des besoins personnels. ou contraires à sa destination?

Non, milords! on se livra à un nouvel examen des réclamations de ceux qui avaient été exclus, non à raison du mérite de leurs réclamations sur lequel on n'avait pas été appelé à s'expliquer, mais qui avaient été exclus uniquement pour une question de temps.....

Lord Monteagle déclare donc que, suivant lui, la totalité de la somme a été employée à indemniser des réclamations légitimes; il promet de demander à la

Trésorerie le montant exact des sommes reçues de la France pour indemniser les réclamants, ainsi que le compte des sommes dépensées pour faire face à ces réclamations (1).

Il y a plusieurs choses à remarquer dans ces explications de lord Monteagle :

D'abord, la manière dont l'orateur essaye de confondre la Convention de 1818 avec l'acte du Parlement qui avait pour objet d'en régler l'exécution; ce procédé aurait pour résultat, si on n'y prenait garde, et si on admettait le fait comme il paraît présenté, de laisser supposer, contrairement à la vérité des faits, que la Convention de 1818 aurait autorisé les lords de la Trésorerie à disposer du surplus, comme bon leur semblerait, et alors on se demanderait quel droit la France pourrait avoir sur un excédant dont elle aurait elle-même consenti l'abandon au profit du Trésor anglais.

La seconde remarque à faire porte sur la répartition faite, dit lord Monteagle, au profit de réclamations anglaises qu'il appelle légitimes, puisqu'elles n'étaient écartées de leur droit à l'indemnité que par des questions de délai, et nullement à raison du mérite même de leur demande.

Lord Monteagle, à l'appui de cette assertion, dans laquelle il croit trouver une objection à opposer à ceux qui critiquent l'emploi des fonds, dit que, sous le ministère de lord Liverpool, le délai fixé par l'article 12 du traité du 20 novembre 1815 aurait été prorogé, mais il ne dit pas que ce soit en vertu d'un accord quelconque avec le Gouvernement français, et dès lors cette prorogation de délai ne peut être en quoi que ce soit, opposée à la réclamation actuelle du Gouvernement français.

Il ajoute que le Gouvernement anglais a relevé ensuite certains réclamants de la déchéance qu'ils avaient encourue.

Or, comme il est constant que jamais le Gouvernement français n'a donné son consentement à des décisions de cette nature contraires à une disposition essentielle de la Convention, les sommes payées en vertu de ces décisions, ne peuvent nullement être considérées comme ayant reçu l'emploi fixé par la Convention.

Il est bien évident du reste que lord Monteagle, en se plaçant sur ce terrain, pressentait et engageait la question internationale.

---

(1) Ce compte, malgré la promesse de lord Monteagle, n'a été produit ni à la Chambre des lords, ni à la Chambre des communes dans aucune des nombreuses discussions auxquelles a donné lieu la réclamation du baron de Bode.

Nous croyons avoir néanmoins quelques-uns des éléments nécessaires pour le reconstituer, et c'est ce que nous ferons quand nous rechercherons le chiffre approximatif de la somme dont l'Angleterre nous doit le remboursement aux termes des traités.

§

C'est ce que va faire lord Truro, dans cette même discussion, mais d'une façon bien plus précise et bien plus grave encore:

La Couronne, dit-il, a opposé en dernier lieu à cet homme (au baron de Bode) *un moyen de forme* (a plea) tiré du *Statut des limitations*, un moyen qui déshonore neuf individus sur dix quand il est plaidé. Mais qui peut employer un pareil moyen dans une affaire qui, ainsi que mon noble et docte ami l'a établi, est une *affaire de nation à nation* (which is one between nations)? La Couronne s'est adressée à la nation française pour en obtenir justice; la Couronne a reçu une somme de plusieurs millions pour rendre justice à ses propres sujets, — et un de ces sujets, quand il s'adresse aux tribunaux, était accueilli par un de ces moyens que je traite avec trop d'honneur quand je le désigne par le nom de fin de non-recevoir de procédure (by what I almost dignify when I call it by the name of a « thechnical » plea.

Lord Truro répond ensuite à la partie du discours de lord Monteagle relative à l'emploi des fonds. Il conteste l'exactitude de ce qui a été dit à ce sujet. Il rappelle le verdict du jury rendu sur la pétition du baron de Bode, verdict établissant qu'il y avait un surplus considérable de douze millions de francs, et qu'en déduisant même de ce surplus ce qui avait été payé en vertu des décisions d'admission des réclamants qui n'étaient plus dans les délais, il restait encore plusieurs millions de disponibles.

Ces dernières sommes, d'après lord Truro, doivent être considérées comme existant encore en caisse et doivent être comprises dans le surplus. Qu'il en ait été disposé ou non, qu'importe au baron de Bode? On ne peut pas, suivant lord Truro, lui objecter *un pareil emploi qui aurait été fait contrairement au traité.*

Ce pays (1) et son Gouvernement, dit lord Truro, sont devenus des gardiens

___

(1) This country and the Government became a trustee for this Claimant. If the trustees have improperly disposed of this money, do, my Lords, — the highest court of judicature, that court to which all appeals are brought to enforce the honest discharge of trustees,— set yourselves the example, and see that this trust is discharged, — one of the highest and most solemn nature. *When, as a country, you made your claim against the French, and when you compelled them to pay the millions of money which were received, I say it is your duty to see that those treaties are faithfully executed, — that that money has been honestly applied to the satisfaction of the just claims of those on whose behalf you preferred your claim.*

judiciaires, (ou des fidéi commissaires), pour le compte de ce réclamant (*became a trustee for this claimant*). Si ces gardiens ont indûment disposé de cet argent, vous, milords, qui formez la plus haute Cour de justice du royaume, Cour à laquelle arrivent tous les appels relatifs à la décharge des tuteurs et des fidei commissaires, donnez vous-mêmes l'exemple et vérifiez si ce dépositaire est dégagé, ce dépositaire de l'ordre le plus élevé et en vertu d'un contrat solennel..... *Lorsque comme nation vous avez presenté vos réclamations à la France et lorsque vous l'avez forcée de vous remettre des millions que vous avez reçus, je dis qu'il est de votre devoir d'examiner si ces traités ont été fidèlement exécutés, si les fonds ont été loyalement employés à faire droit aux justes réclamations de ceux pour qui vous les avez demandés* (1).

§

A la suite de ces débats un comité spécial est nommé par la Chambre des Lords; il est composé de seize membres, parmi lesquels on remarque les noms du président de la Chambre des Lords, du duc de Bucleugh, de lord Fitz William, lord Lyttleton, lord Lyndhurst, lord Brougham, lord Truro (ces trois derniers tous anciens lords chanceliers, c'est-à-dire anciens ministres de la justice en Angleterre), et le Comité fait le 28 juin 1852 son rapport à la Chambre des Lords.

Ce rapport analyse le traité et la convention du 20 novembre 1815, sur l'article 5 de laquelle on se fondait en dernier lieu pour repousser la demande d'indemnité du baron de Bode. Il constate ensuite que le baron de Bode avait présenté sa réclamation dans les délais prescrits, c'est-à-dire avant le 20 février 1816.

Ce point, d'abord contesté, dit le rapport, fut ensuite admis par l'autorité des jurisconsultes de la Couronne.

Puis, après avoir apprécié la réclamation même du baron de Bode et les objections faites par le Gouvernement anglais, le rapport concluait en ces termes :

En conséquence, le Comité est d'avis que les faits suivants ont été pleinement établis, à savoir que le réclamant était sujet anglais suivant le vœu des traités et

---

(1) C'est par erreur que l'honorable M. Martel, dans la séance du Corps législatif que nous avons citée d'après le *Moniteur*, a compris dans sa citation, suivant une traduction inexacte, les mots : « et de lui en restituer le surplus, le cas échéant. » C'est bien là la pensée de lord Truro, mais ces mots n'ont pas été prononcés par l'orateur, dont nous avons reproduit en note les propres paroles.

conventions, qu'il était *bonâ fide* investi de la possession d'une propriété de grand prix en Alsace, que cette propriété fut indûment confisquée par les autorités révolutionnaires françaises, que le feu baron présenta sa réclamation dans le délai fixé par la convention.

Qu'après le payement de toutes les autres réclamations présentées dans les délais fixés, il restait un surplus plus que suffisant pour satisfaire à la réclamation du baron.

Que le rejet de cette réclamation doit principalement son origine à l'erreur des commissaires, qui les porta à clore prématurément les enquêtes par un motif tout à fait insoutenable, par lequel ils rejetèrent la preuve entière de la réclamation du pétitionnaire, preuve dont la production subséquente, lors de l'enquête sur la pétition de droit et devant la Cour du banc de la Reine, conduisit à deux verdicts successifs en faveur du réclamant.

Le Comité estime que cette affaire a été traitée avec une grande rigueur et une grande injustice; il la recommande instamment à la bienveillante attention de Vos Seigneuries (1).

§

C'était pour le baron de Bode un éclatant succès qui devait, suivant lui et suivant tous les jurisconsultes qui l'avaient secondé dans sa lutte contre les chicanes de la Trésorerie anglaise, assurer le triomphe de sa réclamation.

La Chambre des Lords en avait admis la légitimité. Ses membres les plus illustres avaient en quelque sorte rédigé, sous la forme d'un rapport, la sentence souveraine qui mettait à néant tout le système de subtilités, de fins de non-rece-voir, de mauvaises difficultés tant sur la forme qu'au fond par lesquelles le Gouvernement anglais réussissait depuis 1818 à se soustraire à l'obligation d'effectuer entre les mains du baron de Bode le payement des millions que le Gouvernement français avait cependant remis à l'Angleterre pour être affectés à la créance de ce réclamant. Il semblait qu'après une décision partie de si haut

---

(1) The Committee consider this to be a case of great hardship and injustice, and they earnestly recommend it to the favourable consideration of your Lordships

Voici la composition du Comité qui est arrivé à ces conclusions :

Lord Président (Earl of Lonsdale),	Lord Camoys.
Earl Devon,	Lord Beaumont.
Earl Doncaster (Duke of Buccleug),	Lord Lyttleton.
Earl Dartmouth,	Lord Forester.
Earl Fitzwilliam,	Lord Lyndhurst.
Earl Fortescue,	Lord Brougham et Vaux.
Earl Harrowby,	Lord Colborne.
Viscount Melville,	Lord Truro.

il ne devait plus rester entre le Gouvernement anglais et le baron de Bode qu'à fixer le chiffre de sa créance, et à déterminer, d'après les documents produits par lui, quel était le montant réel de ses pertes qui, sur la liste générale des réclamations remise à la France en 1818, étaient entrées dans les évaluations des deux parties pour le chiffre de 13,529,062 fr. 10 c.

§

Il n'en était pas ainsi et la Trésorerie anglaise ne s'exécuta pas plus devant la décision de la Chambre des Lords qu'elle ne l'avait fait devant le verdict de deux jurys.

Lord Aberdeen, en réponse à une lettre officielle de lord Lyndhurst qui lui demande quelles suites il compte donner à la résolution du Comité spécial de la Chambre des Lords, lui écrit le 14 juin 1853 que, la réclamation du baron de Bode ayant été rejetée par le tribunal institué par la législature pour juger les réclamations, il fallait que les procès eussent une fin, et qu'il n'y avait pas plus de raison pour rouvrir le débat en ce qui concernait le baron de Bode que pour réviser par un appel au pays une décision quelconque en dernier ressort de la Chambre des Lords elle-même, statuant sur des intérêts privés.

§

Après cette réponse, nouvelle motion de lord Lyndhurst à la Chambre des Lords et nouveau débat dans la séance du 1er août 1853 :

Jamais, dit lord Lyndhurst, dans l'exercice de ma longue carrière, je n'ai vu une question qui eût été l'objet d'une si complète mystification (1), si je puis m'exprimer ainsi, par suite de la manière dont on a surpris la bonne foi de ceux qui étaient chargés de la résoudre, que la malheureuse question relative à la réclamation du baron de Bode.

---

(1) Nothing can be more plain and simple than the case itself, when freed from the cloud which seems to have been purposely thrown over it. I have, my Lords, grown grey in the profession of the law, but *I have never, in my experience, known a question so completely mystified, if I may so express myself, by the perverted ingenuity of its practitioners as this infortunate question respecting the claim of the baron de Bode.*

Il serait inutile d'analyser ce nouvel exposé de lord Lyndhurst sur le droit du baron de Bode, exposé qui reproduit de la façon la plus lumineuse les faits déjà connus, mais qui contient de plus une allusion assez piquante à un incident soulevé en 1832 par lord Monteagle, alors qu'il essayait de prouver que l'emploi des fonds était à l'abri de toute critique :

Quelques doutes ont été émis et une certaine curiosité a été exprimée, dit lord Lyndhurst, sur la question de savoir à quels objets cet argent avait été appliqué. Un noble lord (lord Monteagle) soutenait, lors de la précédente discussion et avec une grande confiance, que cet argent avait été appliqué s'rictement à l'emploi fixé par la convention.

Après avoir émis cette opinion il quitta la Chambre, et, revenant avec un lourd registre de comptes, il en examina quelques feuillets sur sa table; mais alors, reprenant tout à coup sa place, il resta muet. J'ai une trop grande confiance dans les sentiments de justice du noble lord pour craindre qu'il continue maintenant à protester quand je lui aurai démontré, ce que je me fais fort de faire, qu'une portion considérable de cet argent a été appliquée à des objets absolument étrangers à la convention, notamment à acquitter des dettes publiques et des engagements qui n'avaient aucun rapport avec la convention.

En effet lord Lyndhurst énumère un certain nombre de payements faits sur les fonds de l'indemnité en l'acquit d'engagements publics. Cette énumération ferait double emploi avec le détail que nous donnerons plus loin de l'emploi des fonds de l'indemnité française. Ce que nous voulons seulement constater ici, c'est que, d'après lord Lyndhurst, lord Monteagle, dans les documents mêmes qu'il était allé chercher pour justifier l'emploi de ces fonds, avait dû voir tout autre chose que ce qu'il espérait y rencontrer et n'avait trouvé rien de mieux à faire que de se rasseoir et de se taire. Lord Lyndhurst constate dans les rapports des Lords de la Trésorerie l'emploi de fortes sommes, mais il se demande ce qu'est devenu l'excédant :

De quelle manière ce surplus a-t-il été employé et pour quels objets, voilà ce qui n'est pas constaté dans les rapports ; mais il est parfaitement clair qu'il n'a été appliqué à aucun payement relatif à la convention.

J'ai ainsi établi de la manière la plus concluante, je crois, que sur les sommes payées par la France à l'effet d'indemniser les sujets anglais des pertes par eux essuyées à raison de la confiscation de leurs propriétés, une somme d'environ 255,000 livres (6,375,000 francs) a été appliquée par la Trésorerie au payement de dettes publiques, en laissant entièrement sans résultat la légitime réclamation du baron de Bode, et je dois ajouter que jamais, dans ma longue expérience, je n'ai rencontré une plus inexcusable et plus flagrante violation de dépôt que celle qui a été ainsi commise. Je suis profondément pénétré, je l'avoue, de ce que cette affaire a de grave. Comme sujet de ce grand empire, je dois déplorer la tache qu'elle est destinée à imprimer sur notre caractère de loyauté et d'intégrité.

Il est peu d'actes qui tendent autant à abaisser et dégrader une nation que la manifestation d'un esprit de vil et sordide intérêt dans ses transactions et ses engagements pécuniaires (1).

Plus loin, lord Lyndhurst, faisant allusion à l'opinion bien connue de M. Dupin aîné sur cette question, continue ainsi :

Je me suis quelquefois imaginé que j'étais questionné sur cette affaire par quelque homme d'État ou par quelque jurisconsulte distingué de l'autre côté du détroit, tel, par exemple, que le personnage éminent que je rencontrai dernièrement à la résidence de mon noble et savant ami (2). Je puis me le figurer s'adressant à moi à peu près en ces termes :

Je ne prétends pas intervenir entre votre Gouvernement et ses sujets, mais comment se fait-il qu'après que nous avons payé une somme aussi considérable pour indemniser les sujets anglais des confiscations de leurs propriétés, le baron de Bode, indubitablement sujet anglais et dont les propriétés ont été saisies et vendues, ait depuis tant d'années demandé en vain à être indemnisé ?

La seule réponse que je pourrais donner à une semblable question, et je la donnerais avec un profond sentiment de honte et de chagrin, serait celle-ci : Nous avons passé une loi par laquelle les fonds ont été mis à la disposition des lords de la Trésorerie, et ceux-ci, sans avoir égard à l'objet pour lequel ces fonds avaient été avancés, ont jugé à propos de les appliquer au payement de diverses dettes publiques. Quelle serait l'impression produite par une telle réponse ? Et cependant tel est le fait dans sa réalité ; c'est en vain qu'on le nierait ou qu'on s'efforcerait de le déguiser.

C'est le lord chancelier qui essaye de répondre à lord Lyndhurst, et, bien qu'il ne s'agisse dans le débat que de la situation du baron de Bode, et du point de savoir s'il a droit ou non de prendre sa part de l'indemnité française, l'orateur chargé de repousser les graves imputations qui venaient de se produire sur l'emploi de l'indemnité française, croit devoir tout d'abord faire de la convention de 1818 une analyse manifestement inexacte, dans le but évident d'essayer de jeter du doute sur la question internationale que voyait très-clairement poindre le Gouvernement anglais.

D'après le lord chancelier, la convention de 1818 aurait été provoquée par le

(1) ... I must add that I, never, in my experience, witnessed a more inexcusable and flagrant breach of trust than that which has been thus committed. I feel, I confess, strongly in this case; as a subject of this great Empire, I must lament the stain which is calculated to fix on our character for fair dealing and integrity. Few acts tend so much to lower and degrade a nation as the manifestation of a mean and sordid spirit in its pecuniary transactions and engagements.

(2) M. Dupin aîné, chez lord Brougham.

Gouvernement français qui aurait été extrêmement inquiet d'en finir sur tout ce qui était relatif à ces demandes d'indemnités.

Le montant total des réclamations alors pendantes était, dit l'orateur, clairement indiqué, et on fit une convention tendant à ceci : Le Gouvernement français dit : Nous allons vous donner une rente produisant 3 millions (environ 120,000 livres par an), vous liquiderez les réclamations entre vous, et nous serons dégagés de toute responsabilité ultérieure sur ce sujet. C'est ce qui fut rédigé en forme de convention, et fit le sujet d'un acte du Parlement anglais qui prescrivit la nomination d'une commission chargée d'examiner les réclamations qui avaient été admises ; ces réclamations, si les fonds donnés par le Gouvernement français étaient suffisants, devaient être payées en totalité ; si les fonds étaient insuffisants, ils devaient être répartis au prorata, et en cas de surplus, ce surplus *devait être mis à la disposition de Sa Majesté* (1).

§

Il y a, dans cette analyse de la convention du 25 avril 1818, faite cependant par un membre du Gouvernement anglais, de graves inexactitudes.

Ainsi, il est bien vrai qu'on convint en 1818 que la liquidation des réclamations se ferait en Angleterre, disposition toute dans l'intérêt des réclamants anglais, qui avaient leurs titres et leurs documents en Angleterre, et de nature à leur

(1) Nous croyons devoir citer textuellement cette partie du discours du lord chancelier (lord Crawford), dans laquelle se trouve en germe le système que M. le ministre d'Etat attribue au Gouvernement anglais :

« The first taken under that convention was the appointment of a joint commission, which whent on for two or three years, the French Government depositing money, and providing for claims until 1818, where that Government was exceedingly anxious to bring the subject to a termination as far as they were concerned. The amount of claims then put forward had been pretty clearly ascertained, and a convention was entered into to this effect. — The French Government said : « We will hand over to yo a *rente* producing 3,000,000 fr. « (about 120,000 £ a year); you shall sell the claims among yourselves; and we shall be « relieved from all further liability on the subject. » That was embodied in the form of a convention, and made the subject of a british act of Parliament that provided for the appointment of commissioners to investigate the claims sent in; which claims, if the funds handed over by the French Government were sufficient, were to be discharged in full; if the money was insufficient, it was to be divided *pro rata;* and in case of a surplus, that was to be at the disposal of His Majesty. According to the terms of the original convention and of the act of Parliament, the claims were to be sent in before a certain day; and if they were not so sent in, they were excluded. Claims to a very large amount were sent in accordingly; they were investigated: *the matter was protracted, for two or three years,* and eventually a final award was made by the commissioners. »

faire éviter les déplacements, les surcroîts de dépenses et les lenteurs causées par l'instruction de leur réclamation loin du siège de leurs affaires ; mais il n'y a nulle trace dans la convention de cette disposition de l'acte du Parlement qui décide qu'en cas d'insuffisance les fonds de l'indemnité seraient distribués au prorata, et surtout de celle qui mettrait à *la disposition du Gouvernement anglais* le surplus qui pourrait exister après le payement des réclamations.

Cette interprétation de la convention de 1818 faite incidemment par le lord chancelier n'était, nous en convenons, qu'une sorte de hors-d'œuvre, et n'engage pas le Gouvernement anglais en ce qui touche la réclamation de la France ; cependant cette partie du discours de l'orateur prouve combien il était difficile de traiter, sans toucher à la question internationale, l'affaire du baron de Bode.

Quant à la pétition de ce dernier, l'argument principal du lord chancelier contre son admission était tiré d'une décision d'un tribunal anglais en 1822, qui l'avait rejetée, décision qu'avait maintenue le Conseil privé en 1823 ; le lord chancelier, admettant même la possibilité de l'erreur du Tribunal, se refusait néanmoins à une révision qui pouvait obliger le Trésor public à une assez forte restitution, et il terminait son discours par ces paroles : « Après tout, il est « de l'intérêt de l'Etat que les procès aient une fin ! » (After all, I say : *Interest reipublicæ ut sit finis litium*)

Lord Monteagle combat en 1853, comme il l'avait fait en 1852, la motion présentée en faveur du baron de Bode, et le début de son discours prouve encore à quel point la question de nation à nation planait sur le débat :

Les deux nobles et doctes lords, dit lord Monteagle, faisant allusion aux discours prononcés par lord Lyndhurst et lord Truro, placent la réclamation non pas sur le terrain légal, mais sur une question de bonne foi nationale, et ils ont produit cet argument que l'emploi des fonds était un emploi de mauvaise foi envers le Gouvernement français, et dont il avait le droit de se plaindre. Cette objection ne peut avoir la même portée (*does not come so well*), émanant des nobles et savants lords, que si elle venait du Gouvernement français, et je n'ai jamais entendu dire qu'il se soit plaint de l'emploi des fonds.

Ces paroles de lord Monteagle sont significatives, et elles doivent donner à réfléchir au Gouvernement français, dont on se borne dans le Parlement anglais à constater le silence et la longanimité.

La motion en faveur du baron de Bode, qui avait été accueillie en 1852 à une forte majorité, fut en 1853 rejetée.

Mais le baron de Bode ne se tenait pas encore pour battu.

Il porta, en 1854, le débat devant la Chambre des Communes, et la discussion qui s'engagea à cette occasion n'est pas moins intéressante pour la question qui nous occupe que celles que nous venons d'analyser.

§

Dans la séance du 20 juin 1854, M. Montagu Chambers déclare qu'il va appeler l'attention de la Chambre sur certains traités et certaines conventions intervenus entre la France et l'Angleterre en 1814, 1815 et 1818 à l'effet d'indemniser les sujets anglais dont les propriétés avaient été confisquées par les tribunaux révolutionnaires français, et il propose à la Chambre la résolution suivante :

La bonne foi nationale exige que les justes réclamations du baron de Bode, établies après l'examen le plus approfondi (*after protracted investigation*), reçoivent satisfaction.

L'orateur, en développant sa motion, dit qu'il ne l'a pas faite seulement à cause du tort causé au baron de Bode, mais qu'il avait été amené à se constituer l'avocat de cette réclamation parce que c'était une affaire qui engageait l'honneur de l'Angleterre.

Il analyse les traités et les conventions ; il rappelle qu'en 1818, au moment où l'armée d'occupation allait quitter le sol de la France, une somme considérable fut ajoutée à celle qui avait été déjà versée entre les mains de la Commission mixte, et que cette nouvelle somme fut remise aux Commissaires anglais, le Gouvernement anglais devant opérer lui-même la liquidation de toutes les réclamations qui avaient été admises par la Commission mixte comme réclamations procédant de sujets anglais. Il dit qu'un acte du Parlement avait été passé pour ramener à effet la convention de 1818 et que les Commissaires anglais agissaient en vertu de cette convention et de l'acte du Parlement. Enfin il établit que, de 1815 à 1818, les Commissaires anglais et français avaient reçu un certain nombre de réclamations et que parmi ces réclamations se trouvait celle du baron de Bode, et il ajoute « que cette réclamation était aussi solide et aussi valable qu'aucune de celles qui avaient pu être faites par quelque sujet anglais que ce fût. » Il rappelle que, dès l'année 1815, le baron de Bode avait fait transmettre sa réclamation au duc de Richelieu, alors premier ministre en France, par l'intermédiaire du comte Pozzo di Borgo. L'inscription de cette réclamation subit quelque retard, par suite d'une erreur du duc de Richelieu qui crut que le père du réclamant était Allemand et qu'il ne pouvait être inscrit comme sujet anglais ; mais cette erreur fut bientôt rectifiée par M. Charles Stuart, ambassadeur d'Angleterre. Il cite une lettre de M. Guizot de 1847, établissant que la réclamation du baron de Bode avait été admise par les Commissaires. Le Gouvernement français, à qui s'était adressé le baron de Bode, avait répondu qu'il avait été remis aux Commissaires anglais une somme suffisante pour satisfaire à sa réclamation.

L'orateur rappelle en passant que la construction du palais de Buckingham, en 1827, a eu lieu avec les fonds de l'indemnité française.

M. Montagu Chambers, continuant son discours, pose en principe que l'objet de l'arrangement résultant de la convention était que toute la somme versée entre les mains de la nation fût, jusqu'au dernier farthing, s'il le fallait, employée à satisfaire aux demandes des réclamants dont le droit aurait été reconnu, et ce n'était qu'après le payement de toutes les réclamations de ce genre que le solde, s'il en restait un, pouvait être consacré aux services publics de l'Angleterre.

Sans entrer quant à présent dans la discussion, bornons-nous à rappeler, comme nous l'avons fait à propos du discours du lord chancelier, lors de la discussion de 1853 à la Chambre des Lords, que dans aucune des conventions de 1815 ni de 1818 il n'a été ni stipulé, ni écrit, ni indiqué rien de semblable. Il s'agissait uniquement de pourvoir au payement des réclamations légitimes présentées par les sujets anglais dans un certain délai, et nullement d'attribuer telle ou telle somme, dans telle ou telle hypothèse, au Gouvernement anglais lui-même.

Il avait été suffisamment pourvu à ce qu'on pouvait exiger de la France dans l'intérêt du Trésor public de l'Angleterre et des autres puissances victorieuses, alors que l'on avait alloué à ces puissances, par une convention spéciale, 700 millions de francs.

Sur ces 700 millions, l'Angleterre a eu sa large part, elle a pu en faire l'emploi qui lui a convenu, mais elle n'a pu, au regard de la France et sans manquer au texte et à l'esprit des traités, affecter à des services publics un centime des 130 millions versés pour faire face aux réclamations des sujets anglais qui avaient été admises dans les délais fixés par la convention.

M. Montagu Chambers ajoute que, malgré la disposition de la convention telle qu'il l'interprète, on a admis, au préjudice du baron de Bode, sur la présentation de personnages politiques qu'il désigne, beaucoup d'autres réclamants qui n'étaient pas sur la liste et qui n'avaient pas formé leur demande dans les délais. Il énumère toute la série de subtilités et d'arguties à l'aide desquelles le Gouvernement anglais a conservé entre ses mains les 13 millions affectés au baron de Bode sur les sommes versées par la France, et il termine son discours par un appel aux sentiments d'honneur de l'Angleterre, appel d'autant plus remarquable dans la bouche de l'orateur qu'il avait paru admettre en principe le droit pour l'Angleterre, dans certaines éventualités, d'affecter à ses services publics le surplus de l'indemnité française :

On a de nouveau prétendu que le baron de Bode n'était pas, dans le sens de la convention, sujet anglais. Ce point cependant a été établi il y a déjà bien longtemps, en 1817, quand sir S. Romilly développa son opinion sur ce point. Si cependant on prétendait que le baron de Bode n'est pas sujet anglais, mais alors qu'on remplisse un devoir de vulgaire probité en s'adressant au Gouvernement français sur ce point, et en lui déclarant que, puisque le baron de Bode n'était pas sujet anglais, on restitue à la France l'argent qu'on en a reçu pour faire face à cette réclamation, ainsi qu'on se considère comme tenu de le faire en honneur et en bonne foi (1).

C'est là un raisonnement très-simple et, à ce qu'il nous semble, très-décisif en ce qui concerne spécialement le droit de la France, de se faire rembourser la somme applicable au baron de Bode dans les 150 millions. En effet, ou bien le baron de Bode est Anglais, et alors il faut l'indemniser avec les fonds que la France a payés pour cela; ou bien le baron de Bode a été porté à tort, par une erreur commune des deux parties contractantes, parmi les personnes ayant droit de participer à l'indemnité anglaise, et alors, il faut rendre à la France la somme pour laquelle a été compris le baron de Bode dans les sommes qu'elle confiait à l'Angleterre pour indemniser les sujets anglais. Cet argument, répétons-le, est sans réplique, et nous verrons plus tard en quels termes un avocat français, du barreau de Paris, aujourd'hui membre du Corps législatif, M. Gressier, l'a formulé, dans une consultation très-remarquable pour le baron de Bode, écrite par lui bien des années avant l'époque où ce moyen était reproduit dans la Chambre des Communes par un orateur anglais.

Dans la discussion à laquelle donne lieu la motion de M. Chambers, tout le monde évite avec soin, comme par un accord tacite, de toucher à cette partie de son argumentation, dans laquelle il proclamait le droit de la France à rentrer dans les sommes réclamées par M. le baron de Bode, s'il était constant que le baron de Bode n'était pas sujet anglais.

Silence complet et étrange de tous les orateurs sur ce point délicat !

Du reste, la motion est vivement soutenue et non moins vivement combattue; M. Drummond appuie la motion de M. Montagu Chambers, et répondant à l'objection de ceux qui disent : « Il n'y avait pas de fonds pour payer le baron de Bode, » il s'écrie : « Ainsi on prétendait à la face de l'Europe que nous étions obligés de dépouiller un simple particulier ! (*And so they pretended, in the face of Europe, that we were obliged to rob a man !*)

---

(1) If, however, they said that the baron was not a british subject, let them perform an act of common honesty by addressing the french Government upon the subject, and by saying to them, that, inasmuch as baron de Bode was not a british subject, they returned to France the money it handed to them to meet the claim, as they felt they were bound in honour and good faith to do so. What, then, they were to do in respect to this claim? The answer was simply : « Do justice. »

Plus loin, M. Drummond ajoute : « Vous vous piquez d'être jaloux de vos engagements envers les créanciers publics . Pourquoi ne tenez-vous pas votre engagement envers ce créancier public? Si vous ne le faites pas, c'est en vain que vous espérez que les nations étrangères ne parleront pas de vous comme vous avez parlé vous-mêmes des étrangers qui se sont trouvés dans le même cas. »

L'attorney général s'attache à démontrer que le baron de Bode n'est pas sujet anglais dans le sens des traités avec la France, que les biens du baron de Bode n'ont pas été confisqués comme biens d'un Anglais, mais comme biens d'un Français en état d'émigration. La circonstance très-accidentelle de la naissance du baron de Bode en Angleterre ne paraît à l'attorney général donner aucun droit au réclamant de s'adresser au gouvernement ou au parlement de ce pays.

M. Wilkinson et Sir Frederick Thesinger s'expriment dans le même sens et appuient le rejet de la motion sur ce que le baron de Bode n'était pas sujet anglais dans le sens du traité. M. Thesinger proteste contre les violences de langage auxquelles le Gouvernement anglais a été exposé de la part de ses adversaires, à propos de cette affaire.

Le chancelier de l'Echiquier repousse également la motion.

M. Muntz réduit la question à ces termes : Qui a reçu l'argent? C'est le Gouvernement anglais, dit M. Muntz, et dès lors il doit payer. L'orateur déclare ne pouvoir comprendre comment les divers Gouvernements qui se succèdent soutiendraient tous les injustices commises par leurs prédécesseurs.

M. Wilkinson dit que la totalité des fonds que le Gouvernement anglais a reçus du Gouvernement français a été employée pour le but auquel les fonds étaient destinés; que la question est donc, suivant lui, de savoir si la Chambre voudrait imposer au pays de nouveaux impôts jusqu'à concurrence de 500,000 livres sterling pour satisfaire à la réclamation.

Plusieurs membres déclarent que le débat a changé de face dans cette séance ; que jusqu'alors ils avaient cru que le baron de Bode était victime d'une injustice, mais qu'actuellement ils étaient convaincus que le baron de Bode, n'étant pas sujet anglais dans le sens du traité, n'avait aucun droit de participer à l'indemnité.

M. Montagu Chambers tente un dernier effort, et, répondant à l'argument de M. Wilkinson, il dit que si les fonds de l'indemnité sont épuisés, c'est que des sommes considérables ont été détournées de leur emploi. Ainsi 23,000 livres sterling ont été payées à M. Ladébat, 200,000 livres sterling aux réclamants de Bordeaux; 68,000 livres sterling à des réclamations en dehors de la convention.....

Le vote donne 67 voix en faveur de la motion et 82 contre la motion, qui s'est trouvée rejetée à 15 voix de majorité.

§

En 1861, la question se présente encore à la Chambre des Communes sur une nouvelle pétition du baron de Bode, et cette fois le Gouvernement anglais, par l'organe de ses membres les plus éminents, l'attorney général, lord Palmerston, le chancelier de l'Echiquier, laissant de côté tous ses moyens de droit, toutes ses exceptions de procédure et reprenant une des premières objections adressées dans l'origine au baron de Bode, lui conteste résolûment la qualité de sujet anglais et par suite le droit de figurer à un titre quelconque parmi les réclamants anglais.

Dans la séance du 4 août 1861, la pétition du baron de Bode, soutenue avec un grand talent par M. Denman, est combattue dans ce sens avec une extrême vivacité par l'attorney général qui, sans se rendre compte peut-être de la portée que pouvait avoir, au point de vue international, l'argument sur lequel il concentrait tout son système, déclare nettement que le baron de Bode n'avait aucune réclamation à exercer sur l'indemnité française, puisqu'il n'était pas et n'avait jamais été sujet anglais.

Cette objection semblait devant les tribunaux avoir été reléguée au second plan; en effet, la décision de 1822, confirmée par celle du Conseil privé, qui rejetait la réclamation du baron de Bode, n'avait fait que glisser sur ce moyen.

M. l'attorney général y insiste au contraire de la manière la plus énergique.

Sans doute, dit-il, le père du réclamant actuel, le baron de Bode, était né en Angleterre, mais ce ne serait que par un abus de mots qu'on pourrait prétendre qu'il fût sujet anglais dans le sens du traité entre la France et l'Angleterre. Les termes de ce traité qui parlent des sujets de Sa Majesté britannique ne s'appliquent nullement ni au père du réclamant ni à son grand-père, qui était membre de la noblesse française dans la basse Alsace où il menait un grand train. Plus tard il avait pris du service dans l'armée française, il était décoré de l'ordre de Saint-Louis, et était à tous égards sujet français.

La propriété confisquée était également une propriété française.

Le Gouvernement anglais pourrait-il maintenir contre le Gouvernement français une réclamation à raison d'une propriété confisquée sur un Français? Pourrait-on dire que ce cas rentre dans les expressions du traité si souvent citées qui parlent de propriétés « indûment confisquées »? Le traité, la convention et l'acte du Parlement ont tous été rédigés sur cette base, que les propriétés pour lesquelles le Gouvernement français devait être tenu de payer une indemnité devaient être des propriétés anglaises, et que ces propriétés devaient avoir été indûment et illégalement saisies par le Gouvernement français.

L'attorney général déclare qu'aucune de ces conditions ne se rencontre dans l'affaire dont il s'occupe. Il va plus loin, et reproche au baron de Bode, qui, suivant lui, ne s'est jamais considéré sérieusement comme sujet anglais, de s'être mis dans l'un de ces deux cas, ou bien d'en avoir imposé au Gouvernement français en accusant une nationalité qui ne lui appartenait pas, ou bien d'essayer de s'approprier injustement une portion de l'argent qui a été affecté au profit exclusif des sujets anglais, en s'attribuant cette qualité de sujet anglais qu'il n'avait pas au moment de la confiscation et qu'il n'aurait jamais songé à se donner s'il n'avait pas eu en vue uniquement la réclamation actuelle.

Enfin, l'attorney général ajoute qu'un grand nombre de personnes avec lesquelles il a causé de cette affaire — et lui-même jusqu'au moment où il s'est livré à la lecture de tous ces volumineux documents — étaient sous cette impression erronée que le Gouvernement français avait reconnu la réclamation du baron de Bode, et avait remis spécialement une somme d'argent pour cette réclamation. Mais cette déclaration, qui était faite dans la pétition de droit, était, suivant l'attorney général, contraire à la vérité. Le Gouvernement français n'avait jamais reconnu le moins du monde la réclamation et n'avait jamais payé aucune somme spécialement pour cette réclamation, et c'est pourtant ce qui était constaté dans le verdict du jury. Le Gouvernement anglais a été accusé d'avoir manqué dans ces transactions à la bonne foi et à l'honneur; mais, bien qu'il ne veuille pas employer de semblables expressions à l'égard du baron de Bode, l'orateur déclare que la seule chose dans cette affaire qui soit contraire à la bonne foi et à l'honneur, c'est la prétention du baron de Bode de s'attribuer la qualité et les prérogatives d'un sujet anglais auxquelles il n'avait jamais songé avant d'avoir élevé cette réclamation.

L'attorney général exprime le regret que, lorsque cette réclamation s'est produite pour la première fois, la discussion n'ait pas été portée ouvertement, franchement et honnêtement, sur le terrain où il a tâché de la placer devant la Chambre; mais bien que la réclamation ait été écartée par des moyens de forme, les faits qu'il vient de relever étaient connus et énoncés.

MM. Denman et Malins opposent au système de M. l'attorney général la décision du Comité spécial de la Chambre des Lords qui, en 1852, avait décidé que le baron de Bode était de bonne foi sujet anglais (was bonâ fide a british born subject); et M. Malins ajoute que, suivant lui, l'argent destiné à faire face à la réclamation du baron de Bode avait, depuis bien des années, été payé par la France au Gouvernement anglais.

Lord Palmerston prend alors la parole. Il reconnaît que le Comité de la Chambre des Lords a donné un avis favorable à la réclamation du baron de Bode, mais il déclare que la Chambre des Communes n'est nullement liée par la décision de ce Comité de l'autre Chambre. Toute la question, suivant lord Palmerston, est celle de savoir si le baron de Bode était un sujet anglais. Or, ajoute-t-il, c'était par une véritable jonglerie qu'il se présentait comme sujet anglais. (*Nothing could be more clear than this, that it was a mere quibble to represent him as a british subject.*) Lord Palmerston soutient que son savant ami l'attorney général a pleinement démontré que le baron de Bode était Français et non Anglais, et que dès lors il avait prouvé qu'il y avait fraude de la part du réclamant dans cette affaire.

Le chancelier de l'Échiquier prend la parole dans le même sens, et soutient que si le baron de Bode est sujet anglais, dans un certain sens, il ne l'est pas au point de vue des rapports internationaux entre la France et l'Angleterre (1), et toute la question roulait sur ce dernier point.

Après ces paroles du lord chancelier, M. Cochrane lui demande (2) si le Gouvernement n'avait dans les mains aucune somme applicable à cette affaire.

Le chancelier de l'Échiquier déclare que non.

On passe alors au vote, qui présente les résultats suivants :

Pour la motion.................... 134
Contre la motion.................. 112 — 22

C'est de ce jour seulement, c'est-à-dire du 4 juin 1861, qu'on peut considérer la réclamation du baron de Bode comme définitivement repoussée par le Gouvernement anglais, et repoussée parce qu'aux yeux des ministres anglais le baron de Bode n'avait jamais eu le droit de se prétendre sujet anglais, au point de vue des rapports internationaux entre la France et l'Angleterre, et de revendiquer à ce titre une part quelconque de l'indemnité spécialement affectée par les traités à indemniser les sujets anglais.

§

Cette décision de la Chambre des Communes, qui met fin à ce long épisode du baron de Bode, et qui ferme, en ce qui le concerne, le débat sur la réclamation

(1) The baron de Bode was a british subject for certain purposes, but he was not a british subject as between England and France, and the whole question turned upon the latter point.

(2) M. B. Cochrane asked if the Government had not a sum in hand applicable to this case ?
The chancelier of the Echiquier said they had not.

qu'il n'avait cessé d'adresser au Gouvernement anglais, sous toutes les formes et avec les plus puissants appuis, devait au contraire ouvrir tout naturellement le débat entre la France et l'Angleterre.

Le chancelier de l'Echiquier ayant déclaré, d'une part, que le baron de Bode, qui était porté sur la liste des réclamants comme sujet anglais pour une somme de 13,529,062, n'avait jamais eu aucun droit d'être porté sur cette liste ; et, de l'autre, qu'il ne restait plus sur l'indemnité française aucune somme aux mains du Gouvernement anglais, il y avait lieu tout naturellement de se demander d'abord à qui appartenaient les 13,529,062 francs qui avaient été payés par la France pour faire face à une réclamation qui n'aurait pas dû être portée sur la liste des réclamations anglaises, et qui n'avait dès lors été comprise que par une erreur commune aux deux nations dans les sommes versées par la France au Gouvernement anglais.

Il y avait à se demander ensuite, et à un point de vue plus général, si l'Angleterre avait eu le droit de s'approprier, sur les rentes qui lui avaient été remises par la France, toutes les sommes, quelles qu'elles fussent, qui, par suite du rejet d'un grand nombre des réclamations présentées dans le délai contractuel et admises sur la liste générale présentée à la France en 1818, étaient restées entre les mains du Gouvernement anglais et avaient été affectées par lui soit à des services publics, soit à des objets autres que ceux faisant l'objet du traité et de la convention du 20 novembre 1815 et de la convention du 25 avril 1818.

Tel est précisément l'objet de la réclamation qui a été portée par l'honorable M. Belmontet devant le Corps législatif pour la première fois dans la session de 1861, et en dernier lieu dans la session de 1866.

§

Nous croyons devoir scinder cette réclamation, et en commencer l'examen précisément par la première des questions que nous venons de poser, celle de savoir à qui doivent, d'après les traités et conventions de 1815 et de 1818, revenir les 13,529,062 francs pour lesquels le baron de Bode était, au moment où se signait la Convention du 25 avril 1818, admis sur la liste des réclamations anglaises.

§

Cette affaire du baron de Bode est le petit côté d'une question beaucoup plus large et beaucoup plus générale, mais elle a ceci de grave et de spécialement intéressant que, même dans l'hypothèse présentée par M. le Ministre d'État d'une transaction qui serait intervenue, en 1818, entre la France et l'Angleterre, même dans cette hypothèse, dont nous n'aurons pas de peine à démontrer le peu de fondement, on ne pourrait contester que la somme pour laquelle la réclamation du baron de Bode est entrée dans les 130 millions versés par le Gouvernement français ne dût être restituée à la France.

De quoi s'agissait-il en effet, en 1818, entre la France et l'Angleterre ?

Il s'agissait uniquement d'indemniser, de payer les *sujets anglais* envers lesquels la France pouvait avoir contracté une obligation légale.

Admettons pour un instant que les deux parties aient transigé sur l'importance de ces réclamations, les deux Gouvernements n'auraient dans tous les cas transigé que sur le chiffre des sommes à allouer à des sujets anglais ; mais si, parmi ces prétendus sujets anglais, il se trouvait des Autrichiens, des Espagnols, des Français qui eussent été rejetés plus tard comme ayant été introduits ou par fraude ou simplement par erreur dans la liste des réclamants anglais, n'est-il pas évident qu'il faudrait déduire du montant de la somme affectée par la transaction aux sujets anglais, celle applicable aux réclamations faites par tous ceux qui auraient été ultérieurement reconnus avoir appartenu à d'autres nations que l'Angleterre ?

Pour faire mieux saisir notre pensée, employons un procédé des anciens jurisconsultes : faisons une supposition très-simple qui mette le raisonnement dans tout son jour. Supposons que la liste des réclamants anglais, loin de comprendre un très-grand nombre d'individus, n'ait compris que deux personnes que nous désignerons, au lieu des noms par trop antiques de Titius et Mœvius, sous ceux de John et Charley, qui s'adaptent mieux à notre question internationale.

John aura fait une réclamation de.....................	fr.	13,000,000
Charley aura fait une réclamation de la même importance.	«	13,000,000
Les deux réclamations s'élèvent ensemble à............	fr.	26,000,000

Dans cette situation il intervient entre le Gouvernement français et le Gouvernement anglais une transaction par laquelle les deux nations reconnaissent en principe que la France étant, par un traité précédent, tenue de verser une somme suffisante pour indemniser tous les sujets de Sa Majesté Britannique qui auraient formé, dans certains délais, des réclamations jugées fondées par les tribunaux compétents en Angleterre, la France doit satisfaire aux réclamations de John et de Charley ; mais que néanmoins, pour faire cesser toute incertitude sur le chiffre réel des sommes que la France aura à débourser pour indemniser ces deux sujets de Sa Majesté Britannique, les parties conviennent que le

Gouvernement français versera aux mains du Gouvernement anglais, à forfait, la somme de 20 millions de francs, moyennant le payement de laquelle le Gouvernement anglais devra faire sa propre affaire des réclamations de John et de Charley.

Ce traité convenu, signé, ratifié et exécuté, supposons encore qu'il intervienne une sentence souveraine des tribunaux anglais admettant John à prendre 10 millions dans la somme de 20 millions versée par la France, mais en même temps décidant que Charley n'est pas sujet anglais, et que dès lors il n'a aucun droit de prendre une part quelconque dans l'indemnité de 20 millions affectée uniquement à indemniser les sujets de Sa Majesté Britannique.

Quelle sera la conséquence de cette décision ?

C'est que la France aura versé, par suite d'une erreur commune aux deux puissances, une somme de 10 millions qu'elle ne devait à aucun titre !

Est-il besoin d'interroger les principes du droit de toutes les nations pour justifier une solution aussi simple ?

Nous ne le croyons pas ! C'est une simple question de bonne foi, et il n'est pas un homme d'une conscience honnête et d'un esprit droit qui pût dans cette hypothèse dispenser l'Angleterre de la restitution des 10 millions.

Or, John dans l'affaire actuelle représente toute cette réunion de réclamants inscrits sur la liste et qui avaient réellement le droit de se prétendre sujets anglais, et Charley représente le baron Clément de Bode et les autres réclamants qui auraient comme lui été évincés à raison de leur nationalité.

Il n'y a entre l'espèce imaginaire que nous venons de créer et la réalité, entre le Charley de notre hypothèse et le véritable baron Clément de Bode, qu'une différence, et elle est toute à la charge de l'Angleterre :

Charley, dans notre hypothèse, a été introduit sur la liste comme sujet anglais par suite d'une erreur commune aux deux contractants.

Mais le baron de Bode, lui, a été introduit sur la liste des réclamants anglais par suite de l'erreur du Gouvernement anglais, par suite de l'erreur de l'ambassadeur même de Sa Majesté Britannique, de Sir Charles Stuart, signataire des traités et conventions du 20 novembre 1815, comme de la convention du 25 avril 1818, qui l'avait cru Anglais et l'avait fait inscrire comme tel sur la liste des réclamants.

Voici en effet ce qui se passa à cette occasion :

Le délai fixé par la convention du 20 novembre 1815 (art. 12) expirait le 20 février 1816 ; or, dès le 12 janvier 1816, le baron de Bode avait présenté, en sa qualité de sujet anglais, un mémoire au comte Pozzo di Borgo, alors ambassadeur de Russie à Paris, avec prière de le transmettre au duc de Richelieu, ministre des affaires étrangères de France.

8

Le 9 février 1816, le mémoire fut envoyé par le comte Pozzo di Borgo au duc de Richelieu.

Le 15 février, le duc de Richelieu en accuse réception au comte Pozzo di Borgo.

Le 29 février, M. le baron de Bode reçoit lui-même du duc de Richelieu une lettre qui lui certifie que, le 9 février précédent, il avait reçu les deux mémoires relatifs à sa réclamation. Mais dans cette lettre, M. le duc de Richelieu fait au baron Clément de Bode une objection sur sa nationalité; il lui dit que son père, le baron Charles de Bode, étant Allemand, le fils suivait la condition de son père et était également allemand:

Le droit public, ajoutait M. le duc de Richelieu, ne fait pas dépendre la qualité de sujet ou de citoyen d'un État du hasard qui fait que sa naissance a eu lieu sur le territoire de cet État. Il fait dépendre uniquement cette qualité de celle du père. Partout où naît un individu, il naît membre de la société à laquelle appartient son père, et ne peut devenir membre d'une autre société, même de celle sur le territoire de laquelle il est né, que par la naturalisation.

En présence de cette objection qui arrêtait son inscription sur la liste des réclamants anglais, le baron de Bode consulta les jurisconsultes les plus éminents en Angleterre; il en obtint un avis favorable, s'adressa à l'ambassadeur d'Angleterre en France, à sir Charles Stuart, et, grâce à l'influence de celui-ci, le duc de Richelieu n'insista plus sur son objection.

Le baron Clément de Bode fut donc inscrit du chef de son père, Charles de Bode, parmi les réclamants anglais, parce que deux des signataires du traité et de la convention du 20 novembre 1815, le comte de Pozzo di Borgo, plénipotentiaire de la Russie, et sir Charles Stuart, plénipotentiaire de la Grande-Bretagne, l'ont présenté au Gouvernement français comme *sujet anglais*, et, par conséquent, comme ayant droit, à ce titre, à participer à l'indemnité allouée pour faire face aux réclamations des sujets de la Grande-Bretagne.

Ce fait de l'inscription du nom de M. le baron de Bode sur la liste comme sujet anglais, établi par les longs débats du Parlement britannique que nous avons analysés, se trouve encore constaté par une lettre du 6 novembre 1847 écrite par M. Guizot, alors ministre des affaires étrangères de France, à M. de Kisseleff, chargé d'affaires de l'empereur de Russie à Paris, qui s'intéressait au baron de Bode dans la lutte que soutenait ce dernier contre le Gouvernement anglais:

Les recherches ont eu pour résultat, dit M. Guizot, de constater ce fait important dans le débat qui paraît exister entre le baron de Bode et l'administration britannique, savoir: que son père, M. de Bode de Soulz, *a été compris au nombre des sujets de la Grande-Bretagne aptes à se présenter comme créanciers du Gouvernement français.* C'est ce qui appert d'un état dressé et signé par les Commissaires liquidateurs anglais, et parafé par les membres français de la Commission, à la date du 1er mars 1817.

...... Je vous adresse en outre, ci-annexé, un extrait en bonne forme de l'état sur lequel est porté M. de Bode de Soulz *comme sujet britannique créancier du Gouvernement français.*

L'affaire du baron de Bode au point de vue international, et jugée d'après les plus simples notions de la bonne foi, ne peut donc faire question ; l'Angleterre, lors même qu'il y aurait eu transaction sur le montant de la somme à verser pour faire face aux réclamations anglaises, doit certainement rembourser à la France la somme pour laquelle le baron de Bode était compris dans les 150,529,062, en admettant même qu'il faille faire subir au chiffre de 13,529,062 réclamé par le baron de Bode une réduction proportionnelle à celle que subissait le chiffre total de 150,529,062, pour lequel la France avait versé 130 millions en inscriptions de rente.

Essayerait-on de soutenir au nom de l'Angleterre qu'on arriverait à une autre solution en invoquant les règles les plus strictes du droit ?

§ .

Voyons ce point :

Sans doute nous raisonnons dans l'hypothèse d'une transaction.

Mais de ce que la France aurait transigé sur le montant des réclamations anglaises, il ne s'ensuivrait nullement en droit qu'elle eût entendu abandonner à l'Angleterre toutes les sommes qui n'auraient pas été attribuées aux réclamants, non pas seulement à raison de l'exagération ou du mal-fondé de leurs réclamations, mais à raison de la fausse qualité qu'ils auraient prise en se prétendant sujets anglais.

La transaction, si elle existait, porterait uniquement sur le montant des réclamations, sur leur mérite, si l'on veut aller jusque-là, mais nullement sur la nationalité du réclamant.

Il est de principe que les transactions se renferment dans leur objet et qu'elles ne règlent que les différends qui s'y trouvent compris.

Or, qui donc essayerait de soutenir que, dans la transaction prétendue, il eût été question de transiger sur la question de savoir si les réclamants étaient Anglais ou non ? Ceux des réclamants qui n'étaient pas Anglais n'avaient pu être inscrits sur la liste des réclamants anglais que par suite d'une erreur, et en ce qui concerne notamment le baron de Bode, nous avons vu qu'il n'avait été inscrit parmi les sujets anglais que par suite de l'erreur même du Gouvernement anglais.

Le titre nécessaire pour être admis sur la liste des réclamants anglais, pour participer à l'indemnité affectée aux réclamations anglaises, c'était évidemment la qualité de sujet anglais.

La transaction, si elle eût existé, aurait eu lieu à la fois par une erreur de fait et sur un titre nul (1), et sous ces deux aspects elle serait également nulle et ouvrirait au profit de la France le droit à la restitution des sommes payées par suite de cette double erreur.

L'erreur de fait a toujours été considérée comme viciant la volonté. *Non videntur qui errant consentire*, disait-on en droit romain (loi 116, D. *De regulis juris*). Décider autrement ce serait étendre l'effet de la transaction à ce sur quoi on n'a réellement pas transigé.

C'est là l'opinion des hommes les plus considérables dans la science du droit

On trouve dans le *Répertoire de Merlin*, V° *Transaction*, de nombreuses autorités citées dans ce sens. Ainsi Puffendorff croit nulle toute convention causée par une erreur sur la chose que l'on a eue principalement en vue. (*Du droit de la Nature et des Gens*, liv. III, chap. vi, § 7). Son annotateur Barbeyrac croit la convention nulle lorsqu'il y a eu *erreur efficace*. Pothier enseigne également que les conventions sont nulles non-seulement lorsqu'il y a eu erreur sur la substance, mais encore lorsqu'il y a eu erreur sur l'objet de la convention, ou encore lorsqu'il y a eu errreur sur la *qualité* que les contractants ont eue principalement en vue. (*Des Obligations*, part. I, chap. i, art. 3, § 1.) Domat, *Lois civiles*, liv. I, titre 18, sect. i, §§ 7, 13 et 14, distingue entre l'erreur de fait et l'erreur de droit. Il admet que l'erreur de fait annulle la convention dont elle avait été l'unique cause (loi 9, D., *De juris et facti ignorantiâ*). — Quant à l'erreur de droit, il lui accorde moins d'effet. Cependant il lui accorde, d'après les lois 7 et 8 du titre cité, l'effet de résoudre la convention, « *si l'ignorance* ou l'erreur de « droit est telle qu'elle soit la cause unique d'une convention où l'on s'oblige à « une chose qu'on ne devait pas, et qu'il n'y ait eu aucune autre cause qui pût « fonder l'obligation. »

Le Code civil, après avoir réglé dans ses articles 1110 et 1111 l'effet de l'erreur

---

(1) Le mot *titre nul*, qu'emploie l'article 2054 du Code Napoléon, doit s'entendre, d'après la plupart des auteurs, non pas dans le sens d'un acte instrumentaire constatant un contrat ou une disposition, mais dans celui d'un acte juridique et d'une *cause légale* sur laquelle sont fondées les prétentions qui forment l'objet de la transaction. La nullité de la transaction résulte alors de l'absence absolue ou relative de toute *cause juridique*.

Dans l'espèce dont nous nous occupons, le baron de Bode n'avait d'autre cause légale, d'autre cause juridique, pour élever une réclamation à raison de la violation du traité de 1786, et figurer sur la liste des réclamants anglais, que sa qualité de *sujet anglais*.

sur la matière des conventions, détermine dans ses articles 2052 et 2054 l'effet de l'erreur considérée comme cause de la transaction. L'article 2052 porte à la vérité qu'une transaction ne peut être attaquée pour cause *d'erreur de droit*, mais le législateur ajoute que néanmoins la transaction peut être rescindée, s'il y a erreur sur la personne ou sur *l'objet de la convention* (art. 2053), ou *lorsqu'elle a été faite en exécution d'un titre nul* (art. 2054).

« Pourquoi, se demande Merlin, suivant l'article 2054 du Code Napoléon, une transaction faite en exécution d'un titre nul et par laquelle il n'a pas été traité expressément sur la nullité de ce titre, est elle sujette à rescision? C'est sans doute parce que supposer par une transaction un titre valable, ce n'est pas le reconnaître pour tel par la transaction elle-même, et qu'*une transaction ne peut jamais*, suivant les articles 2048 et 2049 du même Code, *s'étendre à des objets sur lesquels ne portaient pas les différends que les parties ont voulu terminer ou prévenir.* »

M. le président Troplong, dans son savant commentaire sur le titre V du Code Napoléon relatif aux *transactions*, traite à la fois, sous l'article 2053, de l'erreur sur la personne et de l'erreur sur l'objet de la contestation.

En parlant de l'erreur sur la personne, il cite cet exemple comme un de ceux où la transaction devrait nécessairement être annulée :

« Je crois, par exemple, que c'est vous qui êtes ma partie adverse, tandis que c'est un autre, et je transige avec vous, la transaction est inutile (1). C'est ce qu'enseigne Scævola dans l'espèce que voici : Un débiteur avait un recours à exercer contre l'héritier de son créancier. Il transige avec Mœvius, croyant que ce dernier était l'héritier avec lequel il avait affaire ; mais c'était une erreur : Mœvius n'était pas héritier, c'était Scepticius qui était appelé à la succession, en vertu d'un testament qu'on ne connaissait pas encore. Question de savoir quelle est la valeur de cette transaction, soit à l'égard de Mœvius, soit à l'égard de Scepticius. Il faut répondre : Si quelque chose a été payé à Mœvius par l'effet de cette transaction, qui le supposait faussement héritier, il doit le rendre. C'est le cas de la *condictio indebiti.* ..... »

Dans le cas actuel, le Gouvernement français aurait transigé avec le Gouvernement anglais sur les réclamations des sujets anglais inscrits sur la liste en considérant le baron de Bode comme sujet anglais aussi bien que les autres réclamants parmi lesquels il figurait, à lui tout seul, pour près du dixième de la totalité des réclamations.

En reprenant les paroles de M. Troplong d'après le jurisconsulte romain, nous dirons donc :

(1) *D. de transact*, l. III, § 2 (Scævola).

Si quelque chose a été payé au Gouvernement anglais pour le compte du baron de Bode, par l'effet de la prétendue transaction qui le supposait faussement sujet anglais, le Gouvernement britannique doit le rendre. C'est le cas de la *condictio indebiti*.

M. Troplong traite aussi de l'erreur sur l'objet de la contestation.

« L'erreur sur l'objet de la contestation, dit M. Troplong, est aussi une cause de rescision. Si Mœvius transige au sujet de l'immeuble A, tandis que le litige né ou à naître porte sur l'immeuble B, cette erreur fondamentale enlève à la transaction toute valeur, »

Dans le cas que nous examinons, les parties auraient transigé sur la réclamation d'un sujet anglais. Or, par le fait, la réclamation du baron de Bode étant celle d'un sujet français ou allemand, il y aurait eu évidemment erreur sur l'objet de la contestation.

Mais M. Troplong ajoute avec sa haute autorité :

« Il est facile de voir, du reste, que cette cause d'erreur se rencontrera rarement, car *une transaction ne se fait pas sans préciser l'objet dont les parties entendent traiter.* »

Cela est de toute évidence et démontre combien il est peu raisonnable et peu sérieux de supposer que la transaction prétendue ait eu lieu entre les deux Gouvernements sans qu'ils aient même indiqué les points sur lesquels ils entendaient transiger, pas plus que les motifs qui les engageaient à transiger.

Cette sorte de transaction implicite, qui ne résulterait ni d'une clause formelle, ni d'une stipulation quelconque écrite dans le contrat, mais qu'il faudrait induire à grand effort, de certaines circonstances, de certaines énonciations qui n'ont aucun rapport avec l'idée et le fait d'une transaction, est un contrat qui a échappé à la sagacité de l'éminent jurisconsulte à qui nous venons d'emprunter ces dernières citations, et qui l'aurait certainement repoussé comme une sorte de monstruosité juridique.

En appliquant ces principes, qu'il serait par trop facile d'appuyer sur les décisions de la jurisprudence et les citations de nombreuses autorités, il faut bien reconnaître que jamais la question de savoir si le baron de Bode était ou non Anglais, n'ayant fait l'objet de la contestation, de la difficulté sur laquelle on aurait, dans le système soutenu au nom de l'Angleterre, transigé en 1818, la transaction n'aurait pu porter sur ce point, et ne pourrait par conséquent être opposée à la France comme une fin de non-recevoir.

§

Parmi les nombreux jurisconsultes qui se sont occupés de l'affaire du baron de Bode, il en est un qui nous paraît avoir remarquablement bien résumé la situation faite à l'Angleterre par les traités, en ce qui concernait les sommes réclamées par le baron de Bode; c'est M. Gressier, avocat à la Cour impériale de Paris, auteur d'une excellente consultation datée du 21 novembre 1844 (1).

Sa consultation se termine ainsi :

« En 1815 et en 1818, par suite et en exécution du premier traité de paix de 1814, la France remit en bloc au Gouvernement anglais un énorme capital; il le reçut pour en faire la distribution entre ceux des sujets de Sa Majesté qui naguère avaient perdu les biens par eux possédés en France, en exécution des lois ordonnant leur sequestre et leur confiscation au profit de la République. Le Gouvernement anglais se trouva donc ainsi constitué par une haute nécessité politique le dépositaire, le gardien de cet argent, et il s'engagea à le remettre fidèlement à ceux au profit desquels la France exerçait ce grand acte de réparation.

« Le rôle du Gouvernement anglais en cette occurrence aurait donc dû se borner à rendre ce qu'il avait reçu.

« *De deux choses l'une: ou la France devait au baron de Bode une indemnité, ou elle ne la lui devait pas. Si elle la lui devait, ce qui est avéré, la France la lui a payée entre les mains de son Gouvernement, qui était son représentant légal, parce que, comme corps politique, il stipulait tant pour le*

_____

(1) Cette consultation, à laquelle M. Belmontet a fait allusion dans la séance du Corps législatif en 1864, a été délibérée par M. Gressier avec la collaboration de M. Vincent, alors avocat; elle est revêtue de l'adhésion des membres les plus considérables du barreau de Paris à cette époque : Mes Marie, Chaix-d Est-Ange, Paillet, Joly, Crémieux, Philippe Dupin, Odilon Barrot, Berryer, Duvergier.

Mais bien que les signataires déclarent adhérer complètement à toutes les solutions données dans la consultation, ils paraissent avoir fait porter leur spécialement leur examen sur les questions nombreuses et compliquées qui étaient soulevées dans le cours de la consultation, que sur le résumé où se trouve posée, dans les termes que nous venons de reproduire, la question beaucoup plus simple et beaucoup plus grave de restitution éventuelle au profit de la France.

L'adhésion de Me Berryer contient le passage suivant, qui rentre tout à fait dans l'appréciation que nous avons faite des traités de 1815 : « D'après le texte et l'esprit des traités par lesquels la France s'est libérée des indemnités dues à des étrangers, et particulièrement aux sujets britanniques, pour raison des atteintes portées à leurs propriétés par les actes révolutionnaires, les puissances étrangères sont devenues des débiteurs substitués et ne pouvant refuser payement à leurs sujets, dans les cas où le Gouvernement français aurait payé s'il était resté débiteur direct.

« C'est ainsi que, sur les réclamations des sujets de divers Etats, les Gouvernements étrangers ont, en plusieurs circonstances, consulté le Gouvernement français pour savoir si, d'après les lois françaises, la créance réclamée serait reconnue en France, et toutes les fois qu'il a été répondu affirmativement, il a été donné satisfaction aux réclamants. »

baron que pour tous les autres sujets de Sa Majesté Britannique; ou elle ne la lui devait pas, et alors le Gouvernement anglais devait restituer au Gouvernement français les sommes que celui-ci lui avait confiées pour le baron de Bode.

« La mission du Gouvernement anglais aurait donc dû, nous le répétons, se restreindre à recevoir et à remettre au baron le plus tôt possible l'argent déposé entre ses mains et destiné à indemniser le consultant de l'immense perte par lui subie. »

Le dilemme dans lequel M. Gressier résume si heureusement et si justement l'affaire du baron de Bode au point de vue international est et restera le dernier mot de la question.

Aujourd'hui qu'il a été définitivement établi par lord Palmerston et les autres membres du Gouvernement anglais que M. le baron de Bode n'était pas sujet anglais dans le sens des traités, il n'y a plus de dilemme. Au lieu des deux propositions alternatives que se posait avec sa haute raison le savant auteur de la consultation, il n'en reste plus qu'une, la dernière :

« La France ne devait rien à M. le baron de Bode, et alors le Gouvernement anglais doit restituer au Gouvernement français les sommes que celui-ci lui avait confiées pour M. le baron de Bode ! »

L'auteur de cette consultation est aujourd'hui membre du Corps législatif, devant lequel on annoncé pour cette session même une discussion approfondie sur la réclamation du surplus des sommes qui n'ont pas été employées par l'Angleterre à indemniser les sujets anglais conformément aux traités de 1815. Nous ne savons si ses convenances personnelles amèneront l'honorable M. Gressier à prendre la parole dans ce débat, mais personne assurément ne serait mieux préparé que lui à réfuter victorieusement les étranges théories par lesquelles on essaye d'établir que la France aurait fait, en 1818, l'abandon, au profit de l'Angleterre, même de la portion des sommes que cette puissance n'aurait pas pu payer à leurs destinataires, parce qu'elle n'a pas trouvé en eux des sujets anglais !

Ajoutons que, fût-elle restreinte au remboursement des sommes pour lesquelles la demande du baron de Bode est comprise dans la liste présentée à la France, la réclamation présenterait encore un intérêt pécuniaire considérable, puisque les 13,529,000 francs du baron de Bode entrent pour plus du cinquième dans les sommes versées par la France lors de la convention du 25 avril 1818, et que ces 13,529,000 francs, augmentés depuis 1818 des intérêts conventionnels, présenteraient à eux seuls aujourd'hui, en capitalisant au taux moyen de 5 %, par an, le chiffre déjà fort respectable de plus de 152 millions de francs.

§

Si nous n'avions à démontrer que l'obligation où se trouve le Gouvernement anglais de rendre à la France la somme pour laquelle le baron de Bode a été compris dans la liste des réclamants anglais, notre tâche serait terminée ; mais nous traitons une question plus large, et dont l'affaire du baron de Bode n'est qu'un simple incident. Nous demandons à l'Angleterre, non pas seulement la restitution des 13,829,000 francs que nous lui avons remis pour payer le baron de Bode ; nous lui demandons, en vertu de l'obligation qu'elle a prise envers nous dans une convention formelle, de nous restituer le surplus, à quelque chiffre qu'il s'élève, des rentes qu'elle n'a pas employées conformément à la convention.

Au moment de dégager cette question de ses généralités et d'en indiquer le côté purement juridique, nous ne croyons pouvoir mieux faire que d'emprunter à M. le ministre d'État les termes mêmes dont il s'est servi pour indiquer dans quel cas il y aurait lieu, suivant lui, de la part du Gouvernement français, de formuler une réclamation contre l'Angleterre ; dans quel cas il y aurait lieu de la part du Gouvernement anglais de repousser la réclamation présentée au nom de la France.

S'il y a dans la réclamation que nous venons d'exposer *un droit caractérisé*, M. Rouher a déclaré que la France n'aurait aucune hésitation à le faire valoir à l'égard de l'Angleterre comme de toute autre puissance.

Mais si la lecture des traités et des conventions de 1815 et de 1818 amène le Corps législatif à penser, comme M. Rouher, que l'Angleterre pourrait opposer victorieusement à cette réclamation *une fin de non-recevoir* tirée du caractère transactionnel et à forfait de ces traités et de ces conventions, M. Rouher n'est pas d'avis de donner suite à la proposition tendant à exercer un recours contre l'Angleterre.

Nous acceptons la question ainsi posée ; nous allons, en conséquence, examiner d'abord si le droit de la France est établi, et ensuite si la fin de non-recevoir de l'Angleterre serait fondée.

§

Revenons donc à la convention du 20 novembre 1815 relative à l'indemnité des sujets britanniques. Apprécions-en bien la portée et le caractère, et voyons quelles obligations réciproques elle met à la charge de la France et de l'Angleterre.

La rédaction de la convention du 20 novembre 1815 paraît avoir précédé celle du traité du même jour, puisque l'article 9 de ce traité, après avoir rappelé que les hautes parties contractantes se sont fait représenter les différentes réclamations provenant de l'inexécution des articles 19 et suivants du traité du 30 mai 1814, et les articles additionnels de ce traité, signés entre la France et l'Angleterre, ajoute :

« Qu'elles ont à cet effet déterminé par deux conventions séparées la marche à suivre de part et d'autre pour l'exécution complète des articles susmentionnés ;

« Que ces deux conventions, telles qu'elles se trouvent jointes au présent traité, auront la même force et valeur que si elles y étaient textuellement inscrites. »

Nous laissons maintenant de côté la convention relative aux sujets des puissances continentales pour ne nous occuper que de celle relative aux sujets britanniques (convention désignée en France sous le nom de *Convention n° 4*, en Angleterre sous le nom de *Convention n° 7*).

Nous savons déjà, par cet article 9 du traité de 1815, que le principe de la convention en était posé dans les articles additionnels du traité du 30 mai 1814 ; nous apprenons, par l'article 1er de la convention elle-même, quel en est l'objet précis.

Il s'agit d'indemniser les sujets anglais dont les biens auraient été confisqués en France pendant la crise révolutionnaire, en violation de l'article 2 du traité de 1786 entre la France et l'Angleterre.

Qu'était-ce que le traité de 1786 et quelles étaient les stipulations de l'article 2 auxquelles se réfère la convention ?

Le traité du 26 septembre 1783 était un traité de navigation et de commerce conclu entre les deux nations, comme conséquence du traité de paix du 6 septembre 1783.

L'article 1er du traité de 1786 posait le principe d'une liberté réciproque et absolue de navigation et de commerce dans les deux royaumes.

L'article 2, qu'il faut exactement connaître, puisque c'est sa violation par la France qui a donné naissance à la convention du 20 novembre 1815, déclarait que, même en cas de rupture entre les deux pays, les nationaux anglais pourraient continuer de résider et d'exercer leur négoce en France sans pouvoir être troublés en aucune façon, et que dans le cas même où ils recevraient l'ordre de quitter le pays, ils auraient douze mois pour réaliser leurs biens et pourvoir à leurs affaires.

En voici le texte :

Art. 2. Pour assurer à l'avenir le commerce et l'amitié entre les sujets de leurs dites Majestés, et afin que cette bonne correspondance (1) soit à l'abri de tout trouble et de toute inquiétude, il a été convenu et accordé que, si quelque jour il survient quelque mauvaise intelligence, interruption d'amitié ou rupture entre les couronnes de Leurs Majestés, ce qu'à Dieu ne plaise ! (laquelle rupture ne sera censée exister que lors du rappel ou du renvoi des ambassadeurs et ministres respectifs), les sujets des deux parties, qui demeureront dans les États l'une de l'autre (*sic*), auront la faculté d'y continuer leur séjour et leur négoce, sans qu'ils puissent être troublés en aucune manière, tant qu'ils se comporteront paisiblement et qu'ils ne se permettront rien contre les lois et ordonnances : et dans le cas où leur conduite les rendrait suspects, et que les gouvernements respectifs se trouveraient obligés de leur ordonner de se retirer, il leur sera accordé pour cette fin un terme de douze mois, afin qu'ils puissent se retirer avec leurs effets et leurs facultés, confiés tant aux particuliers qu'au public. Bien entendu que cette faveur ne pourra être réclamée par ceux qui se permettront une conduite contraire à l'ordre public.

Peu de temps après ce traité, en 1787, Louis XVI avait rendu une ordonnance par laquelle il était permis aux sujets anglais d'acheter en France des propriétés immobilières, sans être soumis aux charges que la loi française faisait peser à cette époque sur les immeubles possédés par des étrangers, et notamment sans être soumis au droit d'aubaine.

Au mépris des dispositions formelles de l'article 2 du traité du 26 septembre 1786, le décret rendu par l'Assemblée nationale le 10 octobre 1793 contenait les dispositions suivantes :

« Tous les biens meubles, immeubles, dettes, rentes, toute propriété, somme d'argent et effets quelconques, appartenant ou dus en France ou dans les colonies françaises à tout sujet anglais, écossais, irlandais, hanovrien, de l'un ou de l'autre sexe, et généralement de tout sujet du roi de la Grande-Bretagne, seront confisqués au profit de la République, et seront, au reçu du présent décret, saisis et remis aux mains des receveurs des domaines nationaux. »

L'article 4 du même décret ordonnait l'arrestation immédiate et la mise en lieu de sûreté de tous les sujets anglais se trouvant sur le territoire français.

Ces dispositions étaient contraires au droit des gens; elles étaient injustes, il faut le reconnaître, et la convention du 20 novembre 1815 avait précisément pour objet de faire rentrer les sujets anglais dans la propriété des biens meubles

(1) Nous empruntons le texte de cet article au *Recueil de Traités*, de MARTENS, Gottingue, 1818, t. IV, p. 156.

et immeubles dont ils avaient été violemment dépouillés, et de les indemniser de la valeur de ceux de ces biens qui n'existaient plus en nature.

§

Maintenant que nous connaissons l'objet de la convention, voyons quels étaient les moyens d'exécution arrêtés entre les parties contractantes.

Pour réaliser le but de la convention, c'est-à-dire pour que les sujets anglais qui avaient souffert par suite de la violation du traité de 1786 pussent être indemnisés et payés, la France s'obligeait à faire inscrire, au nom d'un certain nombre de Commissaires anglais et français, 3,500,000 francs de rentes, représentant par conséquent un capital de 70 millions de francs. Ces rentes étaient destinées à être ASSIGNÉES, jusqu'à due concurrence, au profit des sujets britanniques qu'il y aurait lieu d'indemniser.

Ces 3,500,000 francs de rentes n'étant qu'un fonds de garantie, il était dit qu'en cas d'insuffisance de ces rentes pour le payement de tous les sujets anglais qu'il s'agissait d'indemniser, la France serait tenue de compléter par de nouvelles inscriptions de rentes les sommes qui auraient été liquidées au profit des créanciers.

On prévoyait également le cas où la totalité des inscriptions de rentes livrées par la France n'auraient pas été employées à l'objet indiqué au contrat, et on stipulait que, dans ce cas, le SURPLUS qui pourrait exister serait rendu à la France avec les intérêts accumulés et composés qu'auraient produits les inscriptions de rentes remises aux Commissaires.

Enfin, il ne fallait pas que cette liquidation pût peser indéfiniment comme une menace sur le Trésor français. On convint donc, par une stipulation expresse, de certains délais pendant lesquels les sujets anglais qui prétendraient avoir droit à se présenter comme créanciers de la France, pour violation à leur préjudice du traité de 1786, seraient tenus de présenter leurs réclamations, et il fut déclaré que ces délais, une fois passés, personne ne serait plus admis à la liquidation.

Voilà toute l'économie de la convention.

§

De l'obligation contractée par la France, nous ne dirons plus rien, elle se comprend d'elle-même. On sait quel en était l'objet, l'allocation d'une indemnité au profit de sujets anglais victimes de la violation d'un traité ; — on sait que cette obligation a été religieusement exécutée.

Mais la remise par la France des 3,500,000 francs de rente ayant eu lieu aux mains des Commissaires anglais et français, dans les termes de la convention, il est maintenant nécessaire de bien préciser, d'après la législation française comme d'après la législation anglaise, la nature du contrat que cette remise a fait naître entre le Gouvernement français et le Gouvernement anglais, dont les Commissaires n'étaient évidemment que les agents.

Nous allons examiner rapidement, et à ce double point de vue, le contrat qui s'est formé entre les parties par cette remise des 3,500,000 francs de rente.

§

En droit français, c'est un contrat qui tient à la fois du mandat et du dépôt.

Les Commissaires liquidateurs ont reçu et accepté une mission déterminée, celle de répartir aux divers réclamants anglais portés sur la liste, suivant les droits qu'ils auraient reconnus appartenir à chacun d'eux, les 3,500,000 francs de rente dont il s'agit.

Ils sont donc devenus, quant à l'emploi des inscriptions de rentes qu'ils ont reçues, de véritables *mandataires*.

En effet, aux termes de l'article 1984 du Code Napoléon, « *le mandat ou « procuration est un acte par lequel une personne donne à une autre le pou- « voir de faire quelque chose pour le mandant et en son nom.* »

Le mandant ici, c'est le débiteur ; c'est le Gouvernement français, qui, après avoir reconnu l'obligation où il était d'indemniser et de payer les sujets anglais dont les propriétés avaient été confisquées au mépris des dispositions du traité de 1786, confie à ses propres agents et aux agents du Gouvernement anglais le soin de faire pour lui ce payement aux ayants-droit en inscriptions de rentes qu'il leur remet à cet effet.

Jusqu'où allaient le droit et l'obligation des Commissaires liquidateurs, c'est-à-dire des mandataires ?

Ils appréciaient les droits de chacun des réclamants anglais portés sur la liste dans le délai convenu.

Ce droit une fois reconnu, ils le liquidaient en transférant, en assignant à chacun des réclamants, jusqu'à concurrence des sommes dont ils l'avaient reconnu créancier, des inscriptions de rentes représentant précisément le montant de sa créance.

Si les réclamations ainsi liquidées absorbent les 3,500,000 francs de rente, le mandat prend naturellement fin et les mandataires n'ont plus qu'une chose à faire, c'est de rendre leur compte au Gouvernement français, en justifiant de l'emploi, pour la mission qu'ils ont reçue de la totalité des 3,500,000 francs de rente.

Les Commissaires liquidateurs ayant, dans cette hypothèse, régulièrement transféré aux réclamants anglais la propriété de toutes les inscriptions de rente qu'ils avaient reçues du Gouvernement français, n'ont plus rien à lui rendre.

Mais si les réclamations anglaises faisant l'objet de la convention du 20 novembre 1815 n'absorbent pas la totalité des inscriptions délivrées en exécution de cette convention, alors, et pour la partie des inscriptions de rente qui restent non employées aux mains des Commissaires, le contrat change de nature et de nom ; ce n'est plus d'un mandat, c'est d'un véritable dépôt qu'il s'agit, et c'est bien le nom qui lui est donné dans la convention.

Les Commissaires ont reçu certaines inscriptions de rente en promettant de rendre celles de ces inscriptions qu'ils n'auraient pas employées pour l'objet convenu.

C'est précisément la situation du dépositaire d'après l'article 1915 du Code Napoléon :

· « Le dépôt est un acte par lequel on reçoit la chose d'autrui, à la charge de la garder et de la restituer en nature. »

Il ne peut pas être méconnu que, sous l'empire de la convention du 20 novembre 1815, et nous ne parlons maintenant que de celle-là, les Commissaires ne fussent de simples dépositaires envers le Gouvernement français, pour la partie des 3,500,000 francs d'inscriptions de rente qu'ils n'auraient pas employées en exécution de leur mission.

§

Qu'aurait eu à faire le Gouvernement français si la convention du 20 novembre 1815 était restée entière et n'avait subi aucune modification ?

Il n'aurait eu qu'à s'adresser aux commissaires dépositaires (to the commissioners of deposit, comme les appelle le texte anglais), et à leur dire :

« Je vous ai remis 3,500,000 francs de rente au capital de 70 millions de francs pour indemniser et payer les sujets anglais qui pouvaient être créanciers de la France par suite de la violation du traité de 1786.

· · « Or, j'ai de fortes raison de croire que la totalité des inscriptions de rente inscrites à votre nom, conformément à la convention du 20 novembre 1815, n'a pas été absorbée par les réclamations anglaises.

« Il doit vous rester un excédant sur les 70 millions de francs pour lesquels je vous ai remis des rentes françaises, car la totalité des sommes que vous avez employées à la liquidation des réclamations anglaises dont la liste a été arrêtée dans les délais convenus n'a pas dépassé 30 millions environ. Rendez-nous donc, sur les 3,500,000 francs de rente que je vous ai remis, la partie non employée avec les intérêts accumulés et composés. »

Ainsi interpellés les Commissaires dépositaires auraient rendu leurs comptes, et il n'y aurait eu rien de plus facile à vérifier que la question de savoir s'il existait en effet sur les rentes primitivement remises un surplus quelconque et quel en était le chiffre, ou si au contraire les Commissaires avaient employé la totalité de ces rentes.

§

Mais la convention du 20 novembre 1815 ayant subi quelques modifications il faut se rendre compte de la portée exacte des changements qui y ont été introduits. Et d'abord n'oublions pas qu'il résulte du préambule même de l'acte que la nouvelle convention n'a pour but que de procurer l'exécution pleine et entière de la première; ce qui indique bien que les changements vont porter non sur la substance et l'objet même de la convention,, mais seulement sur des détails d'exécution, et que dès lors les obligations réciproques des parties vont rester les mêmes sur tous les points qui ne seront pas atteints par les dispositions nouvelles.

Ceci dit, quels sont les changements introduits dans la convention du 25 avril 1818 :

Il n'y en a que deux :

1° Remise par la France de 3 millions de rente, en nouvelles inscriptions créées jouissance du 22 mars 1848, ce qui élève de 3,500,000 francs de rente à 6,500,000 francs la somme à verser par la France pour le compte des réclamants anglais ;

2° Substitution des Commissaires anglais à la commission mixte chargée jusqu'alors de la liquidation, et remise en conséquence aux Commissaires anglais des dossiers des réclamants dont la liquidation n'avait pas encore eu lieu, ainsi que des inscriptions que cette liquidation avait laissées disponibles sur les 3,500,000 francs de rente de la première convention.

Mais la première de ces dispositions, c'est-à-dire l'augmentation des rentes à remettre par la France n'étant que l'exécution de l'article 9 de la convention du 20 novembre 1815 qui obligeait la France à fournir de nouvelles inscriptions en cas d'insuffisance de celles qu'elle venait de promettre, ce n'est point là un changement, et la modification porterait seulement sur ce point que les nouvelles rentes devaient être créées jouissance de 1818 et non jouissance de 1816. Il ne reste donc qu'une modification réelle, la substitution des Commissaires anglais aux membres de la commission mixte.

Le contrat résultant de la remise des rentes françaises aux mains des premiers Commissaires a-t-il donc changé de nature pour cela ?

En aucune façon !

Son exécution a passé en d'autres mains, voilà tout. Mais la nature d'un contrat dépend de ses conditions essentielles et non pas de la qualité des personnes entre lesquelles il se forme.

Les Commissaires français ont été, à partir de la convention du 25 avril 1818, dégagés de leur mandat, et ce mandat est passé aux Commissaires anglais désignés par le Gouvernement anglais, sous la direction et les ordres duquel ils ont désormais continué à conserver le dépôt.

Ainsi c'est au nom des Commissaires anglais qu'ont été inscrites aussi bien les inscriptions restées disponibles sur les 3,500,000 francs de rente remises en vertu de la convention du 20 novembre 1815, que la totalité des 3,000,000 de rente formant le complément à fournir à la France aux termes de la convention du 25 avril 1818.

A partir de cette dernière convention c'est donc aux Commissaires anglais ou plutôt au Gouvernement anglais dont ils ne sont que les agents, que le Gouvernement français doit demander compte de l'exécution du mandat relatif à l'emploi des fonds remis pour la liquidation des réclamations anglaises, et réclamer la restitution du dépôt qui peut être resté aux mains des Commissaires anglais ou dans le trésor anglais, après cette liquidation.

§

Le Gouvernement anglais, comme détenteur des sommes restées libres par suite de la liquidation commencée par la commission mixte, est substitué, à partir du 25 avril 1818, à toutes les obligations des dépositaires originaires et soumis à toutes les règles imposées par les lois de tous les pays aux dépositaires de la chose d'autrui.

Ainsi, aux termes de la convention du 20 novembre 1815, il était interdit aux Commissaires de négocier les rentes dont ils étaient dépositaires.

Cette stipulation n'était que l'application d'un principe plus général écrit dans l'article 1930 du Code Napoléon.

« Il (le dépositaire) ne peut se servir de la chose déposée sans la permission
« expresse du déposant. »

Or, dans le cas particulier, non-seulement il n'y a eu permission expresse
accordée par le déposant au dépositaire de se servir des rentes qui lui avaient
été confiées, mais il y avait au contraire prohibition formelle et textuelle dans
le contrat d'en agir ainsi.

Aux termes de l'article 1932 du Code Napoléon, et par une conséquence toute
naturelle de l'interdiction de se servir du dépôt, « le dépositaire doit rendre
« identiquement la chose même qu'il a reçue. »

Le Gouvernement anglais doit donc rendre toutes les rentes françaises qu'il n'a
pas réparties aux réclamants anglais par suite de la convention du 20 novembre
1815, et s'il en a indûment disposé, il en doit rendre l'équivalent.

Voilà les principes du droit français sur cette matière.

Ils sont simples et clairs et ne sont que la stricte application de l'accord qui a
mis aux mains du Gouvernement anglais, pour un emploi déterminé, une certaine
quantité de rentes françaises, sur lesquelles on prévoyait qu'il pouvait exister un
surplus qui devait rester la propriété du Gouvernement français.

§

Si nous examinons, au point de vue de la législation anglaise, le contrat qui
s'est formé entre le Gouvernement français et le Gouvernement anglais, par suite
de la remise que le premier a faite au second des rentes destinées à indemniser
les sujets anglais, nous trouvons, dans le cas qui nous occupe, de grandes ana-
logies avec des conventions dont la jurisprudence anglaise s'occupe fréquemment. Ainsi Blackstone, dans son commentaire des lois anglaises, traite des
modifications que subit la propriété d'une chose mobilière lorsqu'elle passe des
mains du propriétaire aux mains d'une personne chargée de la détenir pendant
un certain temps et pour un emploi déterminé, et il établit que la propriété ne
change pas de mains par suite de cette dépossession temporaire. Voici comment
s'exprime le savant jurisconsulte (1) sur le contrat qui se forme dans ces circonstances :

Même lorsqu'une chose est en soi de nature à former une propriété absolue, cependant il se peut qu'elle ne constitue encore qu'une propriété spéciale, ou sous

_____

(1) Blackstone, *Commentaire des lois anglaises*, t. III, p. 343.

— 130 —

un point de vue particulier, en raison des circonstances où se trouve le propriétaire, comme il arrive dans le cas de ce qu'on appelle en anglais un *bailment*, c'est-à-dire lorsqu'on confie des effets à quelqu'un pour un but particulier... Ici la propriété n'est absolue ni dans celui qui livre les effets ni dans celui qui les reçoit car le premier n'a que le droit, et non la possession immédiate ; *le second a la possession, mais seulement un droit temporaire ;* tous deux ont à quelques égards une propriété *spéciale* sur ces effets ; tous deux peuvent intenter une action si ces effets sont endommagés ou volés, celui qui en a été chargé en vertu de sa possession immédiate, et celui qui l'en a chargé parce que ces effets lui appartiennent immédiatement. De même si l'on met des effets en gage pour garantie de la restitution d'une somme, ou pour d'autres causes, le gage n'appartient d'une manière absolue ni à celui qui le donne ni à celui qui le reçoit ; il est pour l'un comme pour l'autre une propriété conditionnelle, qui dépend pour le premier de l'accomplissement de la condition de rendre et pour le second du défaut de cet accomplissement.

§

On trouve dans la législation anglaise, un contrat qui a une complète analogie avec celui qui nous occupe, en ce qu'il réunit les caractères essentiels du mandat à tous les caractères du dépôt.

C'est le contrat que les auteurs anglais désignent sous le nom de *trust*, en donnant le nom de *trustees* à ceux qui volontairement ou par le seul effet de la loi ont contracté les obligations qui s'y trouvent attachées.

Les *trusts* constituent des dépôts de confiance, des dépôts ayant en quelque sorte un caractère sacré et dont l'objet doit s'accomplir avec plus de scrupule encore qu'un dépôt ordinaire. Le plus souvent ce sont des fidéicommis dans le sens de la loi romaine ; mais nous avons vu que les membres les plus autorisés du Parlement anglais, en parlant de la remise par le Gouvernement français au Gouvernement anglais d'une certaine quantité de rentes pour les employer à indemniser les sujets anglais, appliquent à ce dépôt la qualification de *trust*, et au Gouvernement anglais celle de *trustee*.

Ainsi, dans la discussion devant la Chambre des Lords en 1852, un ancien lord chancelier, qui doit savoir la valeur juridique des mots, lord Truro (1), dit en termes formels que le Gouvernement anglais est un véritable *trustee* quant aux fonds de l'indemnité française (1) :

This country and the Government became a *trustee* for this claimant. If *the trus-*

(1) Voir p 96 de ce *Précis*

tees have improperly disposed of this money, do, mylords, the highest court of judicature-that court to which all appeals are brought to enforce *the honest discharge of trustees*, — set yourselves the exemple and *see that this trust is discharged*...

. C'est la même qualification que donne au contrat lord Lyndhurst, lors de la discussion de 1853 (1) :

I must add that I, never, in my experience, witnessed a more inexcusable and flagrant *breach of trust* than that which has been thus commmitted.

Quand les membres du Parlement anglais parlaient en ces termes des obligations du Gouvernement anglais comme détenteur des sommes destinées aux réclamants, ils relevaient surtout la flagrante violation de dépôt (*flagrant breach of trust*) commise au préjudice de certains destinataires des sommes déposées ; mais leur argumentation s'applique également au point de vue plus général auquel nous nous plaçons.

C'est l'inexécution du contrat au préjudice du déposant lui-même que nous signalons ici, en établissant que le Gouvernement anglais commettrait envers nous, d'après le droit anglais aussi bien que d'après le droit français, une véritable violation de dépôt s'il refusait de nous restituer le surplus des rentes qui n'ont pas été employées conformément à ce qui a été convenu et réglé dans la convention du 20 novembre 1815.

§

Nous avons, à ce qu'il nous semble, complétement rempli la première condition sur laquelle devait porter notre démonstration du droit de la France, et nous l'avons remplie en nous conformant à la situation rigoureuse dans laquelle la loi place très-justement la partie qui réclame envers celle contre laquelle la réclamation est dirigée.

Qu'il s'agisse de deux simples particuliers ou de deux grands Etats , quelle est, en effet, la première règle posée par la loi pour la preuve de l'obligation qu'ils peuvent avoir à invoquer l'un contre l'autre , ou de la libération qu'ils peuvent chercher à établir ?

Cette règle est formulée en ces termes par l'article 1315 du Code Napoléon, qui l'a lui-même empruntée presque textuellement au Droit romain.

(1) Voir p. 101 de ce *Précis*.

Celui qui réclame l'exécution d'une obligation doit la prouver.

Réciproquement, celui qui se prétend libéré doit justifier le payement ou le fait qui a produit l'extinction de son obligation.

Ici c'est la France qui réclame contre l'Angleterre l'exécution d'une obligation.

C'est la France qui demande la restitution de toute la partie des rentes remises par elle, qui n'aurait pas été employée à indemniser les sujets anglais ayant formé, dans le délai convenu, des réclamations fondées.

C'est donc à la France qu'incombe la preuve.

Cette preuve, nous la trouvons dans la disposition formelle de l'article 9 de la convention du 20 novembre 1815 ainsi conçue :

« Lorsque tous les payements dus aux créanciers auront été effectués, le surplus des rentes non assignées avec la proportion d'intérêt accumulé et composé qui leur appartiendra sera rendu s'il y a lieu (*if there be any*) à la disposition du Gouvernement français. »

La France, s'appuyant sur cette disposition expresse d'une convention faisant partie intégrante d'un traité international, dit à l'Angleterre :

« Il y a un surplus, — nous allons en rechercher le chiffre, mais le fait de l'existence de l'excédant ne peut être méconnu et ne l'a jamais été, il est du reste officiellement établi, — rendez-nous ce surplus, comme vous y oblige l'article 9 de la convention du 20 novembre 1815. »

La clause peut-elle être susceptible de plusieurs sens ? prête-t-elle au doute, à l'équivoque? Non! elle est claire, elle est précise, elle n'est pas susceptible de controverse, et nul ne peut méconnaître qu'elle établit jusqu'à l'évidence contre l'Angleterre, au profit de la France, l'obligation de restituer, tant en principal qu'avec les intérêts fixés par la convention, toute la portion des rentes livrées par la France qui n'a pas reçu la destination en vue de laquelle elles ont été livrées, et qui n'est qu'un DÉPÔT confié par la France à la loyauté du Gouvernement anglais.

Voilà la démonstration du droit de la France en quelques lignes. C'est un droit parfaitement certain, parfaitement *caractérisé*.

La France, en réclamant à l'Angleterre la restitution des sommes dont il s'agit, a donc rempli la condition que lui impose la disposition de la loi qui porte :

« Celui qui réclame l'exécution d'une obligation doit la prouver ! »

§

Nous avons démontré que la réclamation de la France était incontestablement fondée en principe ; il nous reste maintenant à en établir l'importance.

Il ne nous suffit pas, en effet, d'avoir prouvé que la France est créancière de l'Angleterre en vertu des traités de 1815, nous entendons prouver aussi que la créance de la France s'élève à un chiffre assez élevé pour qu'on ne puisse pas attribuer à de mesquines considérations, ou même à un esprit de tracasserie et de malveillance, les répétitions auxquelles cette créance va donner lieu.

Nous n'avons naturellement pas toutes les pièces relatives à la répartition de l'indemnité, mais, en rapprochant des comptes présentés aux Chambres anglaises les dispositions financières prises par la France pour l'exécution des traités de 1815, nous aurons des éléments suffisants pour établir, sinon le chiffre exact, au moins l'importance approximative du SURPLUS qui est resté la propriété de la France et qui doit lui être restitué.

Ainsi, nous savons par la convention du 20 novembre 1815 qu'il devait être remis pour les réclamations des sujets anglais 3,500,000 francs de rente jouissance du 22 mars 1816. Une loi du 23 décembre 1815 avait ouvert au Gouvernement français le crédit nécessaire pour faire face à cet engagement (1).

Les Commissaires anglais et français chargés du dépôt des rentes françaises devaient, à chaque semestre, placer en nouvelles rentes les arrérages des inscriptions qu'ils avaient reçues et qui n'avaient pas encore pu être assignées aux réclamants.

Depuis sa nomination jusqu'au traité du 25 avril 1818, la commission mixte avait liquidé un certain nombre de réclamations. Elle avait, en conséquence, disposé en faveur des réclamants d'un certain nombre d'inscriptions.

A partir du 25 avril 1818, la commission mixte avait cessé de fonctionner ; les Commissaires anglais et français chargés originairement du dépôt des rentes françaises, s'étaient dessaisis en faveur des Commissaires anglais des inscriptions qui leur restaient, et le Gouvernement français avait en outre remis 3 millions de rente aux nouveaux commissaires dépositaires qui se trouvaient, en vertu de la dernière convention, chargés seuls de les détenir pour le compte des réclamants.

La liquidation a duré de 1818 à 1826, époque où elle s'est trouvée terminée

_____

(1) Voir le texte de cette loi, p. 34 de ce *Pièces*, note 1.

et où les comptes ont été arrêtés. Pendant tout cet espace de temps, les Commissaires du dépôt ont, conformément à la convention de 1815 qui continuait à les régir, placé à chaque semestre les arrérages des rentes qui leur restaient après l'application qu'ils étaient tenus de faire au profit des réclamants dont la commission de liquidation reconnaissait les droits.

C'est le reliquat entre les sommes ainsi reçues par les Commissaires anglais et celles employées au payement des réclamations qui constituera le surplus dont nous recherchons le chiffre approximatif.

Nous devons dire tout d'abord qu'il existe sur le chiffre même du surplus plusieurs systèmes, ce qui ne serait pas possible si les comptes avaient été présentés avec plus de précision et s'ils avaient été, comme cela aurait dû être, l'objet d'un examen contradictoire entre le Gouvernement anglais et le Gouvernement français.

Le Corps législatif a entendu l'exposé et le développement d'un de ces systèmes. L'honorable M. Belmontet, d'accord en ce point avec l'auteur de la brochure qui a été publiée sur ce sujet (1), élève à 641 millions environ la créance de la France contre l'Angleterre.

Voici le calcul qu'a présenté M. Belmontet devant le Corps législatif (2):

Il a été inscrit au grand-livre de la dette publique française, au compte de l'Angleterre, à l'effet d'indemniser les sujets anglais, une somme de 6,500,000 francs de rente représentant un capital de .... fr. 130,000,000 »

Il résulte des comptes remis à la Chambre des Communes par la commission de liquidation, que la somme liquidée et répartie aux réclamants anglais ne s'élève qu'à.......... 65,222,867 29

La différence, c'est-à-dire la somme de....... ...... fr. 64,777,132 71 constitue le surplus dont le Gouvernement anglais est redevable envers la France, avec les intérêts accumulés et comptés à partir de 1818.

§

Cette manière d'établir le surplus nous paraît pécher en un point.

Nous ne parlons pas de ce qui concerne les intérêts accumulés et composés. La question ne peut faire doute, et M. Belmontet avait parfaitement raison de répondre aux honorables membres du Corps législatif qui l'interrompaient,

(1) M. de Saint-Nexant
(2) Voir p. 69 et suiv. de ce Précis

sans connaître suffisamment le sujet dont on les entretenait : « Ah ! Messieurs, les intérêts accumulés et composés sont dus en vertu de conventions formelles ! »

La disposition de l'article 9 de la convention du 20 novembre 1815 est en effet très-précise, et une fois que le chiffre du surplus, résultant de la liquidation arrêtée le 24 juin 1826, aura été établi, ce surplus devra bien être rendu à la France avec les intérêts accumulés et composés qu'il a dû produire depuis cette époque. Ce ne sera que l'application stricte et loyale de la convention elle-même qui s'exprime à ce sujet dans les termes suivants :

« Lorsque tous les payements faits aux créanciers auront été effectués, le surplus des rentes non assignées, AVEC LA PROPORTION DES INTÉRÊTS ACCUMULÉS ET COMPOSÉS QUI LEUR APPARTIENDRA, sera rendu, s'il y a lieu, à la disposition du Gouvernement français. »

§

Ce n'est pas en cela que pèche, suivant nous, le calcul de l'honorable M. Belmontet, c'est dans la manière dont il établit le surplus lui-même.

M. Belmontet raisonne comme si le Gouvernement français avait remis au Gouvernement anglais 130 millions de francs, et comme si le gouvernement anglais de son côté avait payé en argent aux réclamants anglais les 65,222,867 fr. 29 c. auxquels les créances sur la France avaient été liquidées.

Mais d'après l'économie des conventions du 20 novembre 1815 et du 25 avril 1818, les deux points de départ du calcul de M. Belmontet nous paraissent erronés.

La France n'a pas remis au Gouvernement anglais 130 millions de francs. Elle lui a remis une première fois :

Une inscription sur le grand-livre de la dette publique française de 3,500,000 francs de rente jouissance du 22 mars 1816, auxquels il y a à ajouter les inscriptions qui devaient résulter du placement en rente des arrérages de ces 3,500,000 francs de rente, échus depuis le 22 mars 1816 jusqu'au moment où elles éaient passées des mains des Commissaires dépositaires entre les mains des réclamants auxquels elles étaient assignées.

Une seconde fois :

Une inscription sur le grand-livre de la dette publique française de 3 millions de francs de rente jouissance du 22 mars 1818, auxquels il y a eu à ajouter les inscriptions qui devaient résulter du placement des arrérages de ces 3 millions de rente échus depuis le 22 mars 1818 jusqu'au moment où ces rentes passaient aux mains des réclamants anglais.

De même les réclamants anglais n'ont pas reçu en argent les 65,222,867 fr. 29 c. qui ont été liquidés à leur profit pour le principal et les intérêts de leurs créances.

Ils ont reçu une certaine quantité de rentes, dont le taux a été fixé et le montant calculé conformément aux dispositions de la convention du 20 novembre 1815.

Il résulte de ces simples observations que M. Belmontet a pris pour base de ses calculs des éléments qui ne sont pas ceux de la convention; le calcul par lequel il est arrivé à fixer le chiffre du surplus ne nous offre donc pas un caractère de précision suffisant pour que nous nous y rattachions.

§

Le second système sur la quotité du surplus est celui qui, à une certaine époque, a été présenté par le Gouvernement anglais à la Chambre des Communes.

Pour le faire connaître, il nous suffit de reproduire, sans y rien changer, le compte même de l'emploi des fonds arrêté au 24 juillet 1826, tel qu'il a été officiellement présenté à la Chambre des Communes le 24 juin 1829; c'est celui qu'a fait connaître l'honorable M. Belmontet dans la séance du Corps législatif du 29 juin 1866.

Il résulte de ce compte dont nous publions le tableau textuel, pour toute la partie relative à la convention qui nous occupe, que le Gouvernement français aurait remis, outre les........ .... 6,500,000 fr. de rente divers arrérages qui, placés eux-mêmes en rentes par les Commissaires du dépôt, conformément à la convention de 1815, avaient produit. .... 1,347,427 fr. —

Soit ensemble pour les rentes remises par la France. 7,847,427 fr. de rente

Il résulterait de ce même compte que sur les rentes françaises il aurait été remis aux ayants droit au 24 juillet 1826, date à laquelle le tableau officiel arrête la liquidation définitive :

Pour les 308 réclamations liquidées à Paris .... 2,901,806 fr. de rente

Pour les 439 réclamations liquidées à Londres...... 2,590,879 —

Pour les intérêts accumulés sur ces réclamations.... 1,521,863 —

.Pour sommes payées aux employés du trésor en France................ .... 701 —

Pour les dépenses de la commission de liquidation, à raison de 2 °/₀ du montant distribué .... 132,178 —

Soit ensemble, pour les rentes qui auraient été employées.....:............................... 7,147,427 fr. de rente

En déduisant ces 7,147,427 francs de rente que le Gouvernement anglais déclare avoir employés à la liquidation, en exécution de la convention, des 7,847,427 francs de rente qu'il reconnaît avoir reçus, il y aurait eu au 24 juillet 1826 UN SURPLUS DE 700,000 FRANCS DE RENTE.

Voici du reste le tableau qui résume les comptes produits à la Chambre des Communes :

TABLEAU.

CLAIMS ON FRANCE.

AN ACCOUNT

Of the Liquidation of British Claims on the Government of France, laid before the FINANCE COMMITTEE, in 1828, which was presented to *the House, upon* the 24 th day of June 1829.

(Ordered, by THE HOUSE OF COMMONS, to be printed, 29 march 1831.)

AN ACCOUNT of the Amount received from the Government of *France* for the Liquidation of the CLAIMS of *British* subjects, and the manner in which the same has been applied; together with an Account of the Expenses of the COMMISSION in each Year, and the PARTICULARS of the ESTABLISHMENT and EXPENSES of every kind in the Year 1827.

	Francs, RENTE PERPETUELLE.	AN ACCOUNT OF CLAIMS of British subjects who had suffered confiscation in 1793 Convention n° 7. Francs, RENTE PERPETUELLE.
RECEIVED from the French Government....	....	6,500,000
Add, Accumulation of interest accrued previously to the Distribution to the several Claimants.............................	....	1,347,427
Total.............	.. ..	7,847,427
APPLIED, in payment of 308 Claims adjudicated at Paris.......	2,901,806	
— 439 Claims adjudicated in London....	2,590,879	
— accumulated Interest on such Claims ..	1,521,863	
—. to Clerks of French Treasury, who assisted in transfer of Rente, etc..............	701	
REMITTED at various times to England to pay the Expenses of the Commission, being two per cent on the Amount distributed, deducted from the Amount awarded to the Claimants by authority of the Act of 59 Geo. 3. c. 31..............	132,178	
		7,147,427
BALANCE REMAINING....	....	700,000

The present Commissioners were appointed in 1816 : and by sect. 10 of 59 Geo. 3. c. 31, an Appeal was given from the Award of the Commissioners to His Majesty in Council. 28 Appeals were in consequence presented and heard; and the three last Judgments of the Court of Appeal were communicated to the Board on the 24 th July 1826; and on the second day after such communication, viz. on the 26 th of the same month, the Board notified that they had finally closed the Business under Convention n° 7.

En admettant pour un instant l'exactitude de ce compte, la conséquence qu'il en faudrait tirer c'est qu'en vertu de l'article 9 de la convention du 20 novembre 1815, le Gouvernement anglais devrait remettre à la disposition du Gouvernement français ces 700,000 *francs de rente, avec les arrérages accumulés et composés* depuis le 22 mars 1826, ce qui porterait au 31 décembre 1867 la créance de la France à 5,434,741 francs de rente, soit, au cours du 31 décembre 1867, à un capital de 123,776,230 francs.

S il s'agissait d'intérêts privés débattus devant les tribunaux ordinaires nous dirions : Puisqu'il résulte du compte même produit par le Gouvernement anglais qu'il existait après la liquidation définitive, c'est-à-dire au 24 juillet 1826, un surplus de 700,000 francs de rente, non employés par le Gouvernement anglais à payer les réclamants anglais, et que, d'après un calcul très-simple, ce surplus s'élève par l'accumulation des arrérages à 5,434,741 francs de rente au 31 décembre 1867, le Gouvernement anglais doit, en bonne justice, commencer par restituer au Gouvernement français ces 5,434,741 francs de rente, à titre de *provision*, en attendant que le compte définitif puisse être arrêté *contradictoirement sur des documents plus complets et plus dignes de foi*, que les énonciations vagues et par trop générales du compte produit à la Chambre des Communes le 24 juin 1829.

Mais ce chiffre de 700,000 francs de rente est loin de représenter le chiffre réel du SURPLUS existant au 24 juillet 1826, et sans avoir la prétention absolue de reconstituer tout à fait le compte véritable, nous allons donner, d'après d'autres documents également officiels, émanés presque tous du Gouvernement anglais, quelques indications assez précises pour qu'il soit facile de voir qu'il y a dans le compte que nous venons d'analyser, et que nous publions du reste textuellement dans le tableau ci-contre, de graves erreurs au préjudice de la France.

Ce troisième système que nous trouvons formulé dans des publications anglaises déjà anciennes, prend pour base un élément incontestable, le montant des rentes françaises fournies par la France.

§

Nous savons que les rentes livrées par la France en vertu des conventions de 1815 et de 1818, s'élèvent, avec les intérêts accumulés, d'après le compte même que nous venons de reproduire et qui est émané du Gouvernement anglais, à 7,847,427 francs de rente.

Voyons maintenant quelles étaient les sommes réclamées par les sujets anglais portés sur la liste, et quelles sont celles qui leur ont été allouées, tant par la commission mixte, sous l'empire de la convention du 20 novembre 1815, que par la commission de liquidation anglaise, sous l'empire de la convention du 25 avril 1818.

§

La première liste des réclamations anglaises close le 21 février 1816 conformément à l'article 12 de la convention du 20 novembre 1815 était contenue dans un registre qui ne mentionnait que les noms des 586 réclamants dans leur ordre alphabétique, sans indication du nombre, de la nature ou du montant de leurs réclamations; cette liste est signée par les Commissaires mixtes, le 21 février 1816, et accompagnée d'un procès-verbal dressé par les Commissaires français. Les commissaires anglais, par un mémoire daté du 29 août 1816, ont demandé que la liste fermée le 21 février pût être rouverte pour admettre les noms de 16 réclamants supplémentaires qui, par l'inadvertance de leur propre secrétaire, n'avaient pas été présentés en même temps que les 586 déjà enregistrés et dont ils fournissaient à ce moment la liste comprenant cette fois, outre leurs noms, *le montant de leurs réclamations.*

Le 7 octobre 1816, les Commissaires français répondent que le Gouvernement français a acquiescé à la demande des Commissaires britanniques, mais que désormais la liste ne sera plus ouverte pour recevoir de nouvelles demandes, ce qui serait contraire aux stipulations de la convention.

Cette première liste contenait donc alors les noms de 602 réclamants produisant 1,046 bordereaux de réclamations et qui demandaient en totalité, tant pour le principal que pour les arrérages.................. 111,569,843 fr. 99

Dans l'intervalle de la fin de 1816, à la convention du 25 avril 1818, 109 réclamations furent enregistrées par les Commissaires anglais, *avec le consentement des Commissaires français,* ce qui éleva à 1,155 le nombre des réclamations. Ces 109 réclamations figurent dans un registre spécial sous le titre de « *Réclamations omises dans les différentes listes remises aux Commissaires français.*» (C'est dans cette seconde liste seulement que fut porté le baron de Bode, bien que sa réclamation paraisse avoir été formulée bien avant la clôture de la première liste, d'après la correspondance même que nous avons reproduite.)

Le montant total réclamé du chef de ces 109 demandes s'élevait en principal et arrérages d'intérêts à ....:...... 39,029,658 43

Le montant total des réclamations des sujets anglais, au nombre de 1,155, s'élevait donc à .... 150,599,502 fr. 42

§

C'est en effet ce chiffre qui résulte d'un rapport des Commissaires anglais à la chambre des Communes le 2 juillet 1821, sous le n° 728, et que nous avons sous les yeux en écrivant ces lignes.

Ce rapport contient :

1° La liste générale par ordre alphabétique des réclamations qui n'avaient pas encore été liquidées, avec le montant des sommes demandées et la nature de la réclamation (1) ;

2° La liste générale par ordre alphabétique des réclamations liquidées par la commission mixte à Paris, avec le montant des rentes affectées à chaque réclamant *sur le fonds de garantie.* (Total of rente liquidated *on the fund of guarantee*) ;

3° La liste générale des réclamations rejetées par la commission mixte à Paris ;

4° La liste générale des réclamations liquidées par les Commissaires anglais jusqu'à l'époque où le rapport était déposé.

Ce rapport contient le chiffre des sommes réclamées en principal et intérêts.

Il contient une colonne indiquant en francs le chiffre de la somme allouée.

Et sous une autre colonne il contient le montant de la rente liquidée sur ce que le Gouvernement anglais continue à appeler avec raison, même depuis la convention du 25 avril 1818, LE FONDS DE GARANTIE.

En ajoutant les diverses sommes réclamées par ces diverses catégories, on arrive précisément à ce chiffre de 150,599,502 fr. 42 c. (2).

---

(1) Au nom du baron de Bode, on trouve cette étrange mention :

Sums Claimed.	Nature of Claim.
Bode (baron de), 13,529,062 fr. 10	*Immoveable property, no documents in support produced.*

Pas de documents produits !.... Ainsi, on osait dire dans une pièce officielle que cet homme, qui fatiguait de ses réclamations les diverses chancelleries de l'Europe, n'avait encore produit aucun document à l'appui de sa demande !

(2) Un certain nombre de réclamants figurent sur ces listes comme n'ayant fixé aucun chiffre pour leurs réclamations.

Il n'y a évidemment pas à s'arrêter à de pareilles demandes

Sur les 82 réclamations de cette nature, 72 n'ayant jamais pu spécifier aucune somme ni aucun motif raisonnable de réclamation, furent absolument rejetées ; 3 qui avaient ultérieurement fixé un chiffre de réclamations s'élevant à 107,349 fr. 81 c., furent également rejetées ; les autres furent liquidées à 153,346 fr. 05 c.

§

Le Gouvernement français, en fournissant, outre les 3,500,000 francs de rente qu'il avait délivrés en vertu de la convention du 20 novembre 1815, de nouvelles inscriptions pour 3 millions de rente, avait amplement fourni une provision suffisante pour payer en principal et intérêts les sommes qui pouvaient revenir aux réclamants.

Il y avait une première donnée dont il fallait tenir compte au moment où on fournissait le complément prévu par l'article 9 de la convention du 20 novembre 1815; c'est que les réclamations liquidées par la commission mixte l'avaient été à un quart environ au-dessous du chiffre réclamé (1), et qu'on pouvait supposer qu'il en serait au moins de même dans les opérations de la commission anglaise.

Du reste ces prévisions se sont réalisées et au delà, puisque, de l'aveu de tout le monde, la liquidation a laissé un surplus, et qu'il ne s'agit plus dans ce moment que d'une chose, de savoir si ce surplus ne s'élevait au 24 juillet 1826 qu'à 700,000 francs de rente, où s'il s'élevait à un chiffre infiniment supérieur.

§

Aucun doute ne peut s'élever sur les réclamations rejetées.

La commission mixte qui fonctionnait à Paris avant la convention du 25 avril 1818 avait rejeté 21 réclamations, s'élevant ensemble en principal et intérêts à.. 2,223,047 fr. 26

La commission anglaise a rejeté, depuis la convention du 25 avril 1818, 383 réclamations s'élevant ensemble en principal et intérêts à............................... 56,603,085   45

Montant des réclamations rejetées.................. 58,826,132 fr. 71

---

(1) En effet, les réclamations liquidées à Paris s'élevaient ensemble à.. 40,336,122 fr. 89 21 s'élevant à 2,223,047 fr. 26 avaient été rejetées. Les 333 autres, en 329 bordereaux, avaient été liquidées à.............................. 30,265,234   07

Les réclamations totales étant de
150,599,502 fr. 42, il faut savoir quelle somme a été allouée pour les réclamations admises et dont on aura le chiffre en déduisant
58,826,132   74 du montant total les 58,226,132 fr.74 rejetés par la com-
——————————— mission mixte et la commission anglaise. On aura ainsi le
91,773,369 fr. 74 montant des réclamations qui restaient à liquider après les
rejets opérés tant par la commission mixte que par la commission anglaise.

Il nous reste à connaître exactement le total des sommes qui ont été
allouées pour les 754 réclamations s'élevant ensemble à... 91,773,369 fr. 74

§

Prenons d'abord les réclamations liquidées par la commission mixte à Paris.

Elle a alloué aux réclamants, en principal et intérêts, pour 333 réclamations
comprises dans 329 bordereaux et pour lesquelles il avait été demandé primitivement 38,113,075 fr. 63, une somme de.... ....   30,265,234 fr. 07

De son côté, la commission anglaise a alloué en principal
et intérêts pour 439 réclamations s'élevant à 52,151,103,
une somme de...   34,537,579   03

Montant total en principal et intérêts des sommes allouées—
aux réclamants anglais sur l'indemnité française ...... (1)   64,802,813 fr. 10

Voilà la somme dont il a dû être tenu compte aux réclamants, sous la déduction des frais de liquidation fixés à 2 °/₀ par l'acte du Parlement qui a réglé
l'exécution de la convention du 20 novembre 1815 et du 25 avril 1818.

La question à résoudre se trouve donc extrêmement simplifiée.

Comme nous savons par le rapport présenté à la Chambre des Communes
le 24 juin 1829 que les sommes fournies par la France se sont élevées à
7,847,427 francs de rente, il ne s'agit plus que de déduire de ces 7,847,427 francs
de rente celles qui ont été affectées au payement des réclamations admises, tant
par la commission mixte que par la commission anglaise.

Pour les rentes remises par suite de la liquidation de la commission mixte,

(1) Ce chiffre de 64,802,813 fr. 10 c. pour le montant total des allocations diffère un peu
de celui qu'a donné M. Belmontet au Corps législatif. Cette différence provient des variations qui existent dans les comptes même produits par le Gouvernement anglais, variations
telles qu'elles ne peuvent guère s'expliquer que par un parti pris de rendre aussi inextricable
que possible le dépouillement de ces comptes.

nous pouvons accepter comme exacte, sauf la vérification qui sera certainement faite dans les prochains débats législatifs, la quantité de rentes portées dans le compte remis à la Chambre des Communes le 24 juin 1829.

Le montant des réclamations liquidées à 30,265,234 fr. 07 aurait employé d'après ce rapport...................................... 2,904,806 fr. de rente.

Mais quant aux réclamations liquidées à Londres à 34,537,579 fr. 03, nous ne pouvons en aucune façon admettre l'exactitude des chiffres portés au tableau présenté à la Chambre des Communes et qui comprendraient 4,244,920 francs de rente (1). Il est évident que ce chiffre est inexact. A quelque époque qu'ait eu lieu la remise des rentes aux réclamants, il n'a jamais dû être employé 4,244,920 francs de rente pour faire face aux 34,537,577 fr. 03 qui leur étaient alloués en principal et intérêts ; si l'on consulte les rapports successifs publiés dans la *Gazette de Londres*, qui auraient eux-mêmes grand besoin d'être contrôlés, on trouve qu'il n'aurait été livré en totalité aux réclamants liquidés à Londres que............................ 3,313,924 fr. de rente

Soit ensemble pour les rentes remises, tant pour les créances liquidées à Paris par la commission mixte, que pour celles liquidées à Londres................ 6,215,730 fr. de rente.

En déduisant ces 6,215,730 francs de rente des 7,847,427 francs de rente que la France avait inscrites sur son grand-livre au profit des réclamants anglais, il devait rester au 24 juillet 1826 un reliquat de 1,631,697 fr. de rente.

Ces 1,631,697 francs de rente 5 0/0 constitueraient, d'après ce calcul, le surplus existant en 1826, lors de la liquidation définitive des réclamations anglaises, et doivent être augmentés des intérêts accumulés et composés depuis le 22 mars 1826, ce qui élèverait la créance de la France, au 31 décembre 1867, à un chiffre minimum de 12,668,358 francs de rente, soit, au cours du 31 décembre 1867, à un capital de **288,521,863** francs.

---

(1) Voici comment se compose ce chiffre de 4,244,920 francs de rente, d'après le tableau produit à la Chambre des Communes (voir p. 138 de ce Précis) :

Créances liquidées à Londres...............	2,590,879 fr. de rente
Intérêts composés du montant de ces créances.	1,521,863 —
Commission de 2 % des liquidateurs.........	132,178 —
Ensemble	4,244,920 fr. de rente.

§

Tel est, dans ce troisième système, auquel nous serions disposé à nous rallier, le montant approximatif du SURPLUS qui devra être restitué à la France.

Il y a lieu de s'étonner de l'incertitude qui plane sur le résultat de cette liquidation ; mais les comptes présentés à différentes époques à la chambre des Communes sur l'emploi de l'indemnité française offrent les plus étranges et les plus choquantes contradictions. Ceux qui les présentaient ne prenaient même pas la peine de se rappeler à un an ou deux d'intervalle la manière dont ils avaient antérieurement passé leurs écritures, et un comptable très-distingué de Londres a relevé un si grand nombre d'erreurs sur des articles fort importants (1), qu'il faut bien reconnaître qu'il y a eu là une confusion et une obscurité préméditées qui rendent difficile la recherche de la vérité. Nous croyons donc qu'il sera absolument nécessaire qu'une expertise contradictoire confiée à des hommes versés dans la comptabilité vienne dissiper les ténèbres dont on a essayé d'envelopper tout ce qui touche à l'emploi des fonds de l'indemnité française.

Mais on peut dès à présent affirmer que la créance de la France, dans toutes les hypothèses possibles, s'élève à un chiffre très-considérable.

Nous avons démontré le principe de la créance.

Nous en avons démontré l'importance.

Il ne nous reste plus qu'une chose à faire, c'est d'apprécier les objections, ou, si l'on veut, les fins de non-recevoir qu'on entend opposer au droit de la France.

§

Une première considération dont il faut dire un mot a été opposée à cette réclamation.

On a cherché à écarter à priori la demande de la France par son invraisemblance.

Il s'agirait d'une véritable violation de dépôt ! Est-il possible, est-il admissible, est-il vraisemblable que le Gouvernement britannique ait compromis l'honneur de sa noble devise, *Dieu et mon droit*, pour éviter de rendre compte à la France de quelques millions !

Cette prétendue invraisemblance ne nous touche pas plus qu'elle n'arrêtait en 1828 les auteurs des articles du *Times* que nous avons cités, — certains

_____

(1) M. Abbott.

membres du parlement anglais, M. Michel-Ange Taylor (1) en tête, et tous les
esprits prévoyants qui conseillaient de restituer à la France l'argent qui lui
appartenait !

Des hommes considérables qui ont traversé les affaires publiques et qui les ont
même traversées avec un grand éclat, ont avoué, en parlant des procédés de la
Trésorerie anglaise, qu'elle est d'une singulière âpreté, d'une singulière
rigueur quand il s'agit de se dessaisir des sommes qui sont une fois entrées dans ses coffres, et voici en quels termes un ancien lord chancelier
d'Angleterre, lord Lyndhurst, qui connaissait bien les hommes d'État de son
pays parmi lesquels il avait occupé une place marquante, s'exprimait à ce sujet,
précisément à propos de l'indemnité française et des refus opposés par l'Échiquier anglais aux réclamations du baron de Bode (2) :

« Il a été dit par un homme d'une grande autorité dans la science du droit
qu'une corporation n'a ni âme ni conscience.

« La commission de la Trésorerie est-elle, par sa constitution, privée de ces
deux choses? C'est ce que je laisse à d'autres le soin de décider. Tous les jours
nous voyons des individus qui, cédant aux remords de leur conscience, adressent
au chancelier de l'Échiquier des lettres contenant des sommes plus ou moins
considérables qu'ils avaient dérobées au public, mais les pas sont tous dans le
même sens. Nous ne voyons ni retour ni réciprocité. *Vestigia nulla retrorsum.*
Mon expérience de la vie publique, expérience d'une assez notable durée,
m'a fait observer que, quand l'argent a une fois trouvé la route de la
Trésorerie, il y est retenu avec une telle ténacité, avec de tels grappins de fer,
qu'ils réduisent généralement à néant les réclamations des particuliers, quelque
fondées qu'elles soient en raison et en justice. Le génie du lieu — je ne

---

(1) Auteur d'une motion présentée en 1828 à la Chambre des Communes, sur la mauvaise
application des fonds de l'indemnité française.

(2) It has been said by a great law authority that a corporation has no soul, no conscience. Whether by its constitution the board of treasury labours under the same deficiency,
I must leave to others to decide. We daily observe conscience-stricken individuals addressing letters to the Chancellor of the Exchequer, containing sums of money, more or less
considerable, which they had withheld from the public. But the steps are all one way,
we witness no return, no reciprocity. *Vestigia nulla retrorsum.* My experience in public
life — an experience of no inconsiderable duration — has led me to observe, that when
money has once found its way into the treasury, it is retained with so much tenacity, with
such an iron grasp, as generally to set at nought the claims of individuals, however foun-
ded in reason and justice. The genius of the place — I will not say how personated —
guards the entrance with unceasing vigilance, turning a deaf ear to every supplicant, —
stern, obdurate, inflexible, *quam si dura silex aut stet marpesia cautes.* (Discours de lord
Lyndhurst sur l'affaire du baron de Bode, à la séance de la Chambre des Lords du 1er août
1853.)

dirai pas en qui il se personnifie — en garde l'entrée avec une incessante vigilance, faisant la sourde oreille à toutes les prières, toujours aussi sombre, rigoureux, inflexible, *quam si dura silex aut stel marpesia cautes !* »

§

Dans le cas qui nous occupe, la tentation pour la Trésorerie anglaise de conserver pour elle-même le surplus des fonds que la France lui avait remis afin de faire face à des réclamations déterminées, a dû être d'autant plus forte que les fonds à restituer formaient une assez grosse somme.

§

Voilà notre première réponse au reproche d'invraisemblance ; nous l'avons empruntée à la haute autorité d'un homme d'état de la Grande-Bretagne.

Nous ferons une autre réponse à ce reproche, et celle-là nous la puiserons dans des documents historiques et des pièces officielles.

C'est en effet l'histoire elle-même qui a pris soin de constater l'emploi qui a été fait à une certaine époque des fonds de l'indemnité française pour des usages tels qu'ils dénotaient ou une singulière arrogance des ministres anglais d'alors et leur intention bien arrêtée d'humilier la France, ou la plus étrange perversion de leur sens moral.

Ainsi il n'est pas possible de nier que sur les fonds confiés au Gouvernement anglais pour satisfaire à certains intérêts privés qui auraient pu avoir à souffrir d'une grave injustice, par suite de la violation du traité de 1786, des ministres anglais n'aient prélevé en l'année 1823, *pour les frais du couronnement du roi George IV*, une somme de 138,000 livres sterling, soit environ (1)............................. 3,450,000 fr. »

Il n'est pas possible de contester qu'on ait pris sur les mêmes fonds en 1827 et 1828 *pour reconstruire le palais de Buckingham* (2) au gré des caprices d'un prince

A reporter..... 3,450,000 fr. »

---

(1) V. page 86 et suivantes de ce *Précis*.

(2) V. page 89 de ce *Précis*, et Rapport à la Chambre des Communes du 19 avril 1833 publié dans la *Gazette de Londres*.

Report........	3,450,000 fr. »
anglais, une somme de 250,000 livres sterling, soit....	6,250,000 »

Il n'est pas possible de méconnaître que, *pour venir en aide aux districts manufacturiers de l'Angleterre* dans une année de détresse, on ait prélevé sur l'indemnité française une somme de 50,000 livres sterling (1), soit..... 1,250,000 »

Qu'une autre somme de 60,000 livres sterling puisée à la même source ait servi au Gouvernement anglais à payer une dette contractée par lui *envers la Compagnie française des Indes* (2) ci.................. 1,500,000 »

Qu'une autre somme de 23,707 livres sterling ait servi au Gouvernement anglais à payer une dette contractée par lui *envers un Français nommé Ladébat* (3), ci........ 592,425 »

Que diverses sommes s'élevant à environ 172,000 livres sterling n'aient été payées sur les mêmes fonds par le Gouvernement anglais à des réclamants *qui n'étaient pas inscrits sur la liste produite lors de la convention du 25 avril* 1818 (4), ci............................ 4,300,000 »

Que les *créanciers anglais dits de Bordeaux*, au nom desquels le Gouvernement anglais avait transigé le 4 juillet 1818, moyennant une somme de 450,000 francs, n'aient reçu en outre sur les fonds versés pour une autre destination en vertu de la convention du 25 avril 1818 une somme considérable (5)............................ *Mémoire.*

Qu'il en ait été de même pour les *créanciers des îles Ioniennes*, au nom desquels le Gouvernement anglais avait transigé avec le nôtre pour 150,000 francs de rente et qui ont reçu en outre une somme importante (6) .... *Mémoire.*

Soit ensemble, et sans comprendre le chiffre de ces deux derniers articles (7) .... 17,342,425 fr. »

---

(1) Minute de la Trésorerie du 7 septembre 1826, publiée dans la *Gazette de Londres.*

(2) Compte rendu à la Chambre des Communes le 1er avril 1824.

(3) Rapport à la Chambre des Communes du 19 mars 1826.

(4) Id. — (5) Id. — (6) Id.

(7) A ces payements sur l'indemnité française il serait facile d'ajouter, en interrogeant les journaux anglais de l'époque, des payements bien plus étranges encore, et qui prouvent qu'on puisait aussi dans les fonds de cette indemnité comme dans une sorte de fonds secrets, à l'usage des menus plaisirs du prince qui gouvernait alors l'Angleterre.

Quand nous démontrons par les documents les plus certains que le Gouvernement anglais a détourné de la destination donnée par les traités à l'indemnité française des sommes dont le chiffre est déjà si considérable, il n'est plus possible de repousser sous le prétexte d'invraisemblance la violation de dépôt dont nous nous plaignons pour tout le surplus des rentes de l'indemnité française.

Le fait du dépôt confié par la France au Gouvernement anglais, l'obligation prise par ce Gouvernement de restituer le surplus à la France, l'emploi par lui d'une partie des valeurs déposées à une destination tout à fait différente de celle fixée par la convention, l'importance des sommes qui doivent faire retour à la France en vertu des traités, tout cela est maintenant établi par des preuves au-dessus de toute contestation.

§

Nous croyons pouvoir dire que jusqu'ici il n'y a pas même l'ombre d'une difficulté, et que la réclamation remplit bien sous tous les rapports la condition qu'exigeait M. Rouher pour la faire valoir contre l'Angleterre.

Cette première condition remplie, le demandeur ayant fait sa preuve de la manière la plus complète, comment le défendeur pourrait-il échapper à la nécessité d'accomplir son obligation ?

« En justifiant le payement ou le fait qui a produit sa libération ! »

Voyons donc quelles vont être les preuves produites par l'Angleterre pour justifier qu'elle n'est plus tenue à l'exécution de l'obligation qu'elle avait contractée envers la France par l'article 9 de la convention du 20 novembre 1815.

Parmi ces preuves, toutes ne mériteraient pas à un égal degré la faveur des juges, quels qu'ils fussent, chargés d'apprécier une contestation de cette nature.

Si l'Angleterre disait : Je ne suis plus tenue à l'obligation du remboursement d'aucune somme envers la France, parce que je lui ai rendu tout ce que je lui devais en vertu de la convention, il y aurait là une déclaration, répétons-le, digne de toute faveur et qui ne demanderait qu'une démonstration bien simple et bien facile à fournir, la quittance de la France.

Est-ce le langage que M. Rouher fait tenir à l'Angleterre pour décliner l'obligation de remboursement ?

Pas le moins du monde, car il est bien constant que l'Angleterre n'a jamais rien remboursé à la France.

Il y aurait une autre preuve qui mériterait d'être prise en très-sérieuse considération, si elle était produite ou même offerte au nom de l'Angleterre.

Ce serait celle qui consisterait à établir que l'Angleterre, n'ayant fait des rentes remises par la France que l'usage prescrit par la convention, n'est tenue à aucun remboursement.

. Et dans ce cas rien ne serait plus facile pour l'Angleterre que de faire la justification du fait ainsi précisé.

. Tout le monde connaît, ou peut se faire représenter le tableau des réclamations anglaises qui avaient été faites dans les délais fixés par la convention, tableau sur la production duquel a eu lieu le versement supplémentaire de 3 millions de francs de rente,

. L'Angleterre n'a qu'une chose à faire, c'est de produire l'état des réclamations auxquelles il a été donné satisfaction, et de faire voir, par le chiffre des allocations mis en regard de celui des demandes, qu'elle s'est conformée dans l'emploi des fonds aux stipulations de la convention.

Ce n'est pas non plus à ce genre de preuves qu'aurait recours l'Angleterre, au moins si nous en jugeons par le langage tenu par M. le ministre d'Etat.

C'est à l'aide de ce qu'il appelle lui-même une *fin de non-recevoir* que l'Angleterre échapperait à la nécessité d'exécuter l'obligation prise par elle envers la France de lui rembourser le surplus,

Une fin de non-recevoir! Ce mot sonne bien mal à l'oreille dans un débat aussi grave. Ce mot éveille une idée bien étroite et bien mesquine pour trouver sa place dans une question aussi haute !

Sans doute c'est à l'aide de moyens semblables que l'Angleterre a pu lasser la patience d'un des plus forts réclamants, M. le baron de Bode, et qu'elle a pu se dispenser de lui payer une indemnité quelconque ; mais nous avons vu en quels termes énergiques les membres les plus autorisés du Parlement anglais qualifiaient la conduite du Gouvernement qui ne craignait pas de recourir à de misérables moyens de forme pour frustrer un réclamant de ce qu'ils considéraient comme sa part légitime dans l'indemnité française!

Et, d'ailleurs, quand il serait vrai que des moyens de forme et des fins de non-recevoir ont pu être accueillis par les tribunaux anglais contre un simple particulier dont on contestait tantôt l'inscription en temps utile, tantôt le titre de légitime propriétaire des biens confisqués, et enfin la nationalité, est-ce qu'il en faudrait conclure que l'Angleterre pût se croire autorisée à procéder de la même façon envers une nation amie, envers une nation son égale en puissance, envers une nation qui invoque la foi de traités publics placés sous la sauvegarde et la garantie de toute l'Europe ?

Non! disons-le hardiment et sans crainte d'être démenti, le Gouvernement d'un pays comme l'Angleterre n'écarte pas par des fins de non-recevoir des réclamations de cette nature formulées par une nation comme la France.

M. Rouher, par un excès de courtoisie envers un allié, a attribué à celui-ci une attitude qu'il ne prendra certainement pas dans cette affaire, car le jour où un membre du Gouvernement anglais viendrait proposer au Parlement de répondre par des fins de non-recevoir à une réclamation de la France, il courrait risque de soulever un orage qui l'emporterait, et s'il ne succombait pas sous un vote du Parlement, il succomberait certainement sous les atteintes de cette reine du monde, de cette opinion [publique avec laquelle il faut compter plus encore en Angleterre que partout ailleurs.

§

Mais enfin, en quoi consisterait donc la fin de non-recevoir sur laquelle, suivant M. Rouher, l'Angleterre pourrait s'appuyer pour ne pas rembourser les sommes qu'elle a reçues en trop?

Il y aurait eu, en 1818, lorsque la France a remis les nouvelles inscriptions qui ont complété les 6,500,000 francs de rente, il y aurait eu *opération à forfait et transaction*.

C'est la convention entre la France et l'Angleterre du 25 avril 1818 qui constituerait la fin de non-recevoir.

C'est donc dans cette convention qu'il faut chercher la clause qui dispenserait le Gouvernement anglais de l'obligation prise par lui de rembourser le surplus.

C'est dans cette convention qu'il faut trouver la preuve que les parties ont transigé sur la propriété de ce surplus et qu'elles ont entendu que l'abandon en serait fait par la France, à des conditions qu'il faudra déterminer !

Voilà la démonstration à faire par le Gouvernement anglais, ou par ceux qui consentent à se faire ses défenseurs officieux.

Il a été annoncé par M. le ministre d'État que sa démonstration aurait une double base: les stipulations mêmes des conventions, et les déclarations faites en 1818 et en 1819 lors de la présentation aux Chambres législatives françaises des dispositions financières relatives à l'exécution de la convention du 25 avril 1818.

Nous ne saurions mieux faire que de suivre, dans notre discussion, l'ordre même qui nous est indiqué par M. le ministre d'État.

§

Les stipulations de la convention du 20 novembre 1815 constituaient, de la manière la plus claire et la plus précise, le Gouvernement anglais dépositaire au profit de la France du surplus des rentes non assignées aux réclamants anglais, et l'obligeaient à restituer ce surplus à la France.

Cette convention fait partie intégrante d'un traité de paix.

Ce traité est une loi internationale dont chacune des stipulations oblige, d'après le droit des gens, toutes les parties contractantes.

Mais dans le système de M. le ministre d'État, si nous nous rendons bien compte de son argumentation, la possession du Gouvernement anglais aurait changé de nature en vertu de la convention du 25 avril 1818.

Les rentes que le Gouvernement anglais détenait à titre de dépositaire avant le 25 avril 1818, il les aurait possédées à titre de propriétaire depuis cette époque!

S'il en est ainsi, les parties se seront certainement expliquées sur le résultat qu'elles ont voulu atteindre.

Quand elles ont voulu constituer le Gouvernement anglais dépositaire, elles l'ont dit!

Quand elles ont voulu l'obliger à rendre au Gouvernement français le surplus de rentes dont il n'aurait pas été disposé au profit des réclamants anglais, elles l'ont déclaré et très-expressément déclaré!

Si donc elles ont entendu changer en 1818 la situation qu'elles avaient ainsi faite aux deux parties dans l'éventualité d'un surplus, elles n'auront pas manqué de manifester par quelques dispositions à cet égard leurs intentions et leur volonté!

Eh bien, qu'on relise la convention du 25 avril 1818! Y trouve-t-on une seule ligne, un seul mot, qui dise que les rentes remises par le Gouvernement français pour le but indiqué dans la convention du 20 novembre 1815, au lieu de rester en dépôt aux mains des agents du Gouvernement anglais, pour le compte d'abord des réclamants anglais, et, dans l'éventualité du surplus, pour le compte du Gouvernement français, sont au contraire aliénées par le Gouvernement français au profit du Gouvernement anglais, qui en pourra disposer ainsi qu'il l'entendra?

Y trouve-t-on un seul mot qui indique, qu'en cas de surplus la France renonce au profit du Gouvernement anglais à la propriété de ce surplus!

Non! pas un mot dans ce sens. Les défenseurs du Gouvernement anglais n'ont donc jamais pu compter persuader à personne l'existence d'une stipulation relative à cette prétendue interversion dans le titre du détenteur qui, de simple dépositaire qu'il était des rentes françaises aux termes de la convention du 20 novembre 1815, serait devenu, à partir de 1818, propriétaire absolu des mêmes rentes.

Ils n'ont pas pu espérer davantage faire croire à l'existence d'une stipulation aux termes de laquelle le Gouvernement français, qui s'était réservé en termes si explicites en 1815 la propriété du surplus des rentes non assignées avec les intérêts accumulés et composés qu'elles auraient pu produire, aurait en 1818 RENONCÉ à ce surplus.

Mais s'il n'y a aucune stipulation dans ce sens, quel est donc le système du Gouvernement anglais, et que veut-on dire en son nom quand on appuie d'abord la thèse de la prétendue *transaction* et du prétendu *forfait* sur *les stipulations mêmes de la convention du 25 avril 1818* ?

Ce ne peut être que le système de l'abrogation tacite du traité du 20 novembre 1815, ou celui de la novation, ou celui de la remise de la dette.

Un mot sur chacune de ces hypothèses.

§

Il en est des traités comme des lois.

Les anciens traités peuvent être abrogés par des traités nouveaux.

Mais le traité du 25 avril 1818 n'a pas abrogé le moins du monde le traité du 20 novembre 1815, puisque dans son préambule il explique au contraire que les nouvelles dispositions qu'on vient d'arrêter ont pour but d'amener la pleine et entière exécution de la convention du 20 novembre 1815.

Le Gouvernement anglais était, aux termes du premier traité, constitué débiteur et dépositaire du surplus de rentes non assignées.

Aucune des dispositions du traité du 25 avril 1818 n'a touché à cette disposition. La conséquence de ce silence, c'est qu'elle reste en vigueur, et en effet on ne voit pas pourquoi elle aurait été modifiée.

Puisqu'il s'agit toujours pour le Gouvernement français de fournir les rentes nécessaires afin que les réclamants anglais soient indemnisés et payés, il est bien évident que si, sur les sommes remises par le Gouvernement français dans ce but, il reste un reliquat, ce reliquat ne peut être la propriété que du Gouvernement français, aussi bien d'après la convention du 25 avril 1818 que d'après celle du 20 novembre 1815.

§

Les jurisconsultes anglais qui ont eu à s'occuper de l'affaire du baron de Bode, bien que la question de savoir qui devrait être propriétaire du surplus n'eût pour eux qu'un intérêt très-secondaire, ont néanmoins constaté ces deux points :

1° Qu'il n'y avait eu par la convention du 25 avril 1818 *aucune transaction* entre le Gouvernement français et le gouvernement anglais sur les effets de la convention n° 7 ;

2° Que la clause relative à la restitution du surplus, consignée dans l'article 9 de la convention du 20 novembre 1815, *n'avait nullement été révoquée par la convention du 25 avril* 1818.

Voilà comment s'exprimait sur ces deux points une brochure publiée à Londres, au mois de janvier 1839, par M. le baron de Bode (1) :

Quant à cette convention n° 7, il n'y avait pas de transaction, et le montant intégral (pour ne pas dire plus) de ce qui était réellement dû aux réclamants compris dans cette convention fut accordé et payé par la France. Quoiqu'il n'y eût dans cette convention aucune réserve quant au surplus, pour le cas où il y en aurait un (car les circonstances d'alors ne permettaient pas d'espérer qu'il y en eût), cependant cette réserve telle qu'elle est stipulée dans l'article 9 de la convention de 1815, que, s'il reste un surplus, il sera remis à la disposition du Gouvernement français, n'a été annulée par aucun article dans cette dernière convention.

La disposition qui obligeait l'Angleterre à restituer à la France le surplus n'était pas révoquée par la convention du 25 avril 1818, et en effet à quel titre l'Angleterre aurait-elle demandé à la France l'abandon du surplus ?

Pourquoi la France aurait-elle fait cet abandon ?

Il est évident qu'une pareille renonciation ne saurait se présumer ; elle n'aurait pu être que le résultat de certaines compensations accordées par le Gouvernement anglais au Gouvernement français ; mais alors on aurait précisé l'objet, les termes, les conditions de la transaction qui serait intervenue, et il ne serait pas question d'une abrogation *tacite* de la disposition relative à la restitution du surplus.

Quant à la novation, nous dirons de ce mode d'extinction des obligations ce que nous disions de la renonciation à un droit acquis ; il est de principe que la novation ne se présume pas, et que la volonté de l'opérer doit résulter claire-

(1) It will hereafter be seen, that as to this convention n° 7, *there was no compromise*, but that the full amount (to say the least of it) of what was really due to the claimants coming under this convention, was granted and paid by France.

Although there was no specific reservation in this convention as to a surplus, should any remain (as under existing circumstances it was not expected that any would remain), yet that reservation, as stipulated in the 9th article of the convention of 1815 — that if a surplus remain, *it should be given up to the disposal of the French Government* — was not by any article in this latter convention REVOKED. (*FRENCH CLAIMS, concerning the defalcation from the funds paid by France, under the conventions of 1815 and 1818, to indemnify British subjects*. London, January 1839.)

ment de l'acte (article 1273 du Code Napoléon). Or, il n'y a pas une ligne dans l'acte du 25 avril 1818 qui puisse faire supposer de la part ni du Gouvernement français ni du Gouvernement anglais l'intention de faire une novation quelconque à l'obligation résultant du droit commun et d'une convention expresse, c'est-à-dire à l'engagement par le Gouvernement anglais de restituer le surplus de ce qui lui avait été versé pour un but déterminé.

Sans doute on n'exige point pour la novation l'emploi d'expressions sacramentelles ; il suffirait de termes équipollents, pourvu qu'on y rencontrât une manifestation claire et précise de l'intention des parties.

Mais dans le doute il faudrait écarter la novation prétendue, et le doute existerait si les expressions étaient ou ambiguës ou équivoques.

En principe, on décide qu'il n'y a pas novation toutes les fois que la seconde obligation, au lieu d'être incompatible avec la première, peut parfaitement se concilier avec elle.

Il n'y a donc point novation, d'après les principaux auteurs (1), lorsque les parties se sont bornées, sans transformer ni dénaturer le titre de la dette, à changer, diminuer, augmenter, ajouter une hypothèque, un privilège, un gage, un cautionnement, un terme, une condition, une clause pénale ; soit même à élever ou restreindre la quotité de la somme due. C'est une modification de l'ancienne dette, mais ce n'en est pas la novation.

§

Ceci devrait suffire pour écarter la supposition de la novation, mais comme il se pourrait que sous le nom d'une prétendue *transaction*, impossible à justifier, et d'un prétendu *forfait* contre lequel proteste le texte même de la convention du 25 avril 1818, se cachât la thèse fort peu juridique d'une sorte de novation implicite , ne laissons rien derrière nous et approfondissons encore ce point.

La novation est la transformation, la translation d'une obligation en une autre qui lui est substituée (2),

La nouvelle obligation est, en réalité, plutôt changée que détruite. C'est

---

(1) L. 8 C. *de Nov.* — Merlin, *Rép.* V. *Novation*, § 5. — Toullier, t. VII, p. 277. — Duranton, t. XII, p. 286. — Larombière, t. III, p. 525.

(2) *Novatio est prioris debiti in aliam obligationem vel civilem, vel naturalem, transfusio atque translatio.* L. 1. ff. *de Nov.* et Deleg.

de cette substitution d'une obligation nouvelle à une autre que le mot de novation a été tiré.

Prenons les trois formes que la novation peut revêtir d'après le Code civil.

Il y a novation lorsque le débiteur contracte envers son créancier une nouvelle dette qui est substituée à l'ancienne, laquelle est éteinte ;

Ou lorsqu'un nouveau débiteur est substitué à l'ancien, qui est déchargé par le créancier ;

Ou enfin lorsque, par l'effet d'un nouvel engagement, un nouveau créancier est substitué à l'ancien, envers lequel le débiteur se trouve déchargé.

Il est bien évident d'abord que, par l'effet de la convention du 25 avril 1818, le débiteur n'est pas changé.

Et quand nous parlons du débiteur, nous entendons parler du Gouvernement français en ce qui concerne les réclamations anglaises, et du Gouvernement anglais en ce qui concerne le surplus qui peut rester sur les rentes déposées et qui doit être remis à la France.

Si le débiteur n'a pas changé, les créanciers n'ont pas changé davantage.

Les créanciers sont toujours, d'une part, et jusqu'à concurrence du montant de leurs droits, les réclamants portés sur la liste, et au nom desquels a traité le Gouvernement anglais ; d'autre part, pour le surplus, le Gouvernement français, qui est resté propriétaire des titres mêmes qu'il a déposés, c'est-à-dire de la partie non employée de ses inscriptions de rente.

Ces deux cas de novation sont hors de question.

Voyons donc le seul cas de novation qui puisse nous occuper. C'est celui que le législateur semble considérer comme le plus fréquent en le mentionnant le premier dans l'article 1271 du Code Napoléon:

« Lorsque le débiteur contracte envers son créancier une nouvelle dette qui est substituée à l'ancienne, laquelle est éteinte.... »

Les modifications contenues dans la convention du 25 avril 1818 ne peuvent pas rentrer sous l'application de ce principe.

Il y avait, comme nous l'avons dit plusieurs fois, deux obligations, deux dettes contractées par la convention du 20 novembre 1815:

La première était une obligation ferme, dont l'existence était certaine, et dont le chiffre seul était indéterminé. C'est l'engagement pris par la France d'indemniser et de payer les réclamants anglais qui avaient souffert de la violation du traité de 1786.

La seconde était une obligation essentiellement éventuelle et conditionnelle. Elle était subordonnée à l'existence, après tous comptes faits, d'un excédant entre les mains du Gouvernement anglais : c'est l'engagement pris par le Gouvernement anglais de rendre à la France cet excédant, ce SURPLUS.....

Quant à l'obligation prise par la France, on ne peut pas prétendre qu'elle ait été l'objet d'une novation quelconque. La convention du 25 avril 1818 a toujours pour objet de faire indemniser et payer les réclamants anglais.

Si la dette de la France se trouve aujourd'hui éteinte, c'est par le payement, et non par une novation quelconque, soit dans les droits des réclamants, soit dans l'obligation du débiteur.

La difficulté actuelle porte donc uniquement sur la question de savoir si l'obligation éventuelle et conditionnelle du Gouvernement anglais s'est trouvée, en 1818, éteinte par la novation et remplacée par une obligation de quelque autre nature.

Eh bien, aucune de ces deux conditions ne se rencontre dans la convention du 25 avril 1818 : d'une part, il n'y a aucune disposition d'où l'on puisse induire, ni expressément ni implicitement, l'annulation de l'engagement pris par l'Angleterre de rembourser le surplus à la France; et d'autre part, il ne s'est formé sur le sort, sur la disposition, sur la propriété de ce surplus, aucune obligation nouvelle quelconque.

Il faut donc en conclure que les parties n'ont entendu faire sur ce point aucune novation à leurs engagements et à leurs droits, et il faut reconnaître que la propriété du surplus est restée régie par les dispositions de la convention du 20 novembre 1815.

§

La novation écartée, faut-il parler de la remise de la dette? Non ! une pareille assertion serait injurieuse pour les deux Gouvernements ! au moment même où la France s'exécutait avec tant de loyauté pour tout ce qu'elle devait aux sujets anglais, l'idée de renoncer sans aucune compensation à rentrer dans les sommes qui n'auraient pas été attribuées aux réclamants anglais ne pouvait venir aux représentants du Gouvernement français, et en effet rien de semblable n'apparaît dans l'acte du 25 avril 1818.

§

Nous venons de passer en revue toutes les manières dont aurait pu se résoudre l'obligation de restitution prise par le Gouvernement anglais pour le surplus des rentes non assignées aux réclamants anglais, et nous déclarons ne pas comprendre comment M. le ministre d'État a pu dire qu'il résultait pour lui des stipulations de la convention du 25 avril 1818 qu'il y aurait en transaction ou forfait sur la question de la propriété de ce surplus.

§

Une objection s'est pourtant produite à propos des débats du Corps législatif. On a dit :

La liquidation a passé des mains d'une commission mixte aux mains d'une commission anglaise : les rentes françaises, qui étaient déposées aux mains de Commissaires anglais et français, ont été remises aux mains de Commissaires anglais ; les dossiers des réclamations anglaises ont été remis par la commission mixte à la commission anglaise.

Ces dispositions ne constitueraient-elles pas la transaction ?

L'objection n'est pas sérieuse et ne mériterait pas l'honneur d'une réponse.

Qu'est-ce en effet qu'une transaction ?

La transaction est un contrat par lequel les parties terminent une contestation née ou préviennent une contestation à naître. (Art. 2044 du Code Napoléon.)

Quelle était la contestation qui pouvait naître à propos de la restitution du surplus ?

La demande même que le Gouvernement est actuellement provoqué à adresser, au nom de la France, la réclamation du surplus, qui, s'il existe, doit être réputé la propriété de la France à un double titre : d'abord d'après les principes du droit commun, ensuite d'après la clause expresse de l'article 9 de la convention du 20 novembre 1815 !

Or, les dispositions relatives à la délivrance, pour un but déterminé, des rentes aux Commissaires anglais, et des dossiers à la nouvelle commission de liquidation composée exclusivement d'Anglais, tout cela ne ressemble en rien à une transaction sur la propriété des rentes françaises ni sur l'objet pour lequel elles ont été remises par le Gouvernement français.

Le Gouvernement anglais qui avait commencé à posséder ces rentes, à titre de dépositaire, lorsqu'elles étaient inscrites au nom de la commission mixte, a-t-il pu les posséder à partir du 25 avril 1818, à titre de propriétaire, uniquement parce que depuis ce moment elles ont été inscrites au nom des commissaires anglais ?

Une pareille argumentation n'est pas digne de la gravité du sujet ; c'est l'interversion dans le titre de la possession qu'il faudrait démontrer, pour pouvoir parler de transaction.

Celui qui a commencé à posséder soit comme locataire, soit comme dépositaire, à titre précaire enfin, ne peut plus jamais être réputé posséder à titre de propriétaire que par suite d'un second contrat, d'une nouvelle convention. C'est ce qu'exprime énergiquement la disposition de l'article 2231 du Code civil, ainsi conçue :

« *Quand on a commencé à posséder pour autrui, on est toujours présumé posséder au même titre, s'il n'y a preuve du contraire.* »

Où est le nouvel acte qui a fait passer la propriété aux mains du Gouvernement anglais, et qui, de dépositaire qu'il était incontestablement à l'origine, l'aurait rendu propriétaire ?

On peut d'autant moins attribuer une pareille portée aux mesures prises pour le nouveau mode de liquidation, que la convention du 25 avril 1818 en indique elle-même l'objet et le but, qui étaient de faciliter l'exécution pleine et entière de la convention du 20 novembre 1815.

Il s'agissait uniquement d'assurer un résultat plus prompt à la liquidation, en faisant passer cette liquidation aux mains de Commissaires exclusivement anglais.

C'est ce qu'a déclaré lord Castelreagh lui-même à la Chambre des communes, si nous en jugeons par les lignes suivantes du compte rendu d'un journal de Londres, du 20 février 1819 (1) :

« Dans la séance des Communes d'hier au soir, lord Castelreagh a fait une motion dont l'objet était d'obtenir du Parlement les pouvoirs nécessaires pour distribuer *entre les réclamants anglais* une somme de plus de 6 millions de livres sterling payée par la France. A cet effet, Sa Seigneurie a exposé avec beaucoup de clarté *les mesures que l'on avait prises pour assurer une compensation prompte en mettant toute l'affaire entre les mains des Commissaires anglais.* »

Voilà toute la portée de cette disposition, en vertu de laquelle on remettait les rentes françaises à des Commissaires dépositaires anglais, et les dossiers à une commission de liquidation anglaise.

Mais la répartition s'appliquait toujours à des fonds français, à des rentes françaises, et l'objet de la convention de 1818, comme celui de la convention de 1815, était bien que ces fonds, ces rentes fussent employés, soit par la commission mixte soit par le Gouvernement anglais, à indemniser les réclamants anglais.

Et quant au surplus, il n'aurait pu cesser d'être la propriété de la France que par suite d'un accord, de quelque nom qu'on l'appelle, transaction, traité ou convention, qui aurait, par une dérogation au droit commun et à un traité précédent, dispensé le Gouvernement anglais de l'obligation de restituer ce surplus à la France.

(1) *Le Courrier.*

Comme il n'est jamais intervenu rien de semblable entre les deux Gouvernements, il faut bien reconnaître que l'étude des traités et des conventions de 1815 et de 1818 conduit à une conclusion absolument contraire à celle de l'hypothèse d'une transaction.

§

Si l'étude attentive des traités, si l'examen de leurs stipulations ne fournissent à l'appui de la fin de non-recevoir invoquée au nom de l'Angleterre aucun argument de la moindre valeur, cette fin de non-recevoir résulterait-elle, comme l'a donné à entendre M. le ministre d'État dans la séance du Corps législatif du 27 mai 1864, de déclarations formelles qui auraient été faites en 1818 et en 1819 lors de la présentation aux Chambres des dispositions financières relatives au traité du 25 avril 1818.

Il se présente sur cette assertion de M. le ministre d'État une première observation :

Un engagement formel contracté entre deux nations, par la voie d'un traité revêtu de toutes les formes diplomatiques, pourrait-il être considéré comme annulé parce que le ministre d'une des puissances contractantes aurait, devant les chambres législatives de son pays, fait telle ou telle déclaration contraire aux stipulations du traité ?

Nous ne le croyons pas le moins du monde.

De pareilles déclarations n'auraient pu changer les dispositions du traité. Pour apprécier la portée des obligations et des droits de chaque partie contractante, c'est toujours au traité lui-même qu'il faut se référer.

Ainsi, pour la convention du 20 novembre 1815, de quelques expressions que les ministres aient pu se servir quand ils ont présenté aux Chambres cette convention pour obtenir la loi du 23 décembre 1815, qui, en leur ouvrant les crédits nécessaires, leur permettait de faire face aux engagements pris au nom de la France par cette convention, il n'en sera pas moins constant qu'elle contenait l'obligation formelle, de la part du Gouvernement anglais, de restituer à la France le surplus des rentes non assignées.

De même, quelles que soient les expressions dont a pu se servir M. le duc de Richelieu, quand il a annoncé aux Chambres législatives la convention du 25 avril 1818 pour obtenir la loi qui lui ouvrait les nouveaux crédits dont il avait besoin, c'est à cette convention du 25 avril 1818 qu'il faudra se référer, pour savoir si une disposition du traité du 20 novembre 1815 a été annulée, si la France a renoncé à ses droits sur le surplus, si le Gouvernement anglais a été dégagé de l'obligation qu'il avait prise de restituer ce surplus.

La disposition formelle d'un traité ne peut cesser d'être obligatoire pour les parties contractantes que par suite d'une disposition nouvelle d'un autre traité, dont l'existence serait inconciliable avec la première. Et si M. le duc de Richelieu avait eu à faire aux Chambres législatives quelque déclaration de la nature de celle que lui attribue sans le moindre fondement M. le ministre d'État, on devrait trouver évidemment dans le traité la disposition même dont les déclarations de M. le duc de Richelieu n'auraient été que le commentaire.

Mais ni le traité, ni la loi, ni l'exposé des motifs ne se prêtent à l'hypothèse d'une transaction à forfait.

§

Nous avons reproduit presque intégralement le discours même prononcé par M. le duc de Richelieu lors de la présentation du projet de loi contenant les dispositions financières relatives aux conventions du 25 avril 1818. Il n'est pas difficile, en lisant ce document, de reconnaître les causes de la préoccupation du Gouvernement français et de l'anxiété de la nation que ne dissimulait point le ministre des affaires étrangères. Il ne faut pas les chercher dans les conséquences éventuelles des réclamations anglaises, réclamations qui, nous l'avons dit, étaient uniquement basées sur le séquestre et la confiscation des biens d'un certain nombre de sujets anglais par suite de mesures révolutionnaires, et qui ne pouvaient ni laisser d'incertitude sur leur chiffre ni motiver d'inquiétude par leur importance.

La préoccupation, l'inquiétude, l'anxiété venaient des réclamations des sujets des puissances continentales, de ces 39 groupes qui, pour une innombrable série de griefs de toute nature, avaient formulé ces demandes d'indemnité dont la *masse* — c'est le duc de Richelieu qui le déclare — *était au-dessus des forces de la France*.

Pour qui lit avec soin le discours du duc de Richelieu à l'appui du projet de loi, l'économie tout entière de cet exposé des motifs peut se réduire aux trois points suivants :

1° Un énoncé très-précis de l'objet et de la portée des conventions du 20 novembre 1815, qui avaient donné lieu aux négociations dont M. le duc de Richelieu venait annoncer l'issue.

2° L'expression d'une vive satisfaction pour le résultat de ces négociations qui, d'après M. le duc de Richelieu, avaient abouti à un allégement très-sensible des charges imposées à la France par la convention du 20 novembre 1815.

11

3° Enfin l'indication des concessions qu'avait dû faire le Gouvernement français pour obtenir ces résultats.

§

En insistant sur l'objet des conventions de 1815, M. le duc de Richelieu constate, de manière à ne laisser aucune place à l'équivoque, l'affectation spéciale donnée par le traité aux fonds de l'indemnité française.

Il prend soin d'expliquer que, d'après les conventions, ces fonds ne sont nullement destinés à profiter aux Gouvernements des puissances avec lesquelles on traite, mais uniquement à ceux de leurs sujets qui auraient eu une créance légitime contre la France.

Ces conventions, dit très-nettement M. le duc de Richelieu, « *ont pour but, non de procurer des indemnités aux habitants des pays ravagés par la guerre,* ENCORE MOINS D'EN ACCORDER AUX GOUVERNEMENTS DE CES PAYS, *mais seulement d'assurer le payement des dettes contractées en vertu d'actes positifs du Gouvernement français, d'obligation légale.* »

Ce n'est assurément pas dans cette première proposition de M. le ministre des affaires étrangères que M. le ministre d'État trouverait la justification de cette assertion que les deux Gouvernements auraient traité à forfait de la propriété du surplus.

Un tel traité aurait fait précisément des fonds de l'indemnité française une indemnité supplémentaire au profit du Gouvernement anglais, et non-seulement il n'est pas dit un mot d'une pareille éventualité dans le discours de M. le duc de Richelieu, mais l'interprétation de M. le ministre d'État est en contradiction absolue avec le langage tenu par le duc de Richelieu et que nous venons de reproduire.

§

Le second point de ce discours est relatif à la diminution des charges résultant pour la France des conventions du 25 avril 1818.

M. le duc de Richelieu revient à plusieurs reprises sur ce point de vue de la question.

Or, si la thèse de M. le ministre d'État était exacte, M. le duc de Richelieu aurait été dupe d'une étrange illusion, puisque, pour ce qui concerne l'indemnité anglaise, la convention du 25 avril 1818 aurait été une aggravation sensible des charges que la convention du 20 novembre 1815 faisait peser sur la France.

En effet, il ne peut être méconnu que, d'après la convention du 20 novembre 1815, le surplus des rentes françaises non employées était resté la propriété de la France ; si donc il était vrai que la France eût perdu ses droits à cette propriété par suite de la convention du 25 avril 1818, la diminution des charges de la France annoncée par M. le duc de Richelieu n'aurait pas existé.

Ces charges auraient été au contraire sensiblement aggravées par la convention anglaise et aggravées sans aucune compensation.

Objecterait-on que le discours de M. le duc de Richelieu ne laisse aucun doute sur ce qu'entendait M. le ministre par cet adoucissement dans les conditions imposées à la France ?

Ce n'est pas, nous l'avons reconnu nous-mêmes, de la convention anglaise, mais bien de celle relative aux réclamations des sujets des puissances continentales que voulait évidemment parler M. le duc de Richelieu, quand il se félicitait si hautement de l'adoucissement qu'il avait obtenu dans les conditions imposées à la France.

Mais au moins faut-il reconnaître, quant aux réclamations anglaises, que si le traité du 25 avril 1818 n'a apporté aucune amélioration appréciable dans les charges que faisait peser sur nous la convention du 20 novembre 1815, le duc de Richelieu ne fait aucune allusion à une aggravation de la nature de celle qu'il faudrait admettre dans l'hypothèse de la renonciation du Gouvernement français au bénéfice de la clause de la convention de 1815 qui réservait à la France la propriété du surplus?

§

Enfin le troisième point traité par le duc de Richelieu va nous apprendre nettement sur quoi le Gouvernement français a transigé le 25 avril 1818.

« L'un de ces actes, dit M. le duc de Richelieu, concerne les puissances con-
« tinentales. *Moyennant la renonciation au remboursement des capitaux de*
« *rente que le Gouvernement aurait eu à réclamer,* en vertu de l'art. 21 du
« traité du 30 mai 1814, et les art. 6 et 22 de la convention du 20 novembre 1815,
« le supplément que la France doit encore fournir pour le payement de sa dette
« envers leurs sujets est définitivement fixé à 12 millions 40 mille francs de
« rente. »

Voilà bien clairement posé, pour ce qui concerne les réclamations des sujets des puissances continentales, le principe d'une transaction.

La France avait une créance à exercer contre les Gouvernements des puissances continentales en vertu de l'article 21 du traité du 30 mai 1814.

Cet article portait que les dettes spécialement hypothéquées dans leur origine sur les pays qui cessaient d'appartenir à la France resteraient à la charge de ces mêmes pays, et qu'en conséquence il serait tenu compte au Gouvernement français, à partir du 22 décembre 1813, de celles de ces dettes qui avaient été converties en inscriptions au grand-livre de la dette publique de France.

L'article 6 de la convention du 20 novembre 1815, relative aux réclamations des sujets des puissances continentales, réglait l'exécution de la disposition précédente et fixait au cours moyen du prix que les rentes du grand-livre auraient eu entre le jour de la convention et le 1er janvier 1816, le montant du capital que chacun des Gouvernements de ces pays respectifs serait dans le cas de rembourser à la France.

Par l'article 22 de cette même convention les souverains des pays qui avaient cessé d'appartenir à la France renouvelaient l'engagement résultant des dispositions que nous venons d'analyser.

Le discours de M. le duc de Richelieu déclare que, par la convention qu'il vient de conclure, le Gouvernement français a renoncé à exiger ce remboursement.

Voilà, répétons-le, les éléments de la transaction : La France abandonne les droits qu'elle avait au remboursement de ces créances, et, de leur côté, les Gouvernements des puissances continentales pour « cette multitude de créanciers « solennellement appelés à faire valoir leurs titres qui, de toutes les parties de « l'Europe, pressaient leur Gouvernement de n'en abandonner aucun,» consentent, au lieu du chiffre d'environ 1,400 millions auquel s'élevaient les prétentions, à se contenter du chiffre de 12 millions 40,000 francs de rente, à ajouter aux 3,500,000 francs de rente déjà fournis par la France.

Le traité annoncé par le duc de Richelieu, relativement aux sujets des puissances continentales, réunit bien toutes les conditions d'une transaction, et si l'exposé des motifs n'en prononce pas le nom, nous savons que la convention même du 25 avril 1818, intervenue entre la France et les représentants des puissances continentales, en a tous les caractères et que sa véritable qualification lui est donnée à plusieurs reprises dans différents articles de l'acte.

L'article 2 de ce traité relatif à l'abandon fait par la France du bénéfice de certaines dispositions contenues dans le traité du 30 mai 1814, et dans la convention du 20 novembre 1815, s'exprime ainsi :

Les sommes remboursables au Gouvernement français en vertu de l'article 2 du traité du 30 mai 1814 et des articles 6, 7 et 22 de la susdite convention du 20 novembre 1815, serviront à compléter les moyens d'extinction des susdites dettes de la France envers les sujets des puissances qui étaient chargées du remboursement de ces sommes.

Une telle disposition indique déjà d'une manière précise le caractère transactionnel de cette convention du 25 avril 1818, puisqu'il y est dit que les sommes que la France était en droit de réclamer des Gouvernements des puissances continentales, serviront à compléter les moyens d'extinction de la dette de la France envers les sujets de ces puissances.

L'article 3 est plus précis encore :

Les reprises que le Gouvernement français aurait pu être autorisé à exercer sur les cautionnements de certains comptables, dans les cas prévus par les articles 10 et 21 de la convention du 20 novembre 1815, étant également entrées DANS LA TRANSACTION QUI FAIT L'OBJET DE LA PRÉSENTE CONVENTION, elles se trouveront par là complétement éteintes.

Voilà comment on s'exprime quand on veut transiger. Et si l'on trouve quelque disposition semblable dans la convention anglaise du même jour, 25 avril 1818, qu'on veuille bien nous la signaler, car nous ne l'y avons pas découverte.

L'article 4 mentionne d'autres sommes que la France aurait été en droit de se faire rembourser COMME COMPRISES DANS LA PRÉSENTE TRANSACTION.

Enfin, l'article 5 tire de ces divers articles la conséquence qui s'y trouvait implicitement renfermée, en disant qu'au moyen des stipulations contenues dans les articles précédents, la France se trouve complétement libérée, tant pour le capital que pour les intérêts, des dettes de toute nature prévues par le traité du 30 mai 1814 et la convention du 25 avril 1818, et réclamées dans les formes prescrites par ladite convention de sorte que *lesdites dettes seront considérées à son égard comme éteintes et annulées, et ne pourront jamais donner lieu contre elle à aucune espèce de répétition.*

Si l'exposé des motifs de M. le duc de Richelieu peut servir à quelques égards à se rendre compte de la portée des deux conventions du 20 novembre 1815, le texte de ces conventions elles-mêmes jette une lumière plus complète encore sur le véritable sens dans lequel il faut comprendre cet exposé des motifs.

Il a pu ne pas convenir à M. le duc de Richelieu de mettre en relief les différences profondes qui séparent les deux conventions, mais il suffit de les lire pour voir que, si les efforts de la diplomatie du Gouvernement français avaient obtenu des résultats considérables et d'incontestables adoucissements en ce qui concernait les réclamations des sujets des puissances continentales, il n'avait été en réalité rien changé aux dispositions essentielles de la convention du 20 novembre 1815 en ce qui concernait les réclamations des sujets anglais proprement dits.

La transaction pour les réclamations anglaises s'était bornée à celle relative aux réclamations des habitants des îles Ioniennes et de l'île de France, compris

pour 150,000 francs de rente dans les 12 millions 40 mille francs de rente attribués transactionnellement et à forfait pour indemniser les 39 groupes mentionnés
dans la convention relative aux sujets des puissances continentales.

Mais il n'y avait eu renonciation de la part du Gouvernement anglais à aucun
des droits des sujets anglais proprement dits tels qu'ils étaient fixés par la convention du 20 novembre 1815, et, de son côté, le Gouvernement français n'avait
fait aucune renonciation aux droits qu'il tenait de cette même convention.

Nous croyons avoir suffisamment réfuté les deux moyens principaux que M. le
ministre d'État a énoncés à l'appui de l'hypothèse d'une transaction à forfait qui
serait intervenue en 1818, tant sur le montant des réclamations des sujets anglais que sur la propriété du surplus, tels qu'ils étaient réglés par la convention
du 20 novembre 1815.

§

Il nous reste un dernier ordre de faits à apprécier.

Jusqu'à présent nous ne nous sommes occupé que des objections présentées
contre les réclamations de la France par l'éminent représentant du Gouvernement français, qui s'est constitué en quelque sorte devant le Corps législatif
l'avocat d'office du Gouvernement anglais. Quelle que soit la haute valeur et
l'intelligence hors ligne du défenseur que l'Angleterre a eu l'heureuse chance
de trouver parmi nous, il n'est pas mal, ce nous semble, pour nous faire une
idée de l'accueil réservé en Angleterre à la réclamation française, de connaître
la manière dont en ont parlé en diverses circonstances les membres mêmes
du Gouvernement anglais.

§

Nous ne ferons plus allusion ni à lord Lyndhurst, ni à lord Truro, ni à aucun
des hommes politiques qui soutenaient dans le parlement anglais la réclamation
du baron de Bode. Mais nous interrogerons au contraire sur la question que
nous cherchons à approfondir l'opinion de deux ministres de la Grande-Bretagne appelés à s'expliquer incidemment sur le droit de la France à la propriété du surplus, et entrant dans ces explications précisément pour combattre la réclamation du baron de Bode.

Voyons d'abord comment s'exprime le chancelier de l'Échiquier, lord Monteagle, très-intéressé à justifier le Gouvernement anglais des reproches qui lui étaient adressés, puisque nous avons pu constater que c'est sur la Trésorerie anglaise que se concentrait l'attaque des défenseurs du baron de Bode.

Lord Monteagle fait à toutes les attaques motivées sur le refus de donner satisfaction à la réclamation du baron de Bode deux réponses générales, l'une tirée des lois votées par le parlement anglais sur l'emploi de l'indemnité française, l'autre tirée de l'attitude et de la conduite du Gouvernement français relativement à l'application des conventions de 1815 et de 1818.

Au point de vue des lois votées par le parlement anglais, lord Monteagle dit:

Nous avons fait des fonds de l'indemnité française l'emploi prescrit par une loi de l'État, par le 59e statut du roi Georges III, et c'est aussi en vertu d'une disposition de ce statut que nous repoussons la réclamation du baron de Bode comme ayant été souverainement rejetée par les tribunaux compétents institués par le statut.

Au point de vue politique et international, lord Monteagle tient à ses adversaires ce langage :

Vous dites que nous interprétons mal les traités intervenus entre la France et nous; vous nous accusez d'avoir disposé du surplus des rentes françaises, au mépris des dispositions de notre traité avec la France ; vous nous taxez de mauvaise foi envers la France; mais de quel droit nous parlez-vous ainsi, puisque la France n'a jamais élevé et n'élève même pas, à l'heure où vous parlez, la moindre réclamation à ce sujet ?

Voilà, en résumé, la seule réponse du Gouvernement anglais, la première fois où il a jugé à propos de s'exprimer, avec un laconisme qui ne manque pas de précision, sur l'interprétation des traités (1).

§

Pour ce qui touche à l'application du statut, nous dirons tout à l'heure un mot de l'opinion exprimée par lord Monteagle, en appréciant celle du lord chancelier, lord Crawford, qui, dans une autre discussion, s'est également appuyé sur les dispositions de cet acte législatif.

Mais quant à la réponse de lord Monteagle sur la question politique et internationale, si elle pouvait avoir une certaine valeur comme adressée par un ministre anglais à des hommes d'État anglais, nous la trouvons absolument sans aucune portée en ce qui regarde l'état actuel de la question.

(1) Voir, p. 103 de ce *Précis*, la réponse même de lord Monteagle.

Lord Monteagle, parlant à des membres de la Chambre des Lords d'Angleterre, se borne à leur dire :

Je ne sache pas que jamais le Gouvernement français ait élevé une réclamation sur la manière dont nous exécutons les traités de 1815 et de 1818 ; je n'ai jamais entendu dire qu'il se fût plaint de l'emploi des fonds.

Comme le fait était vrai en 1853, au moment où le chancelier de l'Échiquier tenait ce langage, les membres du parlement anglais auxquels il s'adressait n'auraient pu dire qu'une chose : C'est que la France ferait peut-être un jour ce qu'elle n'avait pas fait jusqu'alors ; c'est qu'il n'y avait pas de prescription contre le droit résultant d'un traité, et qu'il importait d'être juste et honnête même envers les gens qui ne se plaignent pas !

Ce n'est guère l'habitude de nos voisins de pousser jusque-là l'amour des principes, et il n'y a pas trop lieu de s'étonner de les voir laisser tomber, sans essayer de la réfuter, cette argumentation de lord Monteagle qui laisse intacte la question de principe, et qui ne pourrait, dans aucun cas, être opposée à des hommes d'État français réclamant l'exécution de la partie financière des traités de 1815 et revendiquant le droit de la France ; mais constatons que le chancelier de l'Échiquier ne fait pas la moindre allusion à une transaction ou à un forfait.

§

Le second ministre anglais qui se soit expliqué sur l'exécution des traités de 1815 et de 1818 avec la France est lord Crawford, alors lord chancelier.

La tactique employée devant la Chambre des Lords par cet homme d'État, lors de la discussion de 1853, consistait dans un artifice de langage qui n'était pas bien difficile à réfuter. Lord Crawford confondait dans une même analyse trois documents pourtant bien distincts :

1° La convention du 25 avril 1818, dans laquelle l'Angleterre transigeait sur les réclamations des habitants des îles Ioniennes et de l'île de France ;

2° La convention du même jour, dans laquelle l'Angleterre prenait les mesures qu'elle croyait les meilleures pour obtenir l'exécution pleine et entière de la convention du 20 novembre 1815, relative aux réclamations des sujets anglais ;

3° Le statut 59 du roi George III.

Comprenant ces trois actes dans une même appréciation, le lord chancelier rappelle, comme nous l'avons dit nous-même, que le montant total des réclamations anglaises alors pendantes était clairement indiqué en 1818, et il ajoute qu'on fit une convention tendant à ceci : Le Gouvernement français donnera trois millions de rente, les Anglais liquideront les réclamations entre eux, et la France sera dégagée de toute responsabilité ultérieure sur ce sujet.

« C'est ce qui fut rédigé en forme de convention, dit lord Crawford, et fit le « sujet d'un acte du parlement anglais, qui prescrivit la nomination d'une com- « mission chargée d'examiner les réclamations qui avaient été admises; ces « réclamations, si les fonds donnés par le Gouvernement français étaient suffi- « sants, devaient être payées en totalité; si les fonds étaient insuffisants, ils « devaient être répartis au prorata, ET, EN CAS DE SURPLUS, CE SURPLUS DEVAIT « ÊTRE MIS A LA DISPOSITION DE SA MAJESTÉ. »

La confusion que lord Crawford tente d'établir entre les deux conventions du 25 avril 1818 a pour objet d'étendre à la convention anglaise le caractère trans-actionnel de la convention relative aux sujets des puissances continentales et aux habitants des îles Ioniennes et de l'île de France.

Pour arriver à ce résultat, lord Crawford cite, comme si elle était applicable aux deux conventions, cette disposition de l'article 5 de la convention transac-tionnelle dont il donne le sens général et dont il résume l'esprit :

« Au moyen des stipulations contenues dans les articles précédents, les dettes de toute nature prévues par le traité du 30 mai 1814 et la convention du 20 no-vembre 1815 seront considérées à l'égard de la France comme éteintes et annu-lées, et ne pourront jamais donner lieu contre elle à aucune espèce de répétition. »

Mais cette disposition ne se trouve que dans l'une des deux conventions, et il n'en est pas dit un mot dans la convention anglaise. Il suffit de relire les deux conventions pour vérifier le fait, et toute confusion se trouve ainsi dissipée.

Elles ont chacune leur rédaction propre, leur esprit, leur portée, et aucune stipulation transactionnelle d'une nature quelconque ne se trouve dans la con-vention du 25 avril 1818 relative aux réclamations des sujets anglais.

Du reste, malgré la confusion que fait lord Crawford entre les conventions et le statut, il n'allègue pas plus que lord Monteagle l'existence d'une transaction ou d'un forfait entre les deux Gouvernements

§

Quant à l'acte du parlement dont parle le ministre anglais, il pouvait, dans une certaine mesure, être invoqué pour dégager la responsabilité du Gouvernement anglais vis-à-vis du parlement ; mais quand il s'agit d'une question de gouvernement à gouvernement, de nation à nation, qu'importe à la France ce que peut contenir telle ou telle loi rendue par le parlement anglais qui pourrait porter sur la disposition de fonds appartenant à la France ?

Qu'était-ce, en effet, que cet acte du parlement ? Et dans quelles circonstances était-il intervenu ?

Peu de temps après la conclusion des deux conventions du 25 avril 1818, les commissaires anglais à Londres reçurent, par un brevet daté du 15 juin 1818, la mission de liquider les réclamations des sujets de Sa Majesté britannique, conformément aux clauses des diverses conventions intervenues entre les deux Gouvernements.

Postérieurement à cet acte, le Gouvernement anglais présenta un bill spécial pour la nomination des Commissaires de la liquidation, de l'arbitrage et du dépôt, et le 19 mai 1819 un acte du parlement, désigné sous le nom de statut 59° du roi George III, nomma spécialement comme Commissaires les personnes qui s'y trouvent désignées, « à l'effet de mettre à exécution complète les différentes « conventions passées pour liquider les réclamations des sujets anglais et autres « contre le Gouvernement français. »

Cet acte commence par une analyse étendue des conventions du 20 novembre 1815 et du 25 avril 1818, dans toutes celles de leurs dispositions qui intéressent l'Angleterre ; ainsi dans les actes du 20 novembre 1815 et du 25 avril 1818 relatifs aux réclamations des sujets des puissances continentales, le statut résume tout ce qui a trait aux réclamations des sujets des îles Ioniennes et de l'île de France, et ce qui concerne les réclamations des négociants anglais de Bordeaux, et nous savons que sur ces trois points il y a eu entre le Gouvernement français et le Gouvernement anglais une transaction expresse ; le statut analyse également avec quelque étendue les principales dispositions des conventions anglaises des 20 novembre 1815 et 25 avril 1818.

Puis l'acte ajoute :

Considérant qu'il est expédient de pourvoir à l'exécution des pouvoirs à donner aux différents commissaires,

Art. 1er. A l'effet d'autoriser lesdits Commissaires liquidateurs, arbitres et juges à compléter l'examen et la liquidation des réclamations des personnes dont les noms et les demandes auront été, par leurs ordres, dûment inscrits sur les registres ci-devant mentionnés, il sera loisible auxdits Commissaires, et ils sont autorisés par les présentes, conformément aux formes et modes observés jusqu'ici, et déduction faite des 2 % retenus comme ils l'ont été sur les liquidations déjà faites ainsi qu'il a été dit, d'attribuer, répartir et distribuer les différentes sommes à recevoir de la France, en vertu des conventions susdites, et d'en ordonner le payement aux différents réclamants dont les noms auront été dûment inscrits sur lesdits registres, et, lorsque ces réclamants auront été reconnus avoir droit à tout ou partie de leurs réclamations, à leur payer la somme qui sera reconnue leur être due en totalité, si les sommes reçues ou à recevoir à cet effet du Gouvernement français sont trouvées suffisantes pour le payement en totalité de toutes les réclamations qui auront été prévues par les dispositions desdites conventions ou l'une d'elles, ou en partie et proportionnellement, si lesdites sommes sont insuffisantes pour le payement en totalité de ces réclamations, et que ce payement total ou partiel ou que le rejet de toute réclamation qui, par lesdits Commissaires, ou sur appel au conseil de Sa Majesté, comme il sera dit ci-après, sera reconnue n'être pas prévue par les dispositions desdites conventions ou l'une d'elles, que ces payements total, partiel ou rejet, seront respectivement finals et décisifs et seront considérés comme le solde et l'entière décharge du Gouvernement français et du Gouvernement de Sa Majesté à l'égard de toutes demandes relatives aux réclamations prévues par lesdites conventions ou l'une d'elles, et qui ont été inscrites sur les registres dans les délais fixés à cet effet par lesdites conventions.

Une chose nous frappe déjà dans cet article, c'est qu'il semble que le Gouvernement anglais, après avoir demandé et obtenu du Gouvernement français le payement de toutes les sommes qui pourraient être nécessaires pour indemniser et payer les sujets anglais qui auraient fait leurs réclamations dans un certain délai, ait entendu obtenir au moyen de la loi qu'il faisait rendre, une quittance pour solde, même s'il ne payait aux réclamants qu'une partie de ce qui aurait été liquidé à leur profit.

Une telle disposition ne nous paraît pas se concilier avec les conventions dont nous avons reproduit le texte et essayé d'indiquer exactement l'esprit.

En effet, sauf les réclamations des négociants anglais de Bordeaux et celles des habitants des îles Ioniennes et de l'île de France, les deux gouvernements de France et d'Angleterre ont stipulé le remboursement intégral des créances qui seraient liquidées au profit des réclamants inscrits dans les délais.

La France avait versé les sommes suffisantes pour ce remboursement intégral.

Il était facile de savoir, à la date du statut, en 1819, qu'il n'y aurait pas de déficit, et on a peine à comprendre la précaution prise par le statut de déclarer le Gouvernement anglais absolument libéré, même au moyen d'un payement partiel.

§

Ajoutons que dans le système de la transaction à forfait entre les deux gouvernements, la disposition du statut serait impossible à justifier.

Pour expliquer le forfait, on ne pourrait soutenir, au nom du Gouvernement anglais, que la thèse suivante :

« Les conventions de 1815 et de 1818 ayant posé en principe que les créanciers anglais dont les réclamations auraient été inscrites dans les délais et jugées légitimes, seraient indemnisés et payés, il a été convenu, d'une part, que, moyennant le payement par la France d'une certaine somme fixée à forfait, le Gouvernement anglais se chargeait du payement intégral des créanciers anglais, et, d'autre part, qu'en cas d'insuffisance, la différence resterait à sa charge, de même qu'en cas d'excédant, le surplus resterait la propriété du Gouvernement anglais. »

Mais du moment que le Gouvernement anglais, loin de prendre aucun engagement de payer la différence, en cas d'insuffisance de l'indemnité française, s'exonérait complétement de toute obligation à cet égard, de quel droit, en vertu de quel principe, à quel titre pouvait-il prétendre à la propriété du surplus?...

§

Les articles suivants du statut, depuis l'article 2 jusqu'à l'article 15 inclusivement, règlent les formes de procéder devant les Commissaires ou en appel.

C'est dans l'article 16 que se trouve la tentative d'appropriation au profit du Gouvernement anglais d'une partie de l'indemnité française.

Voici cet article :

Art. 16. Tant que le capital inscrit sur le grand-livre de la dette publique de France, en conformité et pour l'accomplissement des différentes conventions ci-devant relatées ou qu'une portion de ce capital restera au nom desdits Commissaires dépositaires et n'aura pas été appliqué à la liquidation des réclamations des sujets de Sa Majesté, conformément auxdites conventions ou à l'une d'elles, il sera loisible auxdits Commissaires dépositaires, en recevant des ordres à cet effet du principal secrétaire d'État de Sa Majesté, pour les affaires étrangères, et des commissaires du Trésor de Sa Majesté, pour le royaume uni de la Grande-Bretagne et d'Irlande, ou trois d'entre eux, de vendre ou céder tout ou partie de ce capital ainsi inscrit sur le registre de la dette publique de France et resté ainsi sans application, et de transférer le produit de cette vente à L'ANGLETERRE, aux Commissaires liquidateurs, arbitres et juges, en vertu du présent acte, pour être par eux placé en bons de l'Échiquier ou autres valeurs publiques produisant intérêts, à l'effet d'être employé au payement ou à la liquidation des réclamations reconnues, ou, si ces réclamations étaient liquidées ou payées, à telles autres fins que lesdits Commissaires du Trésor alors en fonctions ou trois d'entre eux ordonneront auxdits commissaires liquidateurs, arbitres et juges de les appliquer; ces bons du Trésor ou autres valeurs publiques portant intérêts seront déposés aux mains du gouvernement de la Compagnie de la Banque d'Angleterre, pour le compte et au nom des Commissaires liquidateurs, arbitres et juges, en vertu des présentes, et seront et resteront au nom de ces Commissaires alors en fonctions.

pour être vendus, et le produit en être payé et appliqué ainsi qu'il est dit ci-devant.

Les articles 17 et 18 n'ont pas d'intérêt. C'est donc de l'article 16, d'une rédaction assez embarrassée et d'une compréhension assez difficile, que lord Monteagle et après lui lord Crawford font dériver le droit du Gouvernement anglais à disposer des fonds de l'indemnité française pour des objets autres que ceux fixés par la convention qui avait alloué l'indemnité.

Eh bien, si en effet l'article a le sens que lui donnent lord Monteagle et lord Crawford, on comprend alors trop facilement toutes les difficultés élevées par le Gouvernement anglais pour payer le moins possible aux réclamants admis et pour faire rejeter la plus forte partie des réclamations. La lutte du Gouvernement anglais contre le baron de Bode apparaîtrait ainsi sous un jour tout nouveau. Le Gouvernement anglais aurait tout simplement voulu écarter le baron de Bode pour prendre à son lieu et place la somme litigieuse.

Ce point de vue serait assez pénible pour la considération du gouvernement anglais, et on s'expliquerait le sentiment de profonde tristesse avec lequel lord Lyndhurst résumait cette prétention du Gouvernement anglais, quand il disait :

La seule réponse que je pourrais donner, et je la donnerais avec un profond sentiment de honte et de chagrin, serait celle-ci : Nous avons passé une loi par laquelle les fonds ont été mis à la disposition des lords de la Trésorerie, et ceux-ci, sans avoir égard à l'objet pour lequel ces fonds avaient été avancés, ont jugé à propos de les appliquer au payement de diverses dettes publiques. Quelle serait l'impression produite par une telle réponse ?

Voilà tout ce que pouvait dire lord Lyndhurst. C'est une mauvaise loi, ou c'est une loi mal comprise et plus mal appliquée encore.

Lord Truro s'expliquait sur le même sujet d'un ton bien plus énergique, et voici dans quels termes, d'après le journal le *Times* du 2 août 1853, cet ancien lord chancelier qualifiait la prétention du statut de faire passer aux mains de l'Angleterre et de mettre à la disposition absolue du gouvernement anglais des sommes que la France ne lui avait confiées qu'à des conditions et pour un but déterminés (1) :

---

(1) He did not deny the power of Parliament to do what it had done in this matter. Parliament, it had been said, could do any thing, except make a man or woman, but Parliament had no power, in one sense, to apply the money of which we were the trustees to other purposes than those for which that money had been handed over for us. (*Hear, hear.*) *He complained of that law* AS WICKED, FRAUDULENT AND UNJUST. (*Hear, hear.*) The French Government paid over certain sums of money to this country, the sum to be paid to one class of

Il ne niait pas le pouvoir du Parlement de faire ce qu'il avait fait. Le Parlement, dit-on, peut tout faire! Mais son omnipotence n'allait pas jusqu'à disposer des sommes dont nous étions les fidéicommissaires pour une destination autre que celle pour laquelle elles nous avaient été confiées. (*Écoutez! écoutez!*)

Il reprochait à cette loi d'être *mauvaise, frauduleuse et inique*. (*Écoutez! écoutez!*) Le Gouvernement français a remis à ce pays, pour payer une certaine classe de réclamants, des sommes tout à fait distinctes de celles qu'il pouvait avoir à payer a une autre, et les fonds de ce fidéicommis, le Parlement était tenu, aux termes d'un contrat avec le Gouvernement français, de les employer conformément aux conditions sous lesquelles ils avaient été confiés. OR, C'EST CE QUI N'A PAS ÉTÉ FAIT !

Nous nous en tenons à ce jugement porté par les hommes les plus considérables de l'Angleterre sur la valeur du statut qu'on voudrait nous opposer. Ils ont fait éloquemment justice, en se maintenant à leur point de vue national, de l'étrange argument que voulait chercher dans ce statut le lord chancelier, pour tâcher de justifier l'emploi des fonds français, objet des plus vives attaques de la part du parlement anglais.

Quant à nous, nous plaçant au point de vue français, nous avons une réponse bien plus simple et plus péremptoire à faire à l'objection tirée du statut. Votre loi ne nous regarde pas. La loi qui lie la France et l'Angleterre, ce ne peut être le statut de George III! C'est uniquement la convention, le traité du 20 novembre 1815, dans les termes où son exécution est réglée à la fois par ce traité même et par celui du 25 avril 1818.

§

La manière dont le Gouvernement anglais a disposé des fonds de l'indemnité française et les explications qu'il a données pour justifier sa conduite ont été du reste appréciées d'une manière aussi juste qu'ingénieuse dans l'ouvrage de M. de Saint-Nexant, et nous ne croyons pouvoir mieux terminer cette partie de notre discussion qu'en reproduisant les lignes suivantes (1) :

---

claimants being wholly distinct from that which was to be paid to another, *and these trust funds Parliament was bound by contract with the French Government to apply according to the conditions on which they were given*. THIS HOWEVER, THEY HAD NOT DONE. (Réponse de lord Truro au discours du lord chancelier dans l'affaire Bode, séance de la Chambre des Lords du 1er août 1853, d'après le *Times*.)

(1) DES SIX CENTS MILLIONS ET PLUS DUS PAR L'ANGLETERRE A LA FRANCE, par M. de Saint-Nexant, pages 42 et suivantes

Supposons que le fils de l'un des plus gros capitalistes de Paris soit armateur à Londres, où une crise commerciale compliquée de sinistres multipliés l'a forcé de suspendre ses payements.

En apprenant cette désastreuse nouvelle, son père, dont l'austère probité égale l'opulence incalculable, prend son parti sur-le-champ; il n'hésite pas à envoyer 20 millions à son correspondant de Londres.

La mission de ce dernier, considéré dans notre hypothèse comme le plus riche banquier de l'Europe, consiste à payer à bureau ouvert avec les 20 millions reçus toutes les traites en souffrance se présentant revêtues de la signature de l'armateur malheureux.

La renommée ayant, comme toujours, énormément grossi le chiffre des dettes à éteindre, il s'est trouvé que le passif supposé de 20 millions n'en a pas heureusement dépassé 10.

Qu'avez-vous fait des 10 millions restants? demande-t-on au prince de la finance de Londres ?

Ce que j'en ai fait? A l'occasion du mariage de ma fille, j'ai donné des fêtes splendides qui m'ont absorbé 2 millions; j'en ai employé deux autres à faire de mon hôtel un palais.

Possédant une manufacture isolée, d'une communication très-difficile avec les grands centres de population, je l'ai reliée à ceux-ci au moyen de plusieurs routes qui m'ont encore absorbé 2 millions.

Continuant de puiser à pleines mains dans la caisse des 4 millions restants, j'ai relevé une foule de créanciers de l'armateur de prescriptions, de péremptions, de déchéances; j'ai désintéressé une seconde fois d'autres très-nombreux créanciers, divisés en plusieurs catégories et déjà parfaitement payés en vertu d'antérieures transactions légales; bref, refaisant les codes, les jugements, les traités, j'ai inondé, au gré de mon caprice, de grâces, de faveurs, de libéralités de toute nature, une immensité de gens n'ayant certes à y prétendre aucune espèce de droits, même de prétextes.

3 millions seulement s'étant ainsi trouvés dévorés, j'ai fait le meilleur usage possible du quatrième million; je l'ai consacré tout entier à l'acquittement de mes dettes personnelles.

Telle est ma liquidation.

D'un dilapidateur pareil, à tous les points de vue possibles, l'image vivante de l'Angleterre, que dirait-on?

Qu'en ferait-on ?

Où l'enverrait-on?

Entre les procédés de ce dilapidateur supposé et ceux du Gouvernement anglais l'analogie est complète, et il serait par trop commode à ce dernier, quand on lui demande ses comptes de gestion, d'éluder de répondre en se bornant à dire : Les ministres et le parlement anglais se sont entendus pour régler, suivant leurs convenances, l'emploi du surplus qui pouvait rester disponible sur les fonds de l'indemnité française, par conséquent ne parlons plus de cela !

Nous doutons qu'une telle réponse, qui est pourtant celle de lord Monteagle et de lord Crawford, soit destinée à avoir le moindre succès devant le Corps législatif. Nous sommes certain qu'elle exciterait chez nous, dans toute la nation, une légitime irritation, si elle venait jamais à se produire officiellement dans quelque communication du Gouvernement anglais au nôtre.

Mais c'est ce qui n'arrivera pas ! De pareils arguments s'improvisent parfois dans des assemblées délibérantes pour les besoins d'une discussion. Quand il s'agit de les consigner dans une dépêche adressée au Gouvernement d'une nation dont la fierté est connue, et dont on ne s'exposerait pas à blesser légèrement la susceptibilité, la plume s'arrête, les considérations qu'on allait présenter sont pesées à leur juste valeur, et on leur en substitue d'autres. Ces considérations nouvelles, nous les apprécierons quand le Gouvernement anglais les aura produites.

§

Faudrait-il les voir poindre dans les courtes explications données en 1866 à la Chambre des Communes par le chancelier de l'Échiquier ? M. Gladstone, en réponse à une observation de sir G. Bowyer, qui est, si nous ne nous trompons, un avocat éminent de Londres, a exprimé sur l'emploi des fonds de l'indemnité française quelques idées dont il faut tenir compte, puisqu'elles émanent d'un membre du gouvernement de la Grande-Bretagne et qu'elles sont, en outre, d'une date toute récente.

Voici en quels termes le journal *le Times*, du 24 avril 1866, rend compte de cette conversation parlementaire qui avait eu lieu la veille à la Chambre des communes :

« Sir G. Bowyer demande au chancelier de l'Échiquier si quelque réclamation a été faite dans ces quatre derniers mois par le Gouvernement français au Gouvernement anglais relativement au remboursement, par ce dernier Gouvernement au premier, d'un surplus dont l'existence est alléguée sur les sommes mises à la charge de la France et payées au Gouvernement anglais en exécution de la convention de Paris (1815-1848), pour indemniser les sujets anglais des pertes que leur avait causées la confiscation pendant le Gouvernement révolutionnaire, ou si quelque communication sur ce sujet a été échangée entre les deux Gouvernements ou les deux pays, et, dans le cas où il en serait ainsi, s'il y aurait quelque objection au dépôt de ces communications sur le bureau de la Chambre.

« Le chancelier de l'Échiquier (1) déclare n'avoir eu connaissance d'aucune

_____

(1) The Chancellor of the Exchequer did not know of any case of application on the sub-

espèce de communication sur ce sujet adressée au Gouvernement anglais par le Gouvernement français depuis bien longtemps. Il pense que la dernière occasion dans laquelle une communication a été faite, c'était en 1856. Diverses réclamations relatives à ces fonds avaient été faites par des individus, mais non par l'un ou l'autre des deux Gouvernements, tantôt pour établir qu'une somme de 1 million de livres sterling, ou davantage, serait due par l'Angleterre au Gouvernement français, et tantôt pour établir que 2 millions de livres sterling, ou 3 millions seraient dus au Gouvernement anglais par le gouvernement français; mais dans tout cela le Gouvernement n'a pas attaché grande importance à ces réclamations, et *il pense que les arrangements relatifs à la convention ont été clos depuis longtemps conformément aux intentions des contractants.* En conséquence, à sa connaissance, aucune communication, répondant aux indications données par l'honorable baronnet, n'a eu lieu dans l'intervalle dont on a parlé ni longtemps auparavant. »

§

Il y a dans cette réponse du chancelier de l'Échiquier une partie qu'on pourrait appeler purement *humouristique*, et sur laquelle nous n'aurons garde d'insister. On demande au ministre anglais s'il a reçu du Gouvernement français une communication relative à la restitution à la France du surplus qui serait resté disponible sur les fonds payés par la France pour indemniser les sujets anglais; le ministre répond qu'il a entendu parler d'une réclamation d'un million de livres sterling qu'on prétendait être due par le Gouvernement anglais à la France, et d'une autre réclamation d'une somme deux ou trois fois plus forte qu'on prétendait être due par la France au Gouvernement anglais! C'est une réponse qui ne manque pas de piquant, et elle a pu amuser par son originalité la Chambre des

---

ject to the British Government by the French Government for a considerable time back. He thought that the last occasion on which an application was made was in 1856. Various representations with respect to these moneys had been made by individuals, not by either of the two Governments, some times to the effect that a sum of 1,000,000 liv., or more, was due from England to the French Government, and other times to the effect that 2,000,000 liv. or 3,000,000 liv. were due to the English Government by the French Government, but upon the whole the Government did not attach much weight to these representations, *and he thought that the transactions under the convention had closed long ago according to the intentions of the contractors.* Therefore, to his knowledge, no communications answering the description given by the honorable baronet had taken place within the time refered to, or for a long time before.

Communes ; mais nous savons à quoi nous en tenir sur la manière dont la France a tenu les engagements que lui avaient imposés les traités de 1815. Que ces charges se soient élevées en réalité à trois milliards et demi, à quatre milliards ou à cinq milliards (ces diverses évaluations ont été présentées par MM. Jacques Laffitte, Bignon et autres dans la discussion du budget de 1818 à la chambre des députés), tout le monde s'est accordé à dire que la France avait rempli ses obligations avec une *superstitieuse loyauté*, suivant l'expression d'un des orateurs de cette époque, et les Gouvernements étrangers eux-mêmes ont constaté, dans des déclarations solennelles que nous avons reproduites, la complète exécution par la France de tous les engagements, de quelque nature qu'ils fussent, mis à sa charge par les traités.

Les hommes d'État anglais aiment à jeter parfois le mot pour rire dans les discussions les plus graves, et ce trait de M. Gladstone n'est pas autre chose.

Il faut passer au côté sérieux de la réponse du ministre anglais.

D'après la manière dont s'exprime M. Gladstone, il paraît vouloir traiter la réclamation de la France au point de vue de l'équité et de la commune intention des signataires de la convention.

Ainsi, ce ministre constate, comme l'avait fait lord Monteagle, qu'aucune demande n'a jamais été adressée au Gouvernement anglais par le Gouvernement français, et il tire de ce fait cette conséquence assez rationnelle, — qu'il avait pensé que depuis longtemps tout ce qui regarde l'emploi des fonds payés par la France avait été réglé conformément à l'intention des parties contractantes.

Eh bien, c'est sur ce point qu'il faut éclairer le chancelier de l'Échiquier, le gouvernement anglais, le parlement anglais, la nation anglaise!

Non! l'emploi des fonds de l'indemnité française n'a pas eu lieu conformément à l'intention de la France!

Non! ces fonds n'avaient pas été versés par la France pour qu'ils pussent servir aux frais du couronnement d'un souverain anglais, à la construction d'un palais anglais, au payement des dettes du Gouvernement anglais, aux libéralités du Gouvernement anglais!

Si le chancelier de l'Échiquier a induit du silence du Gouvernement français, que la France, abandonnant les droits que lui donnait l'article 9 de la convention du 20 novembre 1815, consentait à renoncer, au profit de l'Angleterre, à la propriété de ce surplus, il s'est trompé, et il ne peut manquer de l'apprendre par les prochains débats du Corps législatif.

Mais enfin voilà la question de la réclamation de la France posée à la fois par le chancelier de l'Échiquier et par le ministre d'État français dans des termes qui en rendent la discussion facile.

Nous avons essayé, quant à nous, d'approfondir cette question sous les deux aspects que lui donnaient les explications de ces hommes d'Etat; mais là où ils n'avaient émis que de vagues formules, dans lesquelles il est facile de voir l'absence d'une opinion bien arrêtée sur cette délicate question, nous avons voulu réunir tous les principaux éléments qui peuvent aider à sa solution.

Que résulte-t-il de notre examen?

La France subissant, il y a plus d'un demi-siècle, la loi du vainqueur, a été obligée de payer une indemnité considérable aux Gouvernements des puissances contre lesquelles elle avait lutté. Cette indemnité, fixée à 700 millions, outre beaucoup d'autres charges, est entrée naturellement dans le Trésor public de l'Angleterre et des autres puissances avec lesquelles traitait le Gouvernement français.

A côté de cette indemnité de guerre, dans laquelle le Gouvernement anglais prenait pour lui sa large part, il a réclamé pour ses sujets une somme représentant le préjudice que ceux-ci avaient éprouvé par suite de la violation du traité de 1786. Les sommes demandées ont été payées par la France sous la condition expresse — et cette condition n'avait pas besoin d'être écrite dans le traité pour obliger l'Angleterre, elle aurait été suppléée par les principes les plus vulgaires de la bonne foi — que, s'il y avait un surplus, on le rendrait à la France.

Le Gouvernement anglais a cru pouvoir s'approprier ce surplus, en s'attribuant ainsi un supplément d'indemnité venant augmenter d'autant la part qui lui avait été faite par les puissances copartageantes dans les 700 millions que la France leur avait versés.

Pour arriver à ce but, il fallait d'abord qu'il y eût un surplus, et que ce surplus fût d'une assez notable importance.

On est arrivé à ce premier résultat en proposant et en faisant voter en 1819, par le Parlement, une loi fort compliquée et fort obscure, dans laquelle on posait ce principe, que les Commissaires anglais, dépositaires des fonds de l'indemnité française, seraient tenus de les transférer, sur l'ordre du Gouvernement anglais, à l'Angleterre elle-même, et de les mettre à la disposition des lords de la Trésorerie qui en feraient l'emploi qu'ils jugeraient à propos pour l'exécution des conventions, ou pour tel autre usage qu'ils jugeraient utile.

Puis on a écarté le plus grand nombre possible de créanciers, et parmi eux, notamment, sous des prétextes plus ou moins spécieux, un réclamant porté pour plus de 13 millions de francs sur la liste qui avait été produite lors des dernières conventions de 1818. Ce réclamant, que le Gouvernement anglais avait fait inscrire, par l'intervention de son ambassadeur, sur la liste des sujets anglais, il finit par le repousser comme un faux Anglais, en déclarant, par la bouche d'un de ses plus grands ministres, de lord Palmerston lui-même, que c'était par une véritable fraude que cet homme avait pris la qualité d'Anglais, et

qu'il était absolument sans aucun titre pour invoquer cette qualité et en revendiquer les droits !

Le surplus ainsi créé, grossi, rendu digne d'entrer dans la Trésorerie, le
Gouvernement anglais en a fait l'usage que l'on sait, pour ses services publics
ou ses convenances personnelles.

Pendant tout ce temps, la France, occupée à guérir ses larges blessures
et à reconstituer l'édifice de sa grandeur, se taisait, laissait faire, et avait
d'autres préoccupations que celle de réclamer les millions qu'on essayait de détourner de sa fortune; mais elle ne renonçait à rien, elle oubliait seulement ou
paraissait oublier.

Après avoir sommeillé cinquante ans, la question surgit en Angleterre comme
en France.

En Angleterre, le Gouvernement s'étonne qu'après un si long temps on vienne
lui parler de cette misère de quelques millions de livres sterling! Il croyait tout
cela bien enseveli dans l'oubli, et le silence du Gouvernement français lui avait
fait supposer que la Trésorerie anglaise n'avait fait des fonds de l'indemnité
française qu'un emploi conforme à l'intention des parties contractantes!

Voilà la dernière et la seule réponse faite à la réclamation de la France, qui
n'a été formulée jusqu'à présent, à la vérité, que par de simples particuliers, et
non par aucun membre de notre Gouvernement.

Pendant que le Gouvernement anglais déclare qu'il avait *pensé* que tous les
arrangements relatifs aux conventions de 1815 et de 1818 avaient été depuis
longtemps terminés, conformément à l'intention des parties contractantes, un
ministre français se bornait à répondre aux pressantes interpellations de divers
membres du Corps législatif qu'il avait *pensé* qu'il y avait eu, en 1818, *transaction à forfait*, entre la France et l'Angleterre, sur les droits que la convention
du 20 novembre 1815 accordait à la France.

Cette pensée de lord Gladstone, cette autre pensée de M. le ministre d'État,
passées au creuset d'une critique attentive, n'ont absolument rien laissé de
solide, d'appréciable, de saisissable.

La convention de 1815 n'a pas été exécutée conformément à l'intention de
l'une des parties contractantes, la France! cela est de toute évidence.

La convention de 1818 ne constitue pas une transaction à forfait; elle n'en a
jamais pris le nom; elle n'en a aucun des caractères.

La France n'a fait, en 1818, aucune novation aux droits qu'elle tenait des
conventions de 1815.

Enfin, si l'on veut prendre la question de plus haut, l'Angleterre ne peut, à
l'aide d'un subterfuge, vouloir s'enrichir de l'argent de la France, en faisant
augmenter indirectement l'indemnité à payer par la France au Gouvernement
anglais. Si l'indemnité de 700 millions fixée par les puissances en 1815,

comme devant être payée aux Gouvernements des puissances alliées, n'avait pas paru à l'Angleterre lui laisser une part assez large, il fallait qu'elle osât convier ses alliés d'alors à en faire fixer une plus forte à son profit; mais elle ne pouvait distraire, détourner des fonds qu'elle recevait pour les remettre à ses sujets un certain nombre de millions de livres, pour les faire passer dans les caisses de sa Trésorerie.

Au point de vue du droit, de l'équité, de la loyauté internationale, la réclamation de la France est donc incontestablement fondée.

Telle est la conclusion à laquelle nous amène l'examen approfondi auquel nous venons de nous livrer.

§

Un dernier mot avant de finir.

J'ai entendu avec étonnement des hommes parfaitement honorables et intelligents, devant le jugement desquels je serais, en d'autres circonstances, tout disposé à m'incliner, me dire à propos de cette affaire : « Laissez donc là la démonstration que vous voulez entreprendre de la dette de l'Angleterre envers la France ! Ne voyez-vous pas que votre démonstration, fût-elle aussi complète et aussi concluante que possible, la France a plus à perdre à se brouiller avec l'Angleterre qu'elle ne gagnerait à se faire payer ce que l'Angleterre peut lui devoir ! »

Je déclare que je ne puis me rendre à de pareilles considérations; j'ai même de la peine à les comprendre. Je ne trouve ni dans ma conscience ni dans ma raison un motif quelconque qui puisse justifier une pareille règle de conduite.

Je suis pourtant de ceux qui professent pour la grandeur de l'Angleterre, pour le caractère national anglais, pour certains côtés des institutions anglaises, une sincère et profonde admiration; je suis de ceux qui sont le plus intimement convaincus de l'intérêt qu'a la France à rester en paix avec l'Angleterre et à cultiver avec soin son alliance; je crois que, grâce à cette alliance, l'Angleterre et la France marchant la main dans la main, à la tête de l'Europe, peuvent aspirer à la guider dans la route de la civilisation, de la liberté et du progrès ! Mais je ne saurais croire que la renonciation à une réclamation fondée sur des traités fût une bonne voie pour arriver à cimenter nos relations avec cette puissance. Serait-ce en effet un acte de nature à nous attirer l'estime et l'amitié de l'Angleterre, qu'une renonciation que nous ne pourrions évidemment motiver auprès du Gouvernement anglais qu'à peu près en ces termes : « On prétend que vous nous devez une somme considérable en vertu d'un traité ; il paraît bien certain, en effet, que quelques-uns de vos hommes d'État ont cru pouvoir, à une époque déjà ancienne, quelque temps après nos désastres, violer, au profit du Trésor anglais, la clause formelle d'une convention qui vous obligeait à nous restituer tout le surplus des sommes qui n'avaient pas été employées à indemniser les sujets anglais dont vous nous aviez fourni la longue liste ; mais la France est généreuse, elle vous dispense du remboursement auquel vous vous êtes obligé envers elle par les traités ! De cette façon, vous ne payerez pas vos dettes, et vous obtiendrez votre quittance sans bourse délier ! »

Si c'est l'attitude qu'on nous conseille envers l'Angleterre, je crois qu'elle risquerait fort de produire un résultat tout contraire à celui qu'on en attendrait.

Nous n'avons pas, suivant moi, le droit de tenir à l'Angleterre un langage qui, de quelques formes qu'on l'enveloppât, serait aussi peu honorable pour elle que pour nous.

La question une fois posée entre les deux nations, et elle l'est, on ne peut le méconnaître, surtout depuis les derniers débats du Corps législatif, il n'y a, pour nous, qu'une conduite possible et digne de la France.

Nous devons inviter le Gouvernement anglais à se reporter aux traités et aux conventions, et notamment au texte précis de l'article 9 de la convention du 20 novembre 1815. Il y verra que jamais la France, pas plus en 1818 qu'en 1815, n'a entendu renoncer en faveur de l'Angleterre à la propriété qu'elle s'était formellement réservée du surplus des rentes affectées à l'indemnité des sujets anglais qui n'auraient pas, par quelque circonstance que ce fût, reçu cette destination.

Lord Castelreagh, et ceux des hommes d'État anglais qui ont suivi ses traditions, se sont évidemment trompés sur la portée de leur droit en disposant de cette somme comme des deniers de l'Angleterre. Plusieurs jurisconsultes anglais, et des plus illustres, ont déjà reconnu cette erreur ; mais que le Gouvernement anglais en consulte d'autres encore, qu'il interroge ses jurisconsultes de la Couronne : si, comme nous n'en pouvons douter, ils arrivent aux mêmes conclusions que nous sur ce point, l'Angleterre connaît la valeur des traités, elle sait les faire respecter à son profit, elle tiendra ses engagements. Ce n'est pas le chiffre de la dette, quelque élevé qu'il soit, qui pourra l'arrêter. Si, au contraire, les jurisconsultes anglais, par une interprétation des traités que nous ne comprendrions pas, puisque, en présence d'un texte aussi clair, il n'y a vraiment pas lieu à interprétation, arrivaient à une solution différente de la nôtre, alors il y aurait à recourir à la voie suggérée par M. Belmontet devant le Corps législatif, à la nomination par les deux Gouvernements d'une commission composée de façon à offrir aux deux nations toutes les garanties désirables, et qui aurait pour mission, sinon de statuer sur la question, du moins de présenter aux deux nations les éléments d'une solution équitable.

Pour tout prévoir enfin, si, par un sentiment de susceptibilité peut-être exagéré, l'un ou l'autre des deux Gouvernements hésitait à soumettre à de simples particuliers, si compétents qu'ils fussent, une difficulté internationale de cette nature, pourquoi ne pas s'en remettre, pour le jugement de cette question, à ceux-là mêmes qui ont arrêté et signé le traité du 20 novembre 1815, dont les deux conventions du même jour, aussi bien que celles du 25 avril 1818, ne sont évidemment qu'une émanation et en quelque sorte une partie intégrante ?

Dans l'une et l'autre hypothèse, cette affaire se terminerait comme doit se terminer une affaire de cette nature entre deux nations qui se respectent et s'estiment, — par un arbitrage.

Je cherche vainement, pour ma part, ce qui, dans une pareille ligne de conduite, dans un pareil langage, pourrait froisser les légitimes susceptibilités de l'Angleterre et risquer d'amener avec elle la moindre mésintelligence; mais enfin il faut pourtant aller au fond des choses et prendre corps à corps l'objection qui se cache derrière toutes ces hésitations et ces faiblesses.

Admettons pour un instant que, le droit de la France étant reconnu et proclamé par les hommes les plus compétents des deux nations en matière d'interprétation de conventions et de traités, le Gouvernement anglais, sans vouloir même aborder l'examen des stipulations où se trouve écrit le droit de la France, se bornât purement et simplement à repousser par quelque banale fin de non-recevoir le remboursement de ce qu'elle nous doit.

Admettons cette hypothèse impossible où le Gouvernement anglais, abandonnant les errements des nations civilisées et prenant pour guide non ce qu'il croirait son droit, mais son intérêt du moment et sa seule volonté, opposerait à toutes nos demandes cette orgueilleuse réponse :

Sic volo, sic jubeo : sit pro ratione voluntas !

Veut-on dire que, même s'il en pouvait être ainsi, nous devrions nous arrêter et remettre tranquillement notre réclamation dans les cartons du ministère des affaires étrangères jusqu'à ce qu'il plût à l'Angleterre de reprendre avec nous la négociation ?

Personne n'oserait conseiller au gouvernement de l'Empereur une telle attitude, et, la lui conseillât-on, elle est trop peu dans ses habitudes et dans ses précédents pour qu'on admette un seul instant qu'il pût être tenté de s'y arrêter.

Dans des circonstances assurément moins graves, mais à propos d'une question qui se rattachait d'une manière intime à la nôtre, les grands orateurs du Parlement anglais provoquaient leur Gouvernement à faire son devoir, en poussant du fond de leur conscience ce cri énergique : *Fiat justitia! Ruat cœlum !*

Nous n'avons pas besoin de le prendre de si haut! Un acte de justice s'accomplira, et, loin de s'écrouler sur notre tête, le ciel du monde politique, quand nous aurons démontré notre droit à la fois avec fermeté et modération, n'en aura que plus de calme et de sérénité. Rien ne saurait resserrer plus sûrement les liens de l'alliance anglaise que la preuve de loyauté qu'elle nous donnera en tenant envers nous ses engagements, comme nous avons tenu tous les nôtres envers elle et ses alliés. Car, si nous nous sommes plu à reconnaître l'intérêt qu'a pour la France le maintien de ses rapports amicaux avec l'Angleterre, nous ne croyons rien dire de trop en affirmant que les hommes d'Etat anglais et la nation anglaise elle-même n'attachent pas, de leur côté, un moindre prix à de bonnes relations avec nous ; nous n'avons donc nullement à craindre que nos rapports puissent se trouver compromis par une question d'argent.

Laissons de côté ces considérations puériles, et reconnaissons du reste, à l'honneur de l'éminent ministre avec lequel nous avons eu le regret de nous trouver en désaccord sur l'appréciation qu'il a pu faire, d'après des documents incomplets, de la réclamation de la France en cette affaire, qu'il n'a pas cherché à convaincre le Corps législatif par des considérations de cette nature. M. le ministre d'Etat a placé la question à sa véritable hauteur, sur le terrain des principes et du respect des conventions, quand il n'a subordonné notre réclamation qu'à une seule condition, à l'existence, à la certitude d'un droit caractérisé. Ce droit, qui résulte d'une stipulation précise, est maintenant si complétement établi, les objections par lesquelles on avait essayé de le contester se trouvent si pleinement réfutées qu'il nous est permis, sans présomption, d'espérer que les débats annoncés pour cette session devant le Corps législatif, auquel appartient l'examen de toutes les affaires financières du pays, amèneront aisément notre Gouvernement à formuler enfin auprès du Gouvernement anglais la réclamation de la France. Peut-être même les ministres anglais, dont la haute intelligence a dû déjà apprécier toute la portée de cette question, seront-ils les premiers, dans un esprit de justice qui honorerait leur nation, à proposer aux nôtres de réparer l'erreur commise à notre préjudice par le ministère de lord Castelreagh et de ses successeurs, et d'entrer en négociation avec le gouvernement de l'Empereur sur le remboursement, en principal et intérêts, ainsi qu'il est dit dans l'article 9 de la convention du 20 novembre 1815, du surplus des rentes françaises qui n'ont pu être employées conformément aux stipulations de cette convention.

Soit que cette affaire puisse se terminer, comme il y a lieu de l'espérer, par des négociations directes entre les deux Gouvernements, soit qu'elle amène entre eux un arbitrage, je ne croirai pas avoir perdu le temps que j'ai consacré à la rédaction de ce *Précis*, s'il doit être utilement consulté à l'appui du droit de la France, comme une des pièces du débat.

C'est, pour cet écrit, le seul succès que j'ambitionne.

Paris.-Imp. PAUL DUPONT, 45, rue de Grenelle-Saint-Honoré